— 1 Kreuzberg Tower — 2 Institut am Hausvogteiplatz — 3 Postscheckamt — 4 Schultheiss Quartier — 5 Estrel Tower — 6 Am Lockdepot — 7 Upper West — 8 Anschutz-Areal

—— Baukollegium Berlin

—— Beraten, vermitteln, überzeugen in einem komplexen Baugeschehen

—— Advising, Mediating, Persuading within Complex Building Processes

Sonja Beeck, Martin Peschken, Jürgen Willinghöfer
Herausgegeben von Edited by Regula Lüscher,
Senatsverwaltung für Stadtentwicklung und Umwelt Berlin

jovis

Foreword

by the Governing Mayor of Berlin, Michael Müller

Berlin's population has grown by over 300,000 people in the last ten years between 2006 and 2016. And all signs point to the city's population surpassing the four-million mark by the middle of the next decade. This means that in the near future, a lot of construction is going to have to take place in Berlin in order to meet the growing need for apartments and for commercial spaces. But the growing city cannot and should not only respond to this challenge by building more and doing so more quickly and more economically. Building in the city affects everyone. This is why building involves developing architectural quality and shaping the city well. Building needs to account for Berlin as an attractive and livable metropolis of the twenty-first century.

The Baukollegium is Berlin's answer. It faces the city's building challenges but also does justice to the city's design demands. Since 2008, the Baukollegium has been the place where dialogue takes place: between builders, investors, users, architects, and the respective administrative bodies.

The Baukollegium is an instrument of voluntary dialogue. Recommendations are suggestions, not demands. While this model may seem ineffective at first glance, the changes effected by this instrument are anything but. They demonstrate that dialogue can be a powerful and binding medium, especially when all stakeholders participate—both the builders and the administrators. This is how the Baukollegium became an important instrument for forming the city.

This book presents for discussion the past ten years of the Baukollegium. My thanks go out to all who have played a role in forming the city of tomorrow: the independent experts, the builders, and everyone involved in the projects, as well as the State and District and the senate building director.

I am certain that learning about the Baukollegium's work will take the debate about suitable instruments for participation in new directions. I hope that this volume incites a wider dialogue around questions of building culture and the quality of urban development. This way Berlin will not only just continue to grow, but in the future, it will become a city for everyone with urban mixing, lively quarters, high-quality architecture and livable city spaces.

Vorwort

des Regierenden Bürgermeisters von Berlin, Michael Müller

Berlins Einwohnerzahl ist im Jahrzehnt zwischen 2006 und 2016 um über 300.000 Menschen gestiegen. Und vieles deutet darauf hin, dass die Stadt schon Mitte des nächsten Jahrzehnts die Vier-Millionen-Einwohner-Schwelle überspringen wird. Das heißt: In Berlin wird auch künftig sehr viel gebaut werden müssen, um dem wachsenden Bedarf an Wohnungen, aber auch an gewerblich nutzbaren Räumen gerecht zu werden. Doch mehr, schneller und günstiger zu bauen: das kann und darf nicht die einzige Antwort auf die Herausforderung der wachsenden Stadt sein. Bauen in der Stadt geht alle an und betrifft jeden. Deshalb geht es auch um architektonische Qualität und eine gute Stadtgestaltung – es geht um Berlin als attraktive und menschliche Metropole des 21. Jahrhunderts.

Das Baukollegium ist Berlins Antwort, um den baulichen Herausforderungen, aber auch den stadtgestalterischen Ansprüchen gerecht zu werden. Seit 2008 ist das Baukollegium der Ort, an dem der Dialog zwischen Bauherren, Investoren, Nutzenden, Architektinnen und Architekten sowie den beteiligten Verwaltungen geführt wird.

Das Baukollegium ist ein Instrument des freiwilligen Dialogs. Die Vorschläge sind Empfehlungen, keine Vorschriften. Die Erfahrungen mit diesem auf den ersten Blick schwach wirkenden Instrument zeigen aber: Der Dialog kann ein starkes und verbindliches Mittel sein, zumal wenn alle Beteiligten – sowohl auf der bauenden als auch auf der genehmigenden Seite – an ihm teilhaben. So wurde das Baukollegium zu einem wichtigen Instrument der Stadtgestaltung.

Mit diesem Buch werden die Erfahrungen aus zehn Jahren Baukollegium zur Diskussion gestellt. Mein Dank gilt allen, die sich durch ihr Mitwirken an der Gestaltung der Stadt von morgen beteiligt haben: den unabhängigen Expertinnen und Experten, den Bauherren und allen an den Projekten Beteiligten sowie den Verwaltungen aus Land und Bezirk und der Senatsbaudirektorin.

Ich bin sicher: Die Erfahrungen mit der Arbeit des Baukollegiums werden der Debatte über geeignete Instrumente der Beteiligung neue Impulse geben. Ich hoffe, dass dieser Band zu einem breiten Dialog über Fragen der Baukultur und der städtebaulichen Qualität anregt – damit Berlin nicht nur weiter wächst, sondern auch in Zukunft eine Stadt für alle ist, mit einer guten Mischung, lebendigen Quartieren, hochwertiger Architektur und lebenswerten städtischen Räumen.

Michael Müller

—— Inhalt
—— Content

Baukollegium Berlin Introduction

CITY. The word is comprised of just two syllables, however, what it describes is probably the most complex creation produced by the constant flux of human activity: an entire living environment, and not just yours or mine, but rather all of ours. Everything has a function, everything has a meaning, everything has an order—even if they may be suboptimal and not at all undisputed. Because people are demiurges of order and because our society today is decidedly pluralistic, our cities are the result of opposition. Opposition that emerges from varying interests, needs, and values.

The building history of European cities is in this sense a history of opposition. Since the late middle ages, communities have attempted to strike the right balance between the freedom of ambitious builders, on the one hand, and the public's right to security, justice, and beauty, on the other hand. How far this balance is dictated by the authorities and how their rules are discussed, criticized or even ignored—these things are indeed a reflection of the respective political and social relationships that produce their own space. In Germany, there are legal tools for land-use and zoning planning, and these are used to fundamentally secure the public's interest in urban development. This is—as David Chipperfield explains during an interview—not necessarily self-evident. Questions regarding the architectural articulation of buildings and open spaces, and even more so the creation of urban spheres—these are all soft factors for which it is difficult to create rules that would not simultaneously hinder much-needed innovation. Moreover, a true culture of building in Berlin, and in Germany, which wants to be in accordance with its community, cannot be moralistic but must instead be pluralistic. That means it must be a culture of dialogue that mediates between several building cultures.

Out of the need for mediation between the different mentalities of all agents involved, a need for design consultation has arisen, which can be traced all the way back to the nineteenth century. Consultation in urban construction and architectural planning has been experiencing a boom since the late nineteen-sixties. This particular form of consultation arose surrounding a comprehensive critique of authoritarian planning styles that are exclusively oriented towards expertise and that ultimately have spawned the "inhospitable" cities of the late-modern era. Since then it has been about transferring the knowledge of experts in a transparent manner and, conversely, integrating the knowledge of city inhabitants into planning.

Baukollegium Berlin Einleitung

„Stadt" – das Wort besteht aus nur einer Silbe, das Bezeichnete aber ist wohl das komplexeste Gebilde, das menschliche Tätigkeit in permanentem Wandel hervorbringt: eine ganze Lebenswelt, und nicht etwa deine oder meine, sondern unser aller. Alles hier hat Funktion, alles hat Bedeutung, alles hat eine Ordnung – mögen diese auch nicht optimal und schon gar nicht unumstritten sein. Weil Menschen die Demiurgen dieser Ordnung sind und weil unsere Gesellschaft heute dezidiert pluralistisch ist, sind unsere Städte das Resultat von Widerständen. Widerstände, die sich aus unterschiedlichen Interessen, Bedürfnissen und Werten ergeben.

Die (Bau-)Geschichte der europäischen Städte ist in diesem Sinne eine Geschichte der Widerstände. Seit dem späten Mittelalter sind hier die Gemeinden darum bemüht, das jeweils rechte Maß zu ermitteln zwischen der Freiheit baufreudiger Individuen einerseits und dem öffentlichen Anspruch andererseits auf Sicherheit, Gerechtigkeit und auch auf Schönheit. Wie weit dieses Maß durch die „Obrigkeit" bestimmt wird und wie deren Regularien diskutiert, kritisiert oder gar ignoriert werden – das ist durchaus ein Spiegel der jeweiligen politischen und sozialen Verhältnisse, die ihren Raum produzieren. In Deutschland bestehen etwa mit Bebauungs- und Flächennutzungsplänen rechtliche Instrumente, um die öffentlichen Interessen bei der Stadtentwicklung grundlegend zu sichern. Das ist – wie David Chipperfield im Gespräch erläutert – durchaus keine Selbstverständlichkeit. Fragen der architektonischen Artikulation von Gebäuden und Freiräumen, erst recht die Schaffung von urbanen Atmosphären – das sind „weiche" Faktoren, für die allgemeine Regeln kaum formuliert werden können, ohne zugleich dringend benötigte Innovationen zu behindern. Zudem darf eine Baukultur in Berlin, in Deutschland, die ihrer Gesellschaft entsprechen will, nicht moralisierend, sondern muss pluralistisch sein. Das heißt, sie muss eine Dialogkultur sein und zwischen Baukulturen, im Plural, vermitteln.

Aus der Vermittlungsnot zwischen den verschiedenen Sinnwelten der Akteure ergibt sich das Bedürfnis nach Gestaltungsbeiräten, deren Geschichte bis ins 19. Jahrhundert zurückreicht. Beratung in Städtebau und Architektur hat aber seit den späten 1960er Jahren besondere Konjunktur, als eine umfassende Kritik an autoritären, rein an Expertise orientierten Planungsstilen und den daraus hervorgegangenen „unwirtlichen" Städten der Spätmoderne formuliert wurde. Seitdem geht es auch darum, das Wissen der Experten öffentlich zu vermitteln und umgekehrt das Wissen der Stadtbewohner in die Planung miteinzubeziehen.

Following the fundamental discussions during the nineteen-nineties and the early two-thousands about the structure and design of this newly reunited city, Berlin has come under pressure due to the tangible growth it has experienced in the past years, which all have been able to feel. The population of Berlin continues to grow, and national and international firms are increasingly demonstrating their interest in this location. One could say that Berlin is gradually becoming a normal metropolis just like any other. Yet civil society is following this change with a critical eye. In the Berlin of today, discussions are taking place on a sweepingly broad level: discussions about the city's building and infrastructural changes, about new concepts for living and working, about the opportunities and dangers of urban density, about social mixing, sustainability, and much more. The Baukollegium (the Building Council) has also been moderating this dramatic shift. Even though this consultation instrument does not have a political status that is formally binding, *it is*, however, the epitome of a place for the *polis*. It advises, mediates, and persuades in complex building processes from the ground up. It does so as projects are initiated that are on their way to becoming an important piece of Berlin.

Eight of the projects discussed in the Baukollegium are presented in the second part of this book. These discussions received special attention during their development process because of the question of their "collective quality." In the first part we hear from people who are familiar with the Baukollegium and Berlin. The senate building director of Berlin, Regula Lüscher, chronicles her work and the reason she founded the Baukollegium. Manfred Kühne, who has been playing a role in the Senate's administration of Berlin's construction developments for decades, provides insight into Berlin's specific building conditions. British architect Sir David Chipperfield details the conflicting interests that are forming the cities of London, Berlin, Tokyo, and elsewhere. The room itself in which the Baukollegium holds it sessions also gets its own voice in a short atmospheric piece. When one speaks of the Baukollegium, it is not only the advisory board that is meant but also the sessions themselves. After all, the stage needs to be properly set to allow space for sensitivity and orderly interaction. This way, discussions and arguments can be productive and the mentalities of those involved can be expanded. The art lies in the correct discussion of that which is important to all.

——— Sonja Beeck, Martin Peschken, Jürgen Willinghöfer

Nachdem in den 1990er und frühen 2000er Jahren grundsätzliche Debatten über die Struktur und Gestalt der wiedervereinigten Hälften von Berlin geführt worden waren, erfährt diese Stadt seit einigen Jahren einen für alle spürbar erhöhten Wachstumsdruck. Die Berliner Bevölkerung wächst, nationale und internationale Unternehmen melden zunehmend ihr Interesse an diesem Standort an. Man kann sagen: Berlin wird allmählich eine normale Großstadt. Und zugleich gibt es hier eine starke zivilgesellschaftliche Aufmerksamkeit, die den Wandel kritisch begleitet. Das Berlin von heute ist ein Ort, an dem bauliche und infrastrukturelle Veränderungen in der Stadt, neue Konzepte des Wohnens und Arbeitens, die Chancen und Gefahren von Verdichtung, soziale Durchmischung, Nachhaltigkeit und vieles mehr in erfreulicher Breite diskutiert werden. In diesem Wandel moderiert auch das Baukollegium Berlin. Zwar hat es formalpolitisch keinen verbindlichen Status, es *ist* aber dennoch ein Ort der *Polis* par excellence: es berät, vermittelt und überzeugt in einem komplexen Baugeschehen und zwar auf der Ebene konkreter Projekte, die auf dem Weg sind, ein Stück Berlin zu werden.

Acht dieser im Baukollegium besprochenen Projekte werden im zweiten Teil des Buches vorgestellt, wobei den Diskussionen um eine „kollektive Qualität“ in diesem Entstehungsprozess besondere Aufmerksamkeit widerfährt. Doch kommen im ersten Teil zunächst Personen zur Sprache, die sich mit dem Kollegium und mit Berlin auskennen. Regula Lüscher berichtet über ihre Arbeit als Senatsbaudirektorin von Berlin und über die Gründe, warum sie das Baukollegium ins Leben gerufen hat. Manfred Kühne, der das Baugeschehen seit Jahrzehnten in der Senatsverwaltung begleitet, gibt Einblick in die besondere baupolitische Verfasstheit Berlins. Der britische Architekt Sir David Chipperfield berichtet von den Interessensgegensätzen, die in London, Berlin, Tokio und anderswo die Städte formen. In einer knappen atmosphärischen Darstellung kommt auch der Raum selbst zur Sprache, in dem die Sitzungen des Baukollegiums stattfinden. Spricht man vom Baukollegium, dann sind nämlich nicht nur die Mitglieder des Beirats gemeint, sondern auch die Sitzungen selbst. Damit Rede und Gegenrede produktiv werden, damit sich die einzelnen Sinnwelten der Beteiligten gegeneinander öffnen können, sind eine sensible Dramaturgie und gute Umgangsformen nötig. Die Kunst besteht darin, richtig miteinander über Dinge zu sprechen, die allen wichtig sind.

—— Sonja Beeck, Martin Peschken, Jürgen Willinghöfer

//

Zu meinen Kernaufgaben gehört die Sicherstellung der architektonisch-städtebaulichen Qualität. Das beinhaltet sehr unterschiedliche Maßstäbe, in denen ich die öffentlichen Interessen im Gegensatz zu privaten Interessen aushandle.

Entwerfen ist Verwerfen

Gespräch mit der Senatsbaudirektorin Regula Lüscher

Frau Lüscher, worin besteht die Arbeit der Senatsbaudirektorin?

Ich bin zuständig für das Planungs- und Baurecht. Dies umfasst eigentlich alle Aspekte des Bauens, die ein öffentliches Interesse betreffen. Etwa die Nutzungsart, die verträgliche Dichte, die Höhenentwicklung oder Fragen der Wohn- und Lebensqualität in Bezug auf Licht, Luft, Ausblick. Zu meinen Kernaufgaben gehört aber primär die Sicherstellung der architektonisch-städtebaulichen Qualität. Das beinhaltet sehr unterschiedliche Maßstäbe: von der Sorgfalt architektonischer Details und der Wertigkeit von Materialien über den Umgang mit dem Bestand bis hin zu Fragen des Kontextes und des Städtebaus. Dazu gehört natürlich auch die Gestalt- und Aufenthaltsqualität des öffentlichen Raumes. In allen genannten Aspekten handle ich die öffentlichen Interessen im Gegensatz zu privaten Interessen aus.

Wie wichtig ist dem Bürger architektonische Qualität?

Architektonische Qualität ist existenziell wichtig. Wer von einer Reise in eine andere Stadt zurückkommt, beschreibt gern, warum es dort schön war. Dass man etwa an einem bestimmten Platz gesessen und dort angenehme Stunden verbracht hat. Es scheint ein menschliches Grundbedürfnis zu sein, sich an schönen, angenehmen Orten aufhalten zu können. Umgekehrt kenne ich niemanden, der sich nicht auch über die Unwirtlichkeit der Städte beklagt. Diese starke Polarität ist für mich Beweis genug, dass die Schönheit der Städte eine zentrale Rolle spielt für unser Leben.

Es geht aber doch nicht nur um Schönheit …

Richtig, Städtebau und Architektur müssen bestimmte Dinge leisten. Das öffentliche Interesse zielt heute zum Beispiel auf eine funktional wie sozial durchmischte Stadt. Entwickler allerdings planen nach wie vor lieber monostrukturell, das heißt entweder nur Wohnen oder nur

//
Städtebau und Architektur müssen bestimmte Dinge leisten. Aus einem schlechten Städtebau wird nie ein gutes Quartier, in dem wir uns wohlfühlen und Heimat finden.

Shopping und Gewerbe. Das scheint für sie weniger kompliziert in der Entwicklung und Vermarktung zu sein und weniger Risiken zu bergen. Für ein durchmischtes Quartier müssen aber der öffentliche und der private Raum gut aufeinander abgestimmt sein. Wenn zum Beispiel überall Hochparterres gebaut werden, kann die Nutzung den dazugehörenden öffentlichen Raum nie mehr beleben. Diese Chance ist dann für immer verbaut. Wenn aber statt dessen ebenerdig etwa 4,5 Meter hohe Räume geplant werden, in denen man zunächst einmal wohnen und arbeiten kann, in denen aber vielleicht in zehn Jahren ein Café oder Buchladen entsteht, dann belebt die Erdgeschosszone den dazugehörenden öffentlichen Raum und das Quartier. Hier gibt es also eine Differenz zwischen öffentlichen und privaten Interessen, und um solche Dinge ringen wir hart. Aus einem schlechten Städtebau wird nie ein gutes Quartier, in dem wir uns wohlfühlen und Heimat finden.

Schönheit ist demnach nicht einfach eine Geschmacksfrage?

Qualität ist keine Geschmacksfrage. Ich habe aber bewusst das Wort „Schönheit“ in den Mund genommen. In Diskussionen über die Stadt und ihre Architektur meinen alle gleich zu wissen, was schön ist und was nicht. Jeder hat dazu eine Meinung. In Wahrheit muss man sich aber lange darüber unterhalten, was das eigentlich ist: schön. Der Geschmack, auf dem diese Meinung beruht, ist durch was auch immer geprägt, aber eben längst nicht immer durch Bildung. Er ist häufig genug geprägt von Klischees statt von nachvollziehbaren Kriterien wie Brauchbarkeit, Raumwirkung, Proportionen, Farbe, Licht, Materialität und Konstruktion – und von der Frage der Beziehung dieser Elemente untereinander und von ihrer Angemessenheit. Dieses Wissen fehlt oft, was ich primär unserem Bildungssystem vorwerfe.

Da sind wir ja plötzlich bei den Grundlagen der Baukultur ...

Aber ja! Wir lernen lesen, rechnen oder den Computer zu bedienen, aber wir lernen nicht, den Raum in adäquater Weise zu beurteilen und ihn in Besitz zu nehmen. Es ist ja atemberaubend, welch schlechte Grundrisse vom größten Teil der Bevölkerung einfach akzeptiert werden. Ebenso gibt es gute Grundrisse, gute Wohnungen, die zum überwiegenden Teil schlecht möbliert werden. Es werden im gleichen Maße schlechte Grundrisse akzeptiert, wie gute durch schlechte Möblierung ruiniert werden. Ein katastrophaler Grundriss kann klug möbliert und damit halbwegs gerettet werden. Aber eben nur halbwegs, eine wirklich gute Wohnung wird daraus nicht. Und das kann man auch auf den Stadtraum ausdehnen. Architektinnen und Architekten kommunizieren über Pläne und können daraus nicht nur Funktionalitäten, sondern Raumstimmungen, Lichtführungen, dreidimensionale Proportionen ableiten und Räume vor dem inneren Auge sehen. Das ist für Laien schwierig. Das erschwert aber das gegenseitige Verstehen erheblich. Daher ist es zwar möglich, mit Laien über die Farbe oder die Form eines Hauses zu streiten, aber kaum über das, was unter der Oberfläche liegt: die Konzeption. Den Leuten gefällt dann eben die rote Fassade nicht. In Ordnung, das muss man zur Kenntnis nehmen. Aber das heißt noch nicht, dass das ganze Haus schlecht ist.

Es kann ja auch sein, dass gerade diese rote Fassade in 15 Jahren toll gefunden wird.

Das kommt noch dazu. Wir müssen unsere Städte für die Zukunft gestalten und daher auch die Verantwortung dafür tragen, dass Architektur und Städtebau dem Mainstream der unmittelbaren Gegenwart auch voraus sein sollten. Farbe und Wertigkeit des Materials spielen da eine alles andere

//
Wir lernen lesen, rechnen oder den Computer zu bedienen, aber wir lernen nicht, den Raum in adäquater Weise zu beurteilen und ihn in Besitz zu nehmen.

als unbedeutende Rolle. Zweitklassige Produkte altern oft schlecht, und ein Gebäude, das nur mit solchen Produkten umgesetzt ist, das wird man nicht gern haben. Arbeitet man an der guten Stadt, muss man immer zwischen den Maßstabsebenen hin- und herspringen, zwischen Städtebau und Konstruktionsdetail. Es gibt zwar eine Hierarchie, aber die Ebenen greifen ineinander. Entwerfen von Stadt ist nicht ein Prozess, in dem alles schön hintereinandergeschaltet ist.

Wie findet man dann zu einer richtigen Entscheidung?

Zunächst einmal: es gibt meiner Meinung nach nicht einfach richtig oder falsch, nicht „die" richtige städtebauliche Lösung und nicht „den" richtigen Entwurf. Architektur und Städtebau unterscheiden sich darin grundsätzlich von einem rein wissenschaftlichen Ansatz. Ein Beispiel: Die Grundentscheidung, ob man verlorene Zeugen der Geschichte durch Rekonstruktion oder durch ganz andere Maßnahmen sichtbar macht, ist eine Frage der Haltung. Es gab zum Beispiel viele Anhänger der Idee, das Berliner Schloss zu rekonstruieren, um die Geschichtsspuren wieder sichtbar zu machen. Ich war keine Anhängerin davon. Da die Entscheidung für die Rekonstruktion aber vor meiner Zeit getroffen wurde, trete ich selbstverständlich nun dafür ein, dass man diese Rekonstruktion der Fassade in der höchstmöglichen handwerklichen Qualität umsetzt. Genauso habe ich mich dafür

//

Es gibt nicht „die" richtige städtebauliche Lösung und nicht „den" richtigen Entwurf. Als Architektin weiß ich aber, dass eine Grundentscheidung durch die Art der Umsetzung enorm gewinnen oder verlieren kann. Nicht jede Entscheidung kann ich persönlich mittragen, aber ich trete selbstverständlich für die Umsetzung in Qualität ein.

//

Wir müssen unsere Städte für die Zukunft gestalten und daher die Verantwortung dafür tragen, dass Architektur und Städtebau dem Mainstream der unmittelbaren Gegenwart auch voraus sein sollten.

eingesetzt, dass die historischen Keller des Schlosses in einem archäologischen Fenster sichtbar und zugänglich gemacht werden, damit transparent wird: Die Überreste der Keller sind das Original, bei der Fassade handelt es sich dagegen um eine Rekonstruktion im 21. Jahrhundert. So wird Geschichte lesbar. Somit konnte ich meine Haltung umsetzen, Geschichte im Ineinandergreifen von verschiedenen Zeitschichten darzustellen und nicht einfach durch Rekonstruktion. Nicht jede Grundentscheidung kann ich mit meinen persönlichen Überzeugungen mittragen, als Architektin weiß ich aber, dass eine Entscheidung durch die Art der Umsetzung nochmals enorm gewinnen oder verlieren kann, ohne zu polarisieren.

Geht es Ihnen bei Ihrem Bemühen um Baukultur also auch um eine Verbesserung der Diskussionskultur?

Es geht um die Veränderung der Gesprächskultur weg vom Herausarbeiten der Unterschiede hin zum Herausarbeiten der gemeinsamen Anknüpfungspunkte in den unterschiedlichen Positionen. Diese schließlich weiterzuentwickeln, das bringt noch Widerstände genug. Die Diskussion ist dann vielleicht nicht mehr so spektakulär, aber in Bezug auf die Stadt produktiver. Grundsätzlich bin ich aber davon überzeugt: Widerstand löst kreative Prozesse aus. Je klarer der Bauherr, die Stadtgesellschaft, die Politik mit Ihren Interessen als starke Gegenüber auftreten, umso mehr kreative Lösungen müssen entwickelt werden. Man begibt sich ja beim Entwerfen auf einen Weg, und dann stößt man plötzlich auf Forderungen und Gegenargumente, die vorher nicht beachtet wurden. Das offene Feld, die totale Freiheit am Beginn

//
Widerstand löst kreative Prozesse aus. Je klarer der Bauherr, die Stadtgesellschaft, die Politik mit ihren Interessen als starke Gegenüber auftreten, umso mehr kreative Lösungen müssen entwickelt werden. Somit ist die Bauherrenschaft Teil der guten Architektur.

des Entwurfs, wird so erst einmal eingeschränkt und das ist sehr gut. Denn die wirklich guten Architekten und Architektinnen finden gerade in Reaktion auf den „Widerstand“ ungeahnte Lösungen, auf die sie ohne dieses Gegenüber niemals gekommen wären. Somit ist die Bauherrenschaft immer Teil der guten Architektur!

Was braucht es, um mit Investoren ins Gespräch zu kommen? Sie davon zu überzeugen, das öffentliche Interesse ernst zu nehmen?

Man muss dem Gegenüber zu verstehen geben, dass man Verständnis hat und neugierig ist auf seine Ziele und Probleme. Zweitens muss man deutlich machen, dass man von ihrem Geschäft, in dem es um Wirtschaftlichkeit geht, etwas versteht. Man muss zuerst also eine Atmosphäre der Wertschätzung schaffen. Gleichzeitig muss man klarmachen, dass Investoren zum Teil andere Interessen verfolgen, als ich sie im Sinne der Öffentlichkeit verfolge. Das ist systemimmanent und wird auch immer so sein. Es gibt Dinge, die nicht verhandelbar sind und diese müssen deutlich hervortreten. Damit meine ich nicht einmal das Baurecht, denn das ist ohnehin nicht verhandelbar. Aber es gibt andere Dinge, die vielleicht aus politischen Gründen nicht durchsetzbar sind. Hier fühle ich mich als Mittlerin zwischen der Einschätzung des politischen Klimas und den Projektträgern, und ich bin auch diejenige, die zeitnah vermittelt, wenn sich dieses Klima verändert. Dass mir in diesen Aushandlungsprozessen viel gelingt, liegt wohl daran, dass ich Wert darauf lege, den Entwicklern klarzumachen: Die öffentlichen Interessen sind auch ihre Interessen. Die finanzielle Beteiligung eines Investors an der Schaffung von Plätzen, Grünräumen, Schulen, Kitas und erschwinglichem Wohnraum und das Einfordern von hoher Qualität ihrer Bauten

//
Ich lege Wert darauf, den Entwicklern klarzumachen: Die öffentlichen Interessen sind auch ihre Interessen.

zahlt sich für alle aus. Denn der Bauherr kann davon ausgehen: wenn ich von ihm viel verlange, dann verlange ich das auch von seinem Nachbarn. Und wer will schon soziale Unruhe oder unwirtliche öffentliche Räume in der Nachbarschaft seiner Immobilie? – Kurz: Ich stelle also klar, dass unsere Beziehung kein Gegeneinander ist, sondern die Dinge, die ich verlange, letztendlich zum beiderseitigen Vorteil sind.

Umgekehrt müssen Sie aber doch auch Entwicklungen vertreten, die etwa von den Bewohnern des unmittelbar betroffenen Kiezes gar nicht gewollt sind.

Ja richtig, Berlin wächst, die Mieten steigen, daher brauchen wir bezahlbaren Wohnraum und das bedeutet, dass mehr Wohnungen gebaut werden müssen. Es wird dichter und die Nachbarn rücken näher. Veränderungen des status quo werden meistens misstrauisch beäugt. Aber wir leben in einer repräsentativen Demokratie. Unser Auftrag des Parlamentes im Sinne des Gemeinwohles lautet, bezahlbaren Wohnraum zu schaffen und dies tritt in Konflikt mit den Einzelinteressen der Nachbarn. In Bürgerversammlungen treffen dann eben oft übergeordnete Interessen auf Individualinteressen der Anrainer. Eine Bürgerinitiative entwickelt natürlich politische Macht, indem Druck entstehen kann auf die Abgeordneten, aber auch auf den Senat. Meine Aufgabe als Staatssekretärin ist es dann, in einer solchen Bürgerversammlung für eine Bebauung einzustehen und die Qualitätskriterien darzustellen, die ich im öffentlichen Interesse verhandelt habe. In solchen Diskussionen höre ich aber auch zu, nehme stichhaltige Kritikpunkte auf, um zu evaluieren, an welchen Stellen auf der Projektseite noch Nacharbeit erforderlich ist. Darauf muss ein Investor dann eingehen, wenn er sein Projekt umsetzen will.

Wie würden Sie die Stellung der Senatsbaudirektorin innerhalb des Senats beschreiben?

Die Senatsbaudirektorin hat die Aufgabe, städtebauliche und architektonische Qualität durchzusetzen. Wenn das Bauen schnell und günstig

> //
> Baukultur beginnt mit Verfahrenskultur. Verfahrenskultur bedeutet für mich, unterschiedliche Lösungsvorschläge für ein Gebäude oder ein architektonisch-städtebauliches Thema gegeneinander abzuwägen.

sein soll, führt dies zu Interessenkonflikten mit anderen Senatsmitgliedern, weil ich qualitative Ansprüche an die Prozesse und die Gestaltung anmelde. Dadurch wird in den Augen anderer der Realisierungsprozess komplizierter und er braucht mehr Zeit. Baukultur muss auch im politischen Raum und nicht nur gegenüber den Investoren mühsam ausgehandelt werden. Grundsätzlich bin ich der Auffassung, dass Baukultur mit der Verfahrenskultur beginnt. Verfahrenskultur bedeutet für mich, dass man unterschiedliche Lösungsvorschläge für ein Gebäude oder ein architektonisch-städtebauliches Thema gegeneinander abwägen sollte, um am Schluss die beste Lösung wählen zu können. Das können konkurrierende Verfahren wie Wettbewerbe, Gutachterverfahren, aber auch diskursive Workshopverfahren sein. Bisher hat sich das Ringen um die beste Lösung im Vergleich der Ideen immer als die erfolgreichste Art von Qualitätssicherung herausgestellt, denn die Konkurrenz der Ideen ist extrem produktiv.

Weil man dadurch die Kriterien für die Lösungen schärft …

Genau. Für mich ist beim Entwerfen das Verwerfen fast die wichtigste Aktion. Das Wichtigste beim Entwerfen ist im Grunde der gefüllte Papierkorb, in dem durchdachte und letztlich verworfene Ideen landen, um am Schluss das Kondensat zu haben, was an der Stelle, an diesem Ort, zu diesem Thema die beste Lösung ist. Das ist ein mühsamer und schmerzhafter Prozess, aber die getroffene Entscheidung ist reifer und kann auch besser im Parlament oder der Öffentlichkeit vertreten werden, weil auch transparent wird, was an Lösungsmöglichkeiten verworfen wurde.
Wenn die Zeit fehlt für ein Wettbewerbsverfahren, dann hat man auch die Möglichkeit, ein Projekt im Baukollegium zu besprechen, wo man in

//

Für mich ist beim
Entwerfen das
Verwerfen fast die
wichtigste Aktion,
um am Schluss das
Kondensat zu haben,
was an der Stelle,
an diesem Ort,
zu diesem Thema
die beste Lösung ist.

einem direkten Dialog zu einer besseren Lösung findet. Das war auch ein Grund, warum ich das Baukollegium vor einigen Jahren geschaffen habe. Ich wusste, dass wir irgendwann alle froh sind, ein Instrument zu haben, das sehr effektiv und kurzfristig agieren kann. Jetzt, da der Zeitdruck durch das schnelle Wachstum der Stadt groß ist, bewährt sich dieses schlagkräftige, weil sofort verfügbare Gremium sehr.

Können Sie diese Rolle des Baukollegiums in Ihrer Arbeit näher erläutern?

In den Sitzungen des Baukollegiums, dem Gestaltungsbeirat, kommen alle Beteiligten zusammen und daher die unterschiedlichen Interessen auf den Tisch. Indem alle zusammen in einem Raum sind, kann niemand gegen den anderen ausgespielt werden und Probleme müssen gemeinsam gelöst werden. Der Bauherr muss zur Kenntnis nehmen, dass er einen Beitrag im Sinne des öffentlichen Interesses zu leisten hat. Die Architekten müssen bereit sein, Hinweise anzunehmen. Die Behörden und politischen Vertreter des Bezirkes müssen sich mit den Problemen und Herausforderungen der Vorhabenträger auseinandersetzen. Die Baukollegiumsmitglieder müssen die politischen Setzungen und Vorgaben des Bezirkes und des Senates in ihre Empfehlungen einbeziehen. Alle müssen also zuhören und den Standpunkt der anderen ernst nehmen. Alle lernen dazu und am Ende entsteht meistens die spannendere Lösung. Durch den Blick aus verschiedenen Richtungen und den Druck, direkt in der Sitzung schon die Empfehlungen zu formulieren, entsteht eine qualitative Verdichtung der Argumente.

//
Indem alle zusammen in einem Raum sind, kann niemand gegen den anderen ausgespielt werden und Probleme müssen gemeinsam gelöst werden.

Aber kennen Sie diese widerstreitenden Interessen und Sinnwelten nicht schon und könnten auf Ihrem Tisch entscheiden? Warum dann noch das Baukollegium?

Zum ersten will ich nicht, dass sich der Investor mir und meiner Meinung alleine ausgesetzt fühlt. Er darf nicht den Eindruck gewinnen, es ginge in den städtebaulich-architektonischen Aspekten um persönliche Geschmacksfragen, selbst wenn ich weiß, dass dem selbstverständlich nicht so ist. Darum berate ich gern in einem Gremium, in dem Frauen und Männer sitzen, die verschiedene Generationen, verschiedene kulturelle Hintergründe, verschiedene baukünstlerische Positionen repräsentieren.
Zweitens möchte ich mit Fachkollegen eine Diskussion auf Augenhöhe führen. Ich will in schwierigen Fragen verschiedene Meinungen hören. Somit kommen viele Argumente und Aspekte zur Sprache, die ich alleine in der Kürze der Zeit unmöglich sehen kann. Architektur und Städtebau sind so komplex, dass kein Individuum eine 360-Grad-Perspektive auf jedes Problem haben kann. Das ist nichts anderes als eine realistische Einschätzung darüber, was ein einzelner Mensch leisten kann.
Drittens erleben die Bezirke und die Vorhabenträger dieses weite Spektrum von Argumenten auf authentische und transparente Weise. Dadurch entsteht eine größere, überzeugendere Objektivität der Empfehlungen, die dann nicht mehr als schwer nachvollziehbare Vorgaben einer höheren Verwaltung daherkommen.
Viertens müssen sich durch die Form der Sitzung alle – Architekt, Investor, Bezirke, Senat – sehr gut vorbereiten und sich die Zeit nehmen, eine Stunde über dieselbe Sache zu sprechen. In der Getriebenheit des Alltagsgeschäftes nimmt man sich auf diese Weise Raum zur Konzentration, um über Dinge zu entscheiden, die letztlich sehr viele Menschen lange betreffen werden. Diesen Raum kann auch ich mir in meinem Berufsalltag, der durch tagespolitische Themensetzungen stark besetzt ist, sonst kaum nehmen. Insofern ist das Baukollegium auch für mich eine Schutzmaßnahme vor dem Getriebensein und ein Denkraum, den ich mir gebaut habe. Dieser Denkraum ist ja ungeheuer produktiv:

Da werden Dinge ausgehandelt und in Protokollen festgehalten. Es kann sich keiner zurückziehen und sagen, er müsse erst einmal nachdenken. Denken und Produktivität werden in diesen Sitzungen in Echtzeit zusammengebracht.

Wie verhalten sich Bauverwaltung, Baukollegium und die von Ihnen favorisierte Verfahrenskultur in Wettbewerben und Workshops zueinander?

Das Baukollegium ist nicht dazu da, die Einhaltung der Baugesetze zu kontrollieren, denn dazu gibt es die Verwaltung. Das Baukollegium und die Senatsbaudirektorin braucht man, um für die genannten weichen Faktoren, wie architektonische Qualität und Atmosphären, für die es keine Zollstäbe und Waagen gibt, einen Gradmesser zu finden. Dafür braucht es eine Objektivierung durch die Fachdiskussion. Mitunter geht es dabei um ganz konkrete Dinge, etwa um die Auswahl der Farben und Materialien anhand von Fassadenbemusterungen. Es geht um eine Vergewisserung und nicht um die absolute Wahrheit gerade in der Beurteilung der eher weichen Faktoren. Ebenso kann es aber auch darum gehen, eine Grundsatzentscheidung nochmals in Frage zu stellen, wenn mit kleineren Korrekturen nichts auszurichten ist. Wenn wir etwa erkennen, dass die Programmierung des Ortes falsch ist oder dass die beauftragten Planer das Projekt nicht zum Erfolg bringen können. Dann muss man noch einmal einen Schritt zurückgehen und zum Beispiel in einem städtebaulichen Verfahren eine stadtverträgliche Ausnutzung ermitteln. Als Ergebnis empfehlen wir

//
Das Baukollegium und die Senatsbaudirektorin braucht man, um für die architektonische Qualität und Atmosphären, für die es keine Zollstäbe und Waagen gibt, einen Gradmesser zu finden. Dafür braucht es eine Objektivierung durch die Fachdiskussion.

dann im Baukollegium, einen Wettbewerb durchzuführen. Aufs Auge drücken können wir das allerdings niemandem. Wenn Wettbewerbe entschieden sind, kommen sie in aller Regel nicht mehr ins Baukollegium. Das hat auch den Vorteil für die Vorhabenträger, dass man es hinterher in der Umsetzung leichter hat.

Wie wird denn diese produktive Situation im Baukollegium geschaffen, wie inszenieren Sie die Sitzungen?

Es gibt einen Vorbereich, wo die Vorhabenträger warten können. Im Sitzungssaal haben wir eine Tischordnung mit Namensschildern. Diese Formalisierung wirkt etwas streng, aber schafft den richtigen Rahmen für die Seriosität und Konzentration der Veranstaltung. Die Befangenheit der Geladenen versuche ich durch eine freundliche und ausführliche Begrüßung und namentliche Vorstellung der Beteiligten etwas aufzulockern. Ich weise darauf hin, dass es Gäste gibt, aber dass das hier Besprochene vertraulich behandelt wird. Bauherr und Architekt stellen nun ihr Projekt vor. Dann gehen sie hinaus und die übrigen Beteiligten diskutieren Pläne und Modelle und beschließen eine Empfehlung. Die Vorhabenträger werden nun wieder hineingebeten. Aus den Baukollegiumsmitgliedern wird eine Person bestimmt, welche die Empfehlung übermittelt. Dadurch wird einerseits das Gremium ernster genommen, denn es wird sichtbar, dass es sich hier nicht um meine persönliche Meinung handelt. Andererseits kann sich das Gremium nicht hinter mir verstecken und die übermittelnde Person muss genau abwägen, wie sie die Kritik gegenüber den Architektenkollegen formuliert. Ich stehe dennoch dabei und stärke so dem Kollegiumsmitglied den Rücken, kann zugleich aber beobachten, wie die Mitteilung ankommt und gegebenenfalls noch einmal pointieren oder ergänzen. Diese Choreografie habe ich über die Jahre aus wachsender Erfahrung schrittweise verfeinert. Auch die Sitzordnung der Gäste, der Baukollegiumsmitglieder, der Behördenvertreter und Vorhabenträger sowie die Anordnung der Auftritte und Abgänge, die Verpflegung – das alles ist räumlich genau austariert. Ebenso die Anordnung der Pläne. Die Atmosphäre ist dicht. Vortragen, fragen, zuhören, denken, antworten – alles findet in diesem Raum statt.

Gibt es denn ein Regelwerk für die Mitglieder des Baukollegiums?

Es gibt natürlich eine Geschäftsordnung für dieses beratende Gremium. Eine Amtszeit umfasst zwei Jahre und kann auf fünf Jahre verlängert werden, analog zu einer politischen Amtszeit. Es gibt also die Möglichkeit, jemanden schon nach zwei Jahren auszuwechseln, auf beiderseitigen Wunsch hin. Das haben wir aber noch nie gemacht. Nach Neuwahlen treffen sich die alten und die neuen Mitglieder bei mir und wir tauschen unsere Erfahrungen darüber aus, worauf es im Gremium ankommt. Mir ist zum Beispiel die Frage des Tons und des Umgangs der Baukollegiumsmitglieder mit den Architekten und Vorhabenträgern ganz wichtig. Auf der Vorschlagsliste für den Senator respektive den Senat finden sich keine Personen, die ich nicht schon einmal in einem Preisgericht oder anderweitig öffentlich erlebt habe, um sicher zu sein, dass Rückmeldungen zu Projekten so übermittelt werden, dass das Gegenüber nicht das Gesicht verliert. Die Kommunikationsfähigkeit und Fähigkeit zur Diplomatie trotz gebotener Klarheit sind genauso wichtig wie die Fachkompetenz.

Wie laufen denn die Diskussionen, bevor den Bauherren und Architekten die Empfehlung ausgesprochen wird?

Da ich keine Vorabsprachen mit dem Baukollegium mache, kann ich gar nicht vorhersehen, wie die Diskussion ablaufen wird. Ich gehe da ein Risiko ein, denn wir müssen innerhalb kürzester Zeit einen Konsens für die Empfehlungen finden. Manchmal muss ich bei ganz grundsätzlichen Dingen eingreifen, wenn zum Beispiel bestimmte Punkte, die diskutiert werden, längst ausgehandelt sind und man hinter diese nicht mehr zurückgehen kann. Manchmal muss ich aber das Kollegium auch aus der Reserve locken und einfordern, dass wir etwas strenger und genauer sein sollten. Es könnte natürlich passieren, dass alle sechs Mitglieder eine total andere Meinung vertreten als ich und dann wird es spannend, wie man da rausgeht. Das ist zum Glück noch nicht vorgekommen.

Was glauben Sie, wie die Vorhabenträger das Baukollegium erleben?

// Es ist eine ganz wichtige Rolle des Baukollegiums, die Architekten zu unterstützen.

Bei vielen Entwicklern geht es einfach darum, die Baugenehmigung zu erlangen. Psychologisch schwieriger ist die Situation für die Architektenkollegen. Sie müssen sich einerseits gegenüber den Investoren als Dienstleister verstehen. Aber sie haben auch eigene Interessen und wollen ihre Idee in der gebotenen architektonischen Qualität umsetzen. Und natürlich identifizieren sie sich mit ihrem Werk. Sie sind also einerseits das Sprachrohr des Investors, haben aber womöglich auch zu einzelnen Fragen eine andere Meinung. Das müssen wir herausspüren. Es ist eine ganz wichtige Rolle des Baukollegiums, die Architekten zu unterstützen. Dinge, die die Architekten auf Anweisung der Auftraggeber verworfen haben, fordern wir zum Beispiel oft wieder ein. Umgekehrt gibt es auch Situationen, in denen der Bauherr unzufrieden sein müsste mit den Leistungen des Auftragnehmers. Dann braucht es ebenso Fingerspitzengefühl, dies ohne Gesichtsverlust für den Architekten herauszuarbeiten und zu übermitteln. Wir sind also oft Vermittler.

Und die Gäste, dürfen die mitreden?

Ich habe das Baukollegium für Gäste geöffnet, für Interessensvertreter der Baukultur, für Leute aus der Architektenkammer, dem Abgeordnetenhaus usw. Aber an der Diskussion dürfen sie sich nicht beteiligen,

//
Das Baukollegium ist bewusst kein Kommunikationsgefäß, sondern ein Arbeitsinstrument, um Qualitätsansprüche zu definieren und auszuhandeln.

auch wenn ich verstehe, warum sie das oft möchten. Die Baukollegiumsmitglieder sind aber auf Jahre gewählt und haben eine Verpflichtung und große Verantwortung übernommen, die auch manchmal zur Bürde werden kann. Das verdient meine ganze Wertschätzung und dies sollten die Gäste respektieren. Wenn jeder mitdiskutieren würde, gäbe das keine produktive Situation und auch keine Verbindlichkeit für die Vorhabenträger.

Es ist also keine öffentliche Veranstaltung?

Das Baukollegium ist bewusst kein Kommunikationsgefäß, sondern ich nutze es als Arbeitsinstrument. Es dient nicht dazu, öffentlich über Baukultur zu diskutieren und sie besser in der Bevölkerung zu verankern. Wenn man so will, ist es eine Ausweitung dessen, was bei mir am Tisch oder in der Baubehörde passiert, nämlich das Definieren und Aushandeln von Qualitätsansprüchen. Die komplizierte Gemengelage aus dem zweistufigen Behördensystem von Senats- und Bezirksebene, die ja politisch auch nicht immer auf einer Linie sind, aus Baukollegium und den Bauherren und Architekten, diese Gemengelage möchte ich an diesem Punkt noch nicht der Öffentlichkeit aussetzen. Außerdem werde auch ich als Senatsbaudirektorin in solchen Veranstaltungen für politische Kämpfe missbraucht.
Als der jetzige Regierende Bürgermeister Michael Müller noch Stadtentwicklungssenator war, hat er einmal an einer Sitzung des Kollegiums teilgenommen und er hat sofort verstanden, wieso es ein zentrales Element ist, die Dinge auf diese Weise miteinander auszuhandeln. Wenn das alles in der Öffentlichkeit diskutiert würde, käme keine Qualität heraus.

Warum nicht?

Wären die Sitzungen öffentlich, dann würden wir uns vorher alle miteinander absprechen. Und dann ist das, was in der Sitzung passiert, nämlich die Schärfung des Blicks auf das Problem durch die gemeinsame Diskussion, nicht mehr authentisch und das Ganze verliert an Inhalt. Denn im Dialogischen und nicht im Bilateralen entsteht die Qualität der Beratung. Wenn man eine solche Veranstaltung nicht als Alibi versteht, sondern als produktives Instrument, um Projekte wirklich zu qualifizieren, dann muss man Vertrauen haben in die Kompetenz aller. Dass ich mir ein solches Gremium schaffe, wird durchaus von einigen als Unsicherheit, als Schwäche kommentiert. Ich nehme das in Kauf, denn das Gegenteil ist natürlich der Fall. Sich einem solch offenen, produktiven Prozess auszusetzen, das kann nur, wer sich seiner schnellen Auffassungsgabe und Urteilsfähigkeit sicher ist. Man braucht dafür eine Erdung in der eigenen architektonischen Haltung. Auch hier gilt „Entwerfen ist Verwerfen“: das Baukollegium und ich, wir begeben uns auf einen Suchprozess, eben weil wir das vorgefasste Rezept nicht haben. Ein guter Entwurf erfindet nicht, sondern findet an dem Ort die Dinge, die zu seinem Charakter passen, und die ihn in die Stadt integrieren.

Was heißt das konkret? Wie ermittelt man solche Dinge?

Es gibt beispielsweise Momente, wo wir einem Investor tatsächlich etwa Natursteinfassaden ausreden müssen, weil sie an dieser Stelle deplatziert wären. Vermeintlicher Luxus am falschen Ort, das kann einen bestehenden Kontext total desavouieren. Es gibt so etwas wie Angemessenheit in alle Richtungen. Ein extrem wichtiger Begriff. Aber Angemessenheit muss man diskutieren. Zu vermeiden, dass ein Kontext durch scheinbare Aufwertungen letztlich abgewertet wird, das ist auch eine baukulturelle Verantwortung. Es gibt keine metrische Bestimmung für „gut“ in diesem Sinn. Was gut und angemessen ist an genau dieser Stelle, das muss man immer erst diskutieren und neu aushandeln.

Welche Bedeutung hat denn das Planwerk Innere Stadt für das Baukollegium?

Wir schauen selten auf diesen Plan. Er hängt nicht einmal in dem Raum, in dem das Baukollegium veranstaltet wird. Das Planwerk ist inzwischen ohnehin eher ein Instrument des Monitoring im Sinne des Nachvollziehens der planerischen und baulichen Entwicklung. Eine normative Bedeutung hat er eigentlich nicht mehr.

Und die kritische Rekonstruktion, spielt die bei Ihnen keine Rolle?

Das kann man so nicht sagen. Das Problem ist, dass der Begriff der kritischen Rekonstruktion in Berlin extrem besetzt ist durch das Planwerk Innenstadt und dass er mit einer bestimmten Epoche verbunden wird. Theorie und Methode, die dahinter stehen, nämlich das Gedächtnis der Stadt als Spuren im Stadtgrundriss ernst zu nehmen, das habe ich verinnerlicht. Ich habe an der ETH Zürich studiert, und bin von daher ebenso in der Tradition der klassischen Moderne sozialisiert wie durch die Gedanken von Aldo Rossi geprägt. Alle Assistenten, die mich an der ETH betreut haben, waren „Rossi-Schüler“. Das Gedächtnis der Stadt und der kontextuelle Städtebau, übrigens auch die Grundlagen der Berliner IBA von 1987 – das hat meine Ausbildung geprägt. Daher gibt es auch in meiner beruflichen Biografie Bezüge zur „kritischen Rekonstruktion“ als Methode – auch mir geht es darum, Spuren vor Ort zu suchen, diese kritisch zu interpretieren und dann etwas Neues zu schaffen. Bei mir liegt die Betonung auf der Interpretation der Spuren und nicht auf dem Nachzeichnen. Spuren zu finden und im Entwurf zu interpretieren und sichtbar zu machen, wie das zum Beispiel beim Humboldt-Forum die Landschaftsarchitekten tun, indem sie die ehemaligen Schlossterrassen in eine Freiraumplanung transformieren, die Bezug nimmt im Grundriss, in der Raumfassung – das ist für mich selbstverständlich. Aber das Auswischen einer jetzt vorhandenen Zeitschicht durch die Rekonstruktion einer vergangenen Schicht, das ist für mich kein Weg. Da wiederholt man nur die Fehler von gestern.

//

Auch mir geht es darum, Spuren vor Ort zu suchen, diese kritisch zu interpretieren und dann etwas Neues zu schaffen. Bei mir liegt die Betonung auf der Interpretation der Spuren und nicht auf dem Nachzeichnen.

Wie sieht die von Ihnen favorisierte Suche historischer Spuren zum Beispiel aus?

Das Thema der archäologischen Fenster habe ich überhaupt erst auf die Tagesordnung gebracht, also das Sichtbarmachen der archäologischen Befunde im Stadtraum, auch nachdem die Grabungen abgeschlossen sind. Nicht nur beim Humboldt-Forum, auch etwa am Petriplatz. In meinen ersten Tagen im Amt wurde mir erklärt: Am Petriplatz, da graben wir aus, dann erforschen wir das, machen zu und darüber gibt es einen Platz. Da habe ich gesagt: Das ist doch die Wiege Berlins! Ihr wisst ja noch gar nicht, was Ihr dort ausgrabt. Wir müssen doch den Menschen das Original zugänglich machen, da brauchen wir ein archäologisches Fenster. Bis dahin lief Geschichtsvermittlung über Tafeln, Text oder eben über Rekonstruktion. Die Archäologen und Denkmalpfleger schreiben sich das jetzt auf die Fahne, und es ist sehr gut, dass sie dafür kämpfen. Aber der wesentliche Anstoß dazu kam von mir. Von mir wird immer wieder gesagt, ich sei Modernistin und Geschichte interessiere mich nicht. Das liegt an dieser seltsam polarisierten Diskussion in dieser Stadt. Geschichte interessiert mich sehr wohl und ich will ihre Spuren sichtbar machen.

Noch einmal zum Baukollegium: Gab es für Sie ein Projekt, von dem Sie sagen, dass es wirklich extrem problematisch war?

Davon gab es einige, ja. Eine der Sitzungen, in denen der Druck sehr hoch war, betraf die O2-World und das zugehörige Entertainment. Wir mussten da mit einer großen Altlast umgehen – einem Bebauungsplan, der aus der „Goldgräberzeit" unmittelbar nach der Wiedervereinigung stammt, in der man für die Investoren alles so einfach wie möglich gemacht hat. Im Baukollegium ging es nun um die Gestaltung des öffentlichen Raums, der so eine Art Disneyworld werden sollte, also eine völlige Inbeschlagnahme durch Entertainment. Und das in Friedrichshain-Kreuzberg! Mit dieser spezifischen mentalen und politischen

//
Das Auswischen einer jetzt vorhandenen Zeitschicht durch die Rekonstruktion einer vergangenen Schicht, das ist für mich kein Weg. Da wiederholt man nur die Fehler von gestern.

Gemengelage. Obwohl wir formal nichts in der Hand hatten, war mir klar, dass wir etwas bewegen mussten, um ein Desaster zu verhindern. Zugleich hatte ich nicht die Zeit, wirklich abzuklären, ob der Stadtentwicklungssenator und der Regierende Bürgermeister hinter mir stehen würden. Das war also ein richtiger Poker, in dem ich nur das politische Argument ausspielen konnte: dass erstens eine solche Eventisierung direkt an der East Side Gallery inakzeptabel ist und Bürgerbewegungen auslösen wird. Man muss sich bewusst machen, dass es sich um amerikanische Investoren handelt, für die unsere Verfahrenskultur eine fremde Welt ist. Für einen Wettbewerb fehlte allerdings die Zeit und es blieb nur ein Workshopverfahren. Zum Glück waren die jetzt teilnehmenden Landschaftsarchitekten nicht nur gute Entwerfer, sondern auch gute Kommunikatoren, die schnell einen Draht zu den Investoren gefunden haben. Am Schluss waren die Investoren genauso vom Ergebnis begeistert wie das Baukollegium und der Bezirk.

Wozu braucht man das Baukollegium, was können andere Städte auf der Welt davon lernen?

Weil wir hier in Deutschland und in Berlin zum Glück noch in einer Politik- und Planungskultur leben, in der öffentliche und private Interessen sorgfältig abgewogen werden – dazu braucht es ein solches Gremium. Das Baukollegium ist ein Raum, in dem die unterschiedlichen Interessen für die Beteiligten transparent werden. Ich bin überzeugt, dass man durch dieses Transparentmachen am Ende mehr für die Stadt herausholt. In diesem Raum wird natürlich über Wirtschaftlichkeit, über Vermietbarkeit, über die Akzeptanz des Marktes geredet. Und wir vom Baukollegium benennen unsere Interessen und Aspekte, wie Städtebau, Architektur, Gestaltung, Nutzungskonzepte; aber auch soziale Fragen, Politisches: das alles gehört zur Baukultur. Eine Vertrauensebene kann erst dann geschaffen werden, wenn man die Interessen auch benennt. Im Baukollegium kann man nicht mit verdeckten Karten spielen, alle sind ja da. Auf einer Vertrauensbasis kann einfach bessere Qualität entstehen. Davon bin ich ganz tief überzeugt. Vertrauen schaffen ist genau das Gegenteil von Filz und Hinterzimmer. In dem Sinn finden die Sitzungen nicht im Verborgenen statt, aber in einem geschützten Raum, sodass der kreative Prozess in der Runde des Gremiums überhaupt möglich wird.

//
Das Baukollegium ist ein Raum, in dem die unterschiedlichen Interessen für die Beteiligten transparent werden. Ich bin überzeugt, dass man durch dieses Transparentmachen am Ende mehr für die Stadt herausholt.

//

One of my key responsibilities is guaranteeing high-quality architecture and urban development. This covers quite a variety of benchmarks in which I represent public interests in negotiations, as opposed to private interests.

Creating Is Discarding

Discussion with Senate Building Director Regula Lüscher

Frau Lüscher, what makes up the work of the senate building director?

I am responsible for planning and construction regulations. That encompasses all aspects of construction that have to do with the public interest, including usage category, the level of acceptable density, building height limitations, or issues having to do with quality of life when it comes to light, air, and view. But one of my key responsibilities is guaranteeing high-quality architecture and urban development. This covers quite a variety of benchmarks: from attention to architectural detail and diligence when it comes to the quality of materials to the way that existing buildings are treated, all the way to context and city-planning issues. Of course this also includes the public areas and ensuring that they are welcoming and well designed. In all these aspects I've identified, I represent public interests in negotiations, as opposed to private interests.

How important is architectural quality to everyday citizens?

Architectural quality is important to our very existence. When someone comes back from a trip to another city, they tend to describe what was so nice about their trip. That they sat in a certain place for a while and spent a few pleasant hours there. It seems to be a basic human need to be able to pass time in beautiful and pleasurable locations. In contrast, I don't know anyone who doesn't complain about the inhospitableness of cities. This extreme polarity is proof enough for me that the beauty of cities plays a central role in our lives.

But it's not just about a beautiful appearance …

It's true that city planning and architecture have to achieve certain things. For example, one of the goals that serves public interests right now is to create a city that is integrated both functionally and socially. Developers, however, still tend to plan in a single structural way, meaning that their focus is either just residential or just shopping and industry. For them that

//
City planning and architecture have to achieve certain things. Poor city planning will never result in a good district in which we feel comfortable and at home.

seems to be less complicated when it comes to development and marketing, and it also involves less risk. But for a mixed-use urban district, the public and the private spaces have to be well coordinated with each other. For example, if buildings with raised ground floors are built everywhere, then their use will no longer bring life to the area's public spaces and the whole district. This opportunity will have been built over for good. If, however, 4.5-meter high spaces are planned at ground level as rooms in which people can both live and work but also spaces that could hold a cafe or bookstore in ten years, then the ground floor zone will bring life to the area's public spaces and to the whole district. The public and the private interests differ here as well, and we fight hard for these things. Poor city planning will never result in a good district in which we feel comfortable and at home.

According to this kind of thinking then, beauty is not simply in the eye of the beholder, a question of taste?

Quality is definitely not a question of taste. But I did purposefully use the word "beauty." When discussing cities and their architecture, everyone claims to know what's beautiful and what's not. Everybody has their own opinion about it. The truth is that you'd have to talk about it for a long time to decide what beauty truly is. Opinions are based on taste, and individual tastes have been shaped by many things, certainly not just always by education. Taste is often influenced by clichés instead of reasonable criteria—such as utility, spatial impact, proportions, color, light, materiality, and construction—and the question of the interrelationship between these elements and their situational appropriateness. Often people lack knowledge of this, and I mostly blame our educational systems for this.

And suddenly we're discussing the basic principles of the culture of building.

Exactly! We learn to read, do arithmetic, use the computer, but we do not learn how to assess space adequately and occupy it. It is astounding how much of the general population will just accept a bad floor plan. In the same vein, there are good floor plans, and good apartments that are, for the most part, terribly furnished. As many people accept bad floor plans as ruin good floor plans with poor furniture layout. A catastrophic floor plan can be smartly furnished and somewhat saved through this. But just somewhat saved—a really good apartment it will never be. And you can extend this to the whole city. When architects discuss their plans, they can derive ideas about functionality, the feel of a room, lighting, and three-dimensional proportions. They can picture spaces in their mind's eye. But this is a lot harder for the general public. This, in turn, causes serious difficulties when it comes to reaching a mutual understanding. So, of course it is possible to disagree with the public about the color or shape of a building, but you can't discuss with them what's under the surface: its conceptualization. So, people aren't crazy about the red façade. No problem, you have to take that into consideration. But that in no way means that the whole building is bad.

In fifteen years, it could be that exactly this kind of red façade will be seen as great.

That's another piece to consider. We have to leave the mainstream behind to design our cities for the future. We have to take responsibility for this and consider that architecture and city planning have to stay ahead of the immediate present. Color and quality of a material play a role here that is anything but insignificant. Second-class products age poorly, and a building

//
We learn to read, do arithmetic, use the computer, but we do not learn how to assess space adequately and occupy it.

made of these kinds of materials is not something that people will end up liking. If you are working on a good city, you have to always be moving between these two levels of standards—between city planning and construction details. While there is a hierarchy, the levels are also intertwined. Designing cities is not a process in which one thing can be dealt with at a time in a certain sequence.

So how do people arrive at good decisions?

First of all, in my opinion, there is no such thing as right and wrong. Not one "correct" urban-planning solution nor one "correct" design. In this way, city planning and architecture differ from hard-science approaches. One example: The decision whether to make lost witnesses to history visible through reconstruction or through completely different measures is a question of perspective. For instance, many people adhered to the idea that the Berlin Palace should be reconstructed in a way that made historical traces visible. I did not agree with this. Because this reconstruction decision was made before my time, now, my only task, of course, is to make sure that the façade's reconstruction is carried out to this highest degree of craftsmanship possible. I similarly promoted the option of making the historical cellar of the palace visible, accessible, and thus transparent via an archaeological window. The cellar's ruins are original construction. The façade, however, is a twenty-first-century reconstruction. This is how you make history legible. In this way I was able to realize my perspective:

//
There is not one "correct" urban planning solution nor one "correct" design. But as an architect I know that a decision can gain or lose so much based on how it's implemented. My personal convictions may not concur with every decision that's been made, but I certainly will stand up for the highest quality in their implementation.

//
We have to leave the mainstream behind to design our cities for the future. We have to take responsibility for this and consider that architecture and city planning have to stay ahead of the immediate present.

that history should be displayed by meshing various layers in time and not just by reconstructing. I cannot use my personal convictions to make every basic decision. But as an architect, I know that without having to polarize people, a decision can gain or lose so much based on how it's implemented.

So would you say that your efforts to improve the culture of building are also about improving a culture of debate?

It's about shifting the way we speak from focusing on hammering out differences to hammering out points of overlap between opposing positions. Developing these overlaps even further will cause enough opposition. This may make the discussion less spectacular, but it will be more productive for the city. But, in principle I am firmly convinced that opposition sets creative processes in motion. The clearer the builders, the urban society, and the political sphere can be in articulating their opposing interests, the more creative the developed solutions will have to be. During the design process, you go down a certain path, and then suddenly you encounter claims and counterarguments that were not taken into account earlier. The blank slate, the complete freedom that accompanies the beginning of the design process, is restricted as you undergo this process, and that is very good. After all, truly good architects find unimagined solutions by reacting to the "opposition." Without opposition, they would never have come up with these. And that's why building owners always play a role in good architecture!

//

Opposition sets creative processes in motion. The clearer the builders, the urban society, and the political sphere can be in articulating their opposing interests, the more creative the developed solutions will have to be. That's why building owners always play a role in good architecture.

What does one need to engage investors in conversation? To convince them to take public interests seriously?

You have to make the other party understand that you have sympathy and curiosity for their goals and problems. You also have to make it clear that you know something about their business and the economic viability they value. So you first have to create an atmosphere of appreciation. Simultaneously, you have to make it clear that investors serve different interests than I do when it comes to the public. That is just how the system works, and it will always be like this. There are things that are not up for discussion, and these must be clearly brought to the fore. And I don't mean building laws, which of course are not negotiable. There are also other things that cannot be implemented, perhaps for political reasons. In this way, I see myself as mediating between the assessment of the political climate and the project sponsors. And I am also the one who must immediately pass it along when this climate is changing. I'm able to accomplish a lot in these negotiation processes, and the reason for that is probably that I value making it clear to developers that the interests of the public are also their interests. Investors' financial contributions to creating squares, green spaces, schools, day cares, and accessible housing, and to demanding a high quality from their buildings, pay off for everyone. Because when I demand a lot from a building owner, they can bet that I will also demand a lot from their neighbor. And who wants social unrest or inhospitable public spaces next door to their properties? In short, I make it clear that our relationship does not have to be an antagonistic one. Instead, the things that I demand benefit both sides in the long run.

//
I value making it clear to developers that the interests of the public are also their interests.

Conversely, you have to be a representative for certain developments that a neighborhood is completely against.

Yes, this is true. Berlin is growing and rents are going up; that's why we need affordable housing and that means that more apartments have to be built. Urban density is on the rise, and neighbors have to move closer to each other. Changes to the status quo tend usually to be viewed suspiciously. But we live in a representative democracy. When it comes to the general good, the task of parliament is to create affordable housing, and this sometimes conflicts with neighbors' individual interests. In citizens' meetings, then, the overriding general interests of the public often come into conflict with the individual interests of certain neighbors. A citizens' initiative can of course develop political power by putting pressure on their representatives and on the Senate. As a secretary of state, my task in citizens' meetings like these is to vouch for a development and to portray the quality standards that I have negotiated in the interests of the public. But I also listen in these discussions and take away valid points of critique in order to evaluate where work still remains to be done on the project. Then an investor has to engage with these if they want to be able to carry out their project.

How would you describe the position of the Berlin building director within the Senate?

The senate building director has the job of enforcing standards of quality when it comes to urban development and architecture. At times when people want fast, cheap construction, this can lead to a conflict of interests with other Senate members, because I demand quality when it comes to processes and form. Other people see this as complicating the construction process and slowing it down. The culture of building must be painstakingly negotiated within the political sphere and not just in opposition to investors. Generally, I would say a culture of building begins with a culture of planning processes. This culture of planning processes means to me that you should weigh various suggested solutions for a building

//
A culture of building begins with a culture of planning processes. This culture of planning processes means to me that you should weigh various suggested solutions for a building against each other or against an urban-development topic in order to find the best solution at the end of the process.

against each other or against an urban-development topic in order to find the best solution at the end of the process. This can be competing processes, such as competitions and procedures of assessment, but also discursive workshop processes. Thus far, wrestling to find the best solution has always proven to be the most successful way of guaranteeing quality, as opposed to simply comparing various ideas. Because placing ideas in competition with each other is always extremely productive.

Because that way you refine the criteria for the solutions ...

Exactly. For me, the discarding process within the act of creating is crucial. The filled wastepaper basket is, basically, the key to creation—the place where ideas land that have been carefully thought through but then ultimately rejected. Because at the end of this process, you have a condensed answer that represents the best solution for this place, this location, this issue. This is a difficult and painful process. But the final decision is then richer for it. It is something that one can more successfully represent and explain in parliament and to the public because it is also transparent which possible solutions have been discarded.
If there is not enough time for a competition process, then you have the chance to discuss the project in the Baukollegium and to find a better solution through a dialogue. This was one of the reasons I founded the Baukollegium several years ago. I knew that someday we would all appreciate having an instrument we could activate effectively and at short notice. Nowadays, we are under a lot of time pressure because the city is growing so quickly. And the committee has proven itself to be powerful because it stands at the ready.

//

For me, the discarding process within the act of creating is crucial. Because, at the end of this process you have a condensed answer that represents the best solution for this place, this location, this issue.

Can you explain in more detail this role that the Baukollegium plays in your work?

In Baukollegium sessions and at the design council, all partners come together, with everyone at the table representing different interests. Because everyone is in one room, people can't be played off each other. All problems have to be solved together. The building owners have to recognize that they have to contribute something that serves public interests. The architects have to be ready to accept feedback. The authorities and district political representatives have to be ready to grapple with the problems and challenges the project developers are facing. The Baukollegium members have to be ready to create recommendations that account for political priorities and plans on both the level of the District and the Senate. Everyone has to listen and take everyone else's standpoint seriously. This means everyone will learn, and at the end usually there is an exciting solution. A qualitative concentration of arguments usually develops through the various perspectives and the pressure to formulate recommendations directly in the session.

//
Because everyone is in one room, people can't be played off each other. All problems have to be solved together.

But aren't you already familiar with these competing interests and sensibilities, and couldn't you make these decisions at your desk? Why do you still need the Baukollegium?

First of all, I don't want the investor to feel like they are subject only to me and my opinion. An investor shouldn't get the impression that, when it comes to aspects that have to do with city planning and architecture, it's all about questions of personal taste. Even though I know that this can be a hard thing for them to comprehend. This is why I like to advise through a committee, where men and women are present who represent different generations, different cultural backgrounds, and different artistic architectural positions.

Second of all, I like to hold discussions with expert colleagues where we are all on equal footing. For difficult questions, I want to hear varied opinions. This brings to light many arguments and aspects, all of which it would be impossible for me to see in such a short period. Architecture and urban development are so complex that no single individual can have a 360-degree perspective for every problem. This is just a realistic assessment of what one single person can achieve.

Third, the Districts and project developers experience this broad spectrum of arguments in an authentic and transparent way. This brings about a greater, more convincing objectivity for the recommendations and ensures that they are not handed down as some regulation from on high that is difficult to follow.

Fourth, the format of the session requires that all participants—the architect, investor, District and Senate—are well prepared and that they take the time to speak for an hour on the same subject. Amid the hustle and bustle of everyday business, this makes people stop and take the time they need for concentration before deciding about things that will ultimately affect a lot of people for a long time. Taking this time is not something I can otherwise really do in my day-to-day work, which is filled with the political topics du jour. In this way, the Baukollegium is, for me, a protective measure against the everyday hustle and bustle, and it's also a place I have created that holds the space needed for deep thought. This space for thought is incredibly productive. Important things are negotiated and set down in meeting minutes. No one can pull back and say that they need time to think about it. Thought and productivity are brought together in real time in these sessions.

What is the relationship between building authorities, the Baukollegium and a culture of planning processes that you favor when it comes to competitions and workshops?

> //
> The Baukollegium and the senate building director are needed for finding a yardstick for things like architectural quality and atmosphere—things that cannot be measured with set rulers and scales. These things need to be made objective through a discussion with experts.

The Baukollegium is not there to monitor how well building laws are being upheld. There are building authorities for that. The Baukollegium and the senate building director are needed for what are known as the soft factors, for finding a yardstick for things like architectural quality and atmosphere—things that cannot be measured with set rulers and scales. These things need to be made objective through a discussion with experts. Sometimes this can be a discussion of quite concrete things such as color and material selection using façade sampling. When dealing with assessing these soft factors, it's about reassurance and not some absolute truth. But it can also deal with questioning a fundamental decision when it turns out that small corrections won't achieve anything. For instance, sometimes we realize that the location programming is wrong or that the commissioned planner won't be able to successfully carry out the project. Sometimes you have to take a step back and, for example, use a city-planning process to convey how to make the most of things in a way that the city can handle. When we encounter situations like this in the Baukollegium, we then recommend holding a competition. That's absolutely not a task we can foist off on anyone else. Once competitions have been decided, they tend not to come up again for discussion in the Baukollegium. This also benefits the project developers because the implementation afterwards is made easier.

48 How is this productive situation created in the Baukollegium, then? How do you run meetings?

There is an antechamber where the project developers can wait. In the meeting room, we have a specified seating plan with name plaques. While this formal setting can seem somewhat strict, it creates the proper framework for the seriousness and concentration needed for the event. I try to overcome any reticence on the side of the guest by giving a friendly and detailed welcoming speech and by introducing all parties involved. I indicate that there are guests here, but that that which is discussed here will be treated confidentially. Then the builders and architects present their project. They leave, and the remaining participants discuss plans and models and conclude with a recommendation. The project developers are invited to return. One of the Baukollegium members is selected to convey the recommendation. On the one hand, this helps the developers take the committee more seriously because it becomes apparent that it's not just about my personal opinion here. On the other hand, the committee can't hide behind me, and the person reporting the findings has to carefully gauge how to formulate critique of their architectural colleagues. I'm there for support, and I have the member's back, so to speak. At the same time, I can observe how the findings are received and, if necessary, I can drive a point home or add other commentary. I've refined this dance step by step over many years of experience. Also the seating arrangement of the guests, the Baukollegium members, the authorities, and the project developers—these things are all carefully spatially balanced, as are the order of the entrances, exits, and catering. So, too, is the order of the plans. The atmosphere is dense. Presenting, questioning, listening, thinking, answering—all of this occurs in this space.

So is there a handbook for members of the Baukollegium?

Naturally there are procedural rules for this advisory committee. A person can serve as a member for two years, and this can be extended by five years, just like a political position. This means there's also the chance to switch someone out after two years, by mutual agreement. But this isn't something we've had to do yet. After every re-election, the former and current members meet with me, and we discuss our experiences and thoughts about what's important for the committee. For instance, it's quite important to me to consider how the members of the Baukollegium interact with the architects and project developers and the tone they take with them. The list of potential candidates for senators or the Senate only includes people with whom I've served on competition juries or worked with in another public manner, so that I can be sure that the committee will convey feedback on projects in a manner that will never cause the guest to feel like they've lost face. Even though clarity is key, communication abilities and diplomatic competence are just as important as professional expertise.

What are the discussions like before the builders and the architects receive their recommendations?

Because I don't hold any preliminary discussions with the Baukollegium, I can never predict how discussions are going to go. I'm taking a risk because we have to reach a consensus for the recommendation within a short period. Sometimes I have to interrupt certain debates, when, for example, certain points become the subject of debate that have already long been settled and that can no longer be up for discussion. But, sometimes, I have to break through members' reserve and demand that we be stricter and more specific. It could happen, of course, that all six members take a different position. That's when we'd have to get really creative to find a resolution. That actually hasn't happened yet, luckily.

How do you think the project developers experience their interactions with the Baukollegium?

A lot of developers just want to get the building permit. The situation is a bit more psychologically difficult for those who are architectural colleagues. On the one hand, they have to see themselves as providing a service for the investors. But they also have their own interests and want their ideas to be implemented with the necessary level of architectural quality. And naturally they identify with their own work. To some extent, they have to function as the mouthpiece for the investor but may actually have different opinions on certain topics. We've got to feel that out. One of the most important roles of the Baukollegium is to support the architects. Things that the architects have discarded at the request of their client are things that we often demand be put back in, for example. Conversely, there are also sometimes situations in which the building client is unhappy with what their contractor has accomplished. That also needs just as fine a touch to figure out and convey without causing the architect to lose face. We're often just the intermediary.

> //
> One of the most important roles of the Baukollegium is to support the architects.

And the guests, are they allowed to speak?

I've opened the Baukollegium to guests, to those who represent the interests of building culture, to people from architectural associations, from parliament, and so on. But they are not permitted to take part in the discussion, even though I understand why they often want to. The Baukollegium members are elected for several years and have taken on a duty and a great responsibility, one which can sometimes become a burden. I appreciate it so much that they are doing this, and the guests have to respect that. If everyone were allowed to take part in the discussion, that would not result in a productive situation nor would it end up being binding for the project developers.

So it's not a public event?

//
The Baukollegium is very consciously not designed as a vessel for communication but as an instrument to define and negotiate quality requirements.

The Baukollegium is very consciously not designed as a vessel for communication. Instead I use it as an instrument for accomplishing work. It's not there to create a space for discussing the culture of building publicly and for better anchoring this culture in the population. You could say that it is an extension of what happens at my desk or with the building authorities: specifically, the act of defining and negotiating quality requirements. The context is quite complicated and represents a diversity of interests: two levels of political administration—both the Senate and District authorities, who are not always on the same page—the Baukollegium, the building clients, and the architects. At this point I'm not ready to expose this diversity of interests to the public. Moreover, as the senate building director, people often try to use me as a means to political ends in such meetings.
When Michael Müller, who is now the governing mayor of Berlin, was still the senator of urban development and the environment, he once partook in a Baukollegium session. Right away he understood why it's such an important element of the process to negotiate things this way with each other. If everything was discussed within the public sphere, then the result would not be a quality one.

Why not?

If the sessions were public, then we would coordinate everything with each other beforehand. And that would make that which takes place in the session, that is focusing a lens ever more closely on the problem through the process of mutual discussion, no longer authentic. And then the whole thing would be lacking in content. After all, the quality of the advice given comes about discursively and not bilaterally. If you see this kind of event not as an alibi, but more so as a productive instrument with which to truly improve projects, then you have to have faith in the competence of everyone involved. Some have said that it shows weakness or insecurity on my part that I created a committee like this. I just ignore this criticism because of course the opposite is actually true. Exposing yourself to such an open, productive process is difficult, and you can only do something like that when you're confident of your own intellectual command and have a strong ability to pass judgment. For this you need to be grounded in your own architectural perspective. "Creating is discarding" holds true here, too. The Baukollegium and I, we undergo a journey of searching exactly because we don't have any preconceived formula. A good design, good urban design, and good architecture are not simply conjured into existence. Instead, they find the things about a place that fit or that make a place into that which characterizes it and that integrate it into the city.

What does that mean on a more concrete level?
How do you ascertain things like that?

For example, there are moments when we actually have to talk an investor out of something like stonework façades because they just wouldn't fit with the location. Something that is perceived as luxury placed in the wrong location can completely compromise the existing context. There is such a thing as appropriateness on all sides. An extremely important term. But one has to discuss what appropriateness means. When it comes to a culture of building, there is a responsibility to avoid a situation where a background loses value because something meant as an upgrade was applied. There is no metric designation for "good" in this sense. One first has to debate and negotiate what is good and appropriate in this specific situation.

What significance does the *Planwerk Innere Stadt* downtown master plan have for the Baukollegium?

We don't look at the plan much. It's not even on display in the room where the Baukollegium meets. In any case, the Planwerk Innere Stadt downtown master plan is now more of a tool for monitoring in the sense of being able to follow the city's planning and building development. It no longer has a normative function.

And the critical reconstruction, does that not play a role for you?

No, I wouldn't say that. The problem is that this term "critical reconstruction" is quite loaded in Berlin due to the Planwerk Innenstadt downtown master plan. It's tied to a specific era. I've internalized the theories and methods behind it, that is viewing the history of the city as the memory of the city and taking seriously the traces of this in the city's layout. I studied at the ETH Zurich, and so I've been socialized in the tradition of classical modernism just as I've been shaped by the thoughts of Aldo Rossi. Everyone who advised me there followed the Rossi school of thought. My education was shaped by theories of the memory of the city and contextual urban development, which, after all, also played a foundational role in the IBA 1987. In this sense, you can find connections to "critical reconstruction" methodology in my professional biography. My work always focuses on searching for traces on location, critically interpreting these, and then creating something new. For me, however, the emphasis is on interpreting these traces and not redrawing them. Finding traces and interpreting them within a design, making them visible, this is a given for me. A good example of this is what the landscape architects of the Humboldt Forum do when they transform former palace terraces into a space for open planning, which then becomes referential in the floor plan, in how the rooms are conceived. But the act of erasing a current layer of time in favor of reconstructing a bygone layer—that is not the way for me. If you do that, you are just repeating the mistakes of the past.

//

My work always focuses on searching for traces on location, critically interpreting these, and then creating something new. For me, however, the emphasis is on interpreting these traces and not redrawing them.

What does it look like, then, this search for historical traces that you prefer?

An item that I put on the agenda in the first place was archaeological windows. These serve a process that makes visible archaeological finds within an urban space, and they can also be implemented after the dig has been completed. Not only at the Humboldt Forum but also at Petriplatz. During my early days in office it was explained to me, "We're holding a dig at Petriplatz, then we'll study the results, close it up, and have a square on the ground there once again." To which I said, "But that is the cradle of Berlin! You have no idea what you'll be uncovering there. We have to give people access to the original; we need an archaeological window there." Up until this moment, history had only been communicated through plaques, text, or a reconstruction. Now archaeologists and those involved in monument restoration have committed themselves to this methodology, and it's excellent that they're fighting for it. But the initial impetus for it came from me. People always say that I'm a modernist and that I'm not interested in history. That's because of this oddly polarizing discussion in this city. I take a strong interest in history, and I want to make traces of it visible.

To return once more to the Baukollegium: Was there ever a project where you can say that it was extremely problematic?

Yes, there have been some of those. One session in which the pressure was quite high concerned the O2 World Berlin (now the Mercedes-Benz Arena) and the entertainment that would be a part of it. We have to deal with quite a difficult legacy here—a land-use plan put together during the "gold digger era," the period directly after reunification when everything was made as easy as possible for investors. The Baukollegium then had to discuss how to shape the public sphere in a place that was going to be like some sort of Disney World—an area completely commandeered by entertainment. And this was happening in the Friedrichshain-Kreuzberg district of Berlin! Given this specific mental and political conflict situ-

//
The act of erasing a current layer of time in favor of reconstructing a bygone layer—that is not the way for me. If you do that, you are just repeating the mistakes of the past.

ation, I knew that, although it wasn't formally in our hands, we had to get moving, otherwise we'd have a disaster. However, I didn't really have the time to clarify whether the senator of urban development and the environment and the governing mayor were behind me on this one. I was really pushing my luck. But the only thing I could do was play my hand, emphasizing the political argument that this kind of eventization in a location bordering on the East Side Gallery was unacceptable and would unleash citizens' protests. You have to bear in mind that American investors were involved, for whom our culture of planning processes is a whole different world. There wasn't enough time for a competition, so we had to make do with a workshop process. Thankfully the landscape architects who were participating were not just good designers but also good communicators who quickly found a way to get through to the investors. At the end of the process, the investors were as excited about the results as the Baukollegium and the District were.

Why do we need the Baukollegium, and what can other cities in the world learn from it?

We need this kind of committee because here in Germany and in Berlin we thankfully live in a political and planning culture that values weighing public and private interests carefully. The Baukollegium is a space wherein partners' differing interests can become transparent. I am convinced that, at the end of the day, we get so much more for the city out of this process of making things transparent. This is a space where, naturally, topics are discussed such as economic viability, rentability, and market acceptance. And those of us in the Baukollegium are upfront in identifying our interests and contingencies—urban planning, architecture, design, and use concepts, but also social questions and the political. All of this makes up a culture of building. We can only build a level of trust when we identify our own interests. You cannot participate in the

Baukollegium by playing your cards close to your chest—everything is out in the open for everyone else to see. This basis of trust simply nurtures higher-quality solutions. I am firmly convinced of this. Building trust is exactly the opposite of corruption and backroom dealings. In this sense, the sessions do not take place in secret but in a safe space, which makes the committee's creative process possible.

//

The Baukollegium is a space wherein partners' differing interests can become transparent. I am convinced that, at the end of the day, we get so much more for the city out of this process of making things transparent.

Saving Time by Delaying Time Observations in the Baukollegium

It is the subtle changes which come to attention during a session in the Baukollegium—particular formulations voiced in a polite tone uncommon in Berlin. This council, which was called into being for the first time in 2008, consists of six people with similar professional backgrounds who gather together once every six weeks on Monday mornings at 10 in the imposing yet modern Rittersaal, located in a relatively enchanting corner of the capital, vis à vis the Märkisches Museum, this quiet custodian of Berlin history. If you walk through the main entrance past the reception desk, you arrive at a room a few steps down where a massive model of the inner city is on display. All the structural changes of the last twenty years along with pending projects are visible. This is where the council met in the beginning, in a circle in a side room. It was relatively relaxed back then. Because it was actually considered almost too relaxed by the senate building director, a decision was made to exchange this for a more formal setting. If you take the nearby elevator up three stories you arrive at the Rittersaal. Framed by half-wall wainscoting, the room is dominated by a large square table that opens on one side. This set-up focuses the attention of the protagonists directly on the design plans, as well as the models placed directly in the middle.

Everyone is busy preparing for the next session. The council is currently taking the obligatory tour of the project locations to be discussed in today's session. Each building site of this project is closely examined directly on site. In the backroom, catering awaits the return of the council members. Behind the scenes the anticipation is palpable: the session is about to begin. "City planning," the senate building director begins while putting down her empty tea cup on the trolley, "City planning has to do with ambiguity, most of all it has to do with the courage to experience ambiguity." She looks out again into the circle of people. "So, let's get started." Project developers wait in the vestibule. Investors rarely come, but project developers often attend and bring their architects. The hard parquet floors creak underneath the steps of those entering the room. After a short round of introductions, especially of the council members, the project developers are asked to present their designs. After the project has

—— Zeitgewinn durch Zeitverzögerung

Beobachtungen im Baukollegium

Es sind kleine Wendungen, die während einer Sitzung des Baukollegiums auffallen, Formeln, in höflichem Ton vorgetragen in einer in Berlin eher ungewohnten Weise. Dieses 2008 zum ersten Mal einberufene Kollegium aus sechs Personen mit ähnlichen Berufen versammelt sich alle sechs Wochen montags am Vormittag um zehn Uhr im imposanten, aber doch modern durchwirkten Rittersaal, in einer eher verwunschenen Ecke der Hauptstadt, vis-à-vis zum Märkischen Museum, diesem leisen Hüter Berliner Stadtgeschichte. Schreitet man durch den Haupteingang am Pförtner vorbei, gelangt man in einen leicht tiefer gelegenen Saal mit einem riesigen Modell der inneren Stadt. Alle baulichen Veränderungen der letzten 20 Jahre wie auch noch ausstehende Vorhaben sind erkennbar. Hier tagte das Baukollegium in der ersten Zeit, in einem Nebenraum, im Kreis. Recht locker ging es damals zu. Zu locker, befand irgendwann die Senatsbaudirektorin und entschied sich für einen etwas förmlicheren Rahmen. Fährt man mit dem nahe gelegenen Fahrstuhl drei Stockwerke hoch, so gelangt man zum Rittersaal. Von halbhoher Vertäfelung eingefasst, wird der Raum von einem Tischkarree dominiert, das zu einer Seite geöffnet ist. Diese Konstellation fokussiert die Aufmerksamkeit der Protagonisten auf die Pläne sowie auf die in der Mitte positionierten Modelle.

Noch wird geschäftig die kommende Sitzung vorbereitet. Das Kollegium befindet sich gerade auf Exkursion, auf der obligatorischen Rundfahrt zu den Örtlichkeiten der heute zu besprechenden Projekte. Jeder Bauplatz dieser Vorhaben wird vor Ort in Augenschein genommen. Im Hinterzimmer des Sitzungssaals wartet Verpflegung auf das nun zurückgekehrte Kollegium. Die leichte Anspannung, dass es gleich losgeht, ist auf dieser Hinterbühne schon zu spüren. „Stadtplanung", lässt die Senatsbaudirektorin vernehmen, während sie ihre leere Teetasse auf den Geschirrwagen stellt, „Stadtplanung hat etwas mit Unschärfe und vor allem mit dem Mut zur Unschärfe zu tun." Sie schaut noch einmal in die Runde. „So, nun wollen wir beginnen." Im Vestibül warten die Vorhabenträger. Investoren selten, häufig Projektentwickler mit ihren Architekten. Nun knarzt das helle Parkett unter den Schritten der Hereintretenden

//
Something unpredictable always happens.

—— Regula Lüscher, senate building director

been eloquently presented by the architects with all its advantages, special features, and in part with the difficulties entailed, there is a brief moment when questioning looks shoot around the room. Whether or not the plans include a specific use for the ground floor and other such questions arise now and again at this phase. With a "Good, thank you very much. If there are no further questions at this moment, I ask you to leave the room so we can consult with each other. We will bring you back in shortly," this part always ends with the same procedure. Everyone rises from their seats, even the silent audience, comprised mostly of people from the House of Representatives or from professional associations. Everyone then throws themselves into the plans and models. In a surprisingly rehearsed way, it is all strung together: the council's arguments, details, assessments, and critical points, as well as those of the representatives of the district and Senate alike. Through discussion and objections, a decision inconspicuously begins to emerge. It never seems dogged but is nevertheless definite; the unwritten choreography allows for a wide range of opinions to be heard, but the senate building director is always on the alert for positions that could get entangled and create snags. The opinions make their rounds again, and then the procession is finally ended. With a lightly rolled-up notepaper, the responding member of the Baukollegium stands in the middle of the circle, which the guests have once again joined, and starts by praising the design. The discussions had beforehand are summarized with precision for the project planner, including all voiced suggestions and even the wish to welcome the project again to one of the next sessions. A session that will last a good seven hours and in which three to four projects will be presented. Why is all this necessary, if just a suggestion is made, one piece of advice is given, and no tangible formal and legal decision is reached at the end?

"Advice emerges from time gained, which when seen superficially appears as a loss in time." the philosopher Thomas Macho once wrote. This advice is especially acute when helplessness takes over, when the latent question is "What now?" When the

//
Es passiert immer etwas Unberechenbares.

— Regula Lüscher, Senatsbaudirektorin

leicht. Nach der kurzen Vorstellung der Runde, insbesondere der Mitglieder des Kollegiums, werden die Vorhabenträger gebeten, ihren Entwurf vorzustellen. Nachdem das Projekt mit seinen Vorzügen, Besonderheiten und zum Teil auch Schwierigkeiten eloquent von den Architekten vorgestellt wurde, bleibt ein kurzer Moment, in dem einige fragende Blicke die Runde machen. Ob die Überlegungen schon eine bestimmte Erdgeschossnutzung miteinbeziehen oder ähnliche Verständnisfragen kommen zuweilen in dieser Phase auf. Mit einem „Gut, vielen Dank, wenn es keine weiteren Fragen mehr gibt, würde ich Sie bitten, uns kurz für die Beratung alleine zu lassen; wir holen Sie dann gleich wieder herein“ wird dieser Teil des immer gleichen Prozedere abgeschlossen. Alles erhebt sich von seinen Plätzen, auch die stillschweigenden Zuschauer, die meist aus dem Abgeordnetenhaus oder von Fachverbänden kommen. Man begibt sich vor die Pläne und Modelle. Auf erstaunlich eingespielte Weise reihen sich nun die Argumente, Beschreibungen, Einschätzungen und kritischen Punkte des Kollegiums wie auch der Vertreter des Bezirks und Senats aneinander. In Rede und Gegenrede scheint sich unmerklich eine Position zu mitteln. Es wirkt nie zäh und ist doch bestimmt, die ungeschriebene Choreografie lässt eine große Bandbreite an Gesichtspunkten zu, doch die Senatsbaudirektorin ist immer „alert“, wie sie es nennt, dass Positionen sich nicht verhaken. Die Runde wechselt immer wieder die Positionen, und mit einem Mal ist auch dieser Aufzug beendet. Mit leicht zusammengerolltem Notizzettel steht nun das respondierende Mitglied des Kollegiums in der Mitte der wieder vollständigen Runde da und hebt an, den Entwurf zunächst zu loben. Die vorangegangene Diskussion wird den Vorhabenträgern in präziser Zusammenfassung dargelegt, samt Empfehlung und sogar dem Wunsch, das Projekt ein weiteres Mal in einer der nächsten Sitzungen begrüßen zu dürfen. Einer Sitzung, die wiederum wohl ihre gut sieben Stunden dauern wird, in der wieder je drei bis vier Projekte vorgestellt werden. Warum das alles, wenn nur eine Empfehlung, ein Rat, keine handfest formal-rechtliche Entscheidung am Ende steht?

//
The atmosphere is dense. Presenting, questioning, listening, thinking, answering—all this occurs in this space.

— Regula Lüscher, senate building director

letter of the law does not satisfyingly subsume, when processes no longer grasp the situations, when actions are required but instructions no longer help, then one needs advising. Consultation nurtures orientation in unclear situations. Applied to the Baukollegium, this means that the supposed loss of time goes hand in hand with a definite gain in quality and that a quality perhaps can be defined as a guarantee of a sustainable and, most of all, comprehensive durability.

It is discussed time and again. The architects want to quickly clear up a misunderstanding. It is noticeable that they—despite all the skepticism beforehand—are partially relieved that their design is being backed. Investors and architects exchange quick glances that refer once again to the desired planning security and simultaneously convey that there are no further questions from their side either. The city district representative nods. And the results can already be seen, a feeling of satisfaction. It could have turned out completely different, and it often does turn out completely different. An understandable perseverance, an insistence on valid laws, a misleading aspect at the wrong point and the whole thing, the whole labile situation, could have taken a completely different turn.

A short moment, a glance into the circle, a mutual assurance of what was just discussed. "I thank you all for this excellent session." Chairs are pushed back, people nod at each other in standing, and the unofficial part begins. Not completely disregarding their roles, the protagonists encounter each other, greet one another if they know each other and chat about other related topics. Then suitcases start to roll. Most of the council members need to make their way home that same night, until they return for the next session again in six weeks.

//
Die Atmosphäre ist dicht. Vortragen, fragen, zuhören, denken, antworten – alles findet in diesem Raum statt.

—— Regula Lüscher, Senatsbaudirektorin

„Beratung entspringt einem Zeitgewinn, der bei oberflächlicher Betrachtung als Zeitverlust erscheinen mag", schrieb einmal der Philosoph Thomas Macho. Der Rat ist dann akut, wenn Ratlosigkeit herrscht, wenn die Frage latent geworden ist „Was tun?". Wenn der Buchstabe des Gesetzes nicht zufriedenstellend subsummiert, wenn Verfahren in Situationen nicht mehr greifen, wenn also Taten gefordert werden, aber Anweisungen nicht mehr helfen, dann muss erst einmal beratschlagt werden. Beratung schult Orientierung in unscharfen Konstellationen. Auf das Baukollegium übertragen bedeutet das, dass der vermeintliche Zeitverlust mit einem deutlichen Qualitätsgewinn einhergeht und Qualität sich vielleicht als Garant für langfristige und vor allem umfassende Haltbarkeit definieren ließe.

Es wird abermals diskutiert. Die Architekten wollen kurz ein Missverständnis klarstellen. Es ist ihnen anzumerken, dass sie, trotz aller Skepsis im Vorhinein, zum Teil etwas erleichtert sind, dass ihr Entwurf mitgetragen wird. Investor und Architekten tauschen kurz einen Blick aus, jener verweist noch einmal auf die erwünschte Planungssicherheit und teilt zugleich mit, dass es auch von seiner Seite keine weiteren Fragen gibt. Die Bezirksvertreterin nickt.
Aber jetzt schon zeigt sich ein Ergebnis, eine Zufriedenheit. Es hätte anders kommen können und es kam schon häufig ganz anders. Ein nachvollziehbares Beharren, ein Pochen auf geltendes Recht, ein irreführender Aspekt zum falschen Zeitpunkt und schon hätte die labile Situation eine andere Wendung nehmen können.
Ein kurzer Moment, ein Blick in die Runde, ein sich gegenseitiges Vergewissern des eben Gesagten. „Ich danke Ihnen allen sehr für die gute Sitzung." Stühle werden gerückt, im Stehen nickt man sich zu, nun beginnt der inoffizielle Teil. Nicht ganz von ihren Rollen ablassend, treffen sich nun die Protagonisten, begrüßen einander, wenn man sich kennt, und plaudern über andere, ähnlich gelagerte Themen. Nun rollen Koffer, die meisten Kollegiumsmitglieder müssen am selben Abend noch ihre Heimreise antreten; bis zur nächsten Sitzung sind es nur wieder sechs Wochen.

The Baukollegium

When Circumstances Call for Cooperation / Manfred Kühne

Despite increasing building regulations on both EU and national levels, the quality of ordinary built structures today is still strongly influenced by the building owners' interactions with both the administrations in charge of approval and parliamentary bodies. In Berlin, a range of challenges with regard to urban planning and authorization arises due to its double position as both state (Land) and city, and the resulting division of labor between the Senate and the Districts. High aesthetic demands are placed on building practices in Berlin as a result of the large amount of national and international attention that Berlin's architecture receives. Benchmarks for quality are set by the varied historical legacy, the interest in outstanding examples of contemporary construction, and the dedication of innovative actors from civil society. These high expectations explain why comments about Berlin's current architectural standard are generally controversial and often quite critical. It is remarkable, however, how few of these commenters take the conditions and instruments that have supported or inhibited the design quality in Berlin into account in their quality assessments. The following chapter attempts to roughly sketch out these background conditions with regard to the Baukollegium, the Berlin version of an advisory board for design.

Before we begin, it's important to point out a peculiarity in Berlin's architectural development. Since Rochus zu Lynar was appointed a (military) architectural expert in Brandenburg in the sixteenth century, architecture and urban design experts, who simultaneously have titles as civil servants, and come from a wide variety of institutional contexts, have had a formative influence on Berlin's architectural quality. Personalities such as Schinkel, Hoffmann, Wagner, Speer, or Düttmann have made a lasting impact on Berlin's architecture with their contributions. One result of this may be that the political position in the Berlin Senate that is responsible for architecture, the senate building director, could to date always be filled based on professional expertise and not party affiliation. This peculiarity may also explain the often diffuse but frequently very far-reaching understanding in politics and the media of the senate building director

//
In the conflict-prone city of Berlin, planning and building face new challenges with regard to communication and acceptance.

Das Baukollegium

Gestaltungsbeirat unter kooperationsbedürftigen Umständen / Manfred Kühne

Die Qualität des alltäglich Gebauten wird – trotz zunehmender Regelungsdichte auf EU- und Bundesebene – auch heute in hohem Maße von der Interaktion von Bauherren mit den genehmigenden Verwaltungen und den parlamentarischen Gremien beeinflusst. In Berlin ergeben sich dabei hinsichtlich der Stadtplanungs- und Genehmigungspraxis ganz besondere Herausforderungen aus ihrer Doppelposition als Land und Kommune mit der daraus folgenden Arbeitsteilung zwischen Senat und Bezirken. An die Baupraxis aber werden wegen der großen nationalen und internationalen Aufmerksamkeit für die Berliner Baukultur zudem besonders hohe gestalterische Ansprüche gerichtet: Qualitätsmaßstäbe setzen einerseits das vielfältige historische Erbe, andererseits das Interesse an Spitzenleistungen zeitgenössischer Bauproduktion wie auch an dem Engagement innovativer zivilgesellschaftlicher Akteure. Dieser Erwartungshintergrund erklärt, warum das aktuelle baukulturelle Niveau Berlins insgesamt kontrovers und oft sehr kritisch kommentiert wird. Erstaunlich ist dabei, wie wenig Kommentatoren in ihren Qualitätsurteilen die Rahmenbedingungen und Instrumente berücksichtigen, welche die Gestaltungsqualität in Berlin gefördert oder gehemmt haben. Mit Bezug zum Baukollegium, der Berliner Variante eines Gestaltungsbeirats, sei im Folgenden der Versuch unternommen, skizzenhaft Hinweise zu diesen Hintergründen darzustellen.

Eingangs sei auf eine Besonderheit des baukulturellen Entwicklungspfades hingewiesen: Seit Rochus zu Lynar im 16. Jahrhundert als (Militär-)Architekturexperte nach Brandenburg berufen wurde, hatten verbeamtete Architektur- und Städtebauexperten in unterschiedlichsten institutionellen Kontexten prägenden Einfluss auf die Architekturqualität Berlins. Persönlichkeiten wie Schinkel, Hoffmann, Wagner, Speer oder Düttmann blieben mit ihren Beiträgen für die Berliner Baukultur nachhaltig in Erinnerung. Eine Folge davon mag sein, dass das im Berliner Senat für die Baukultur zuständige politische Amt der Senatsbaudirektorin/des Senatsbaudirektors bisher unbestritten nach Kriterien der Fachexpertise und nicht „nach Parteibuch“ besetzt werden konnte. Aus dieser Besonderheit mag

> //
> Planen und Bauen sind heute gerade im konfliktfreudigen Berlin in bisher ungekanntem Maß vor Kommunikations- und Akzeptanzherausforderungen gestellt.

> // The Senate department responsible for architecture and construction has, in many cases, largely or completely lost its ability to influence the design of new building projects either directly or indirectly.

as responsible for the aesthetic quality of planning and construction activities in the German capital. Strategically decisive questions such as responsibility, available resources, and leeway in decision-making are nearly always omitted in comments of this nature. This is surprising, since fundamental changes in politics, administration, economy, and society have taken place in Berlin since German reunification, which have also lastingly changed the Berlin Senate's opportunities for architectural intervention. In this process, the Senate department responsible for architecture and construction has, in many cases, largely or completely lost its ability to influence the design of new building projects either directly or indirectly.

Buildings designed by the "Main Department for Building Construction," a tradition which goes back to the time of Schinkel and includes new construction for schools, hospitals, fire departments, city halls, museums, and libraries, still shape the city today; however, this department has relinquished this function in the last few years. Curtailed budgets and responsibilities mean that the remaining employees only have the capacity to commission external contractors under strict EU award guidelines and to steer building processes performed by external contractors, all under the rigid supervision of the budget committee. Large state-owned companies, which were municipalized or newly established in the nineteen-twenties with the founding of greater Berlin, have been privatized to a large extent, and have distanced themselves from their original roles as poster children for the quality-conscious construction of communities for the common good. The dissolution of the State Development Corporation and the forgoing of "hard" urban development control instruments in urban redevelopment areas in favor of far-reaching socio-spatial-oriented stabilization strategies also significantly reduced the architectural regulatory capacity of the Berlin Senate. With the termination of housing promotion, the systematic selling-off of state-owned properties, and the radical reduction of personnel, building maintenance funds, and investment resources, even Berlin's indirect exemplary and steering

//

Die fachlich zuständige Senatsverwaltung hat ihre direkten und mittelbaren Einflussmöglichkeiten auf die Gestaltung von Neubauprojekten vielfach stark oder völlig eingebüßt.

in der politischen und medialen Wahrnehmung eine häufig diffuse, aber oft sehr weitgehende Zuschreibung von Verantwortung dieser Position für die Gestaltungsqualität von Planungs- und Bauaktivitäten in der deutschen Hauptstadt erklärbar sein. Strategisch entscheidende Fragen, wie Zuständigkeiten, verfügbare Ressourcen und Entscheidungsspielräume werden bei diesbezüglichen Kommentaren fast immer ausgeblendet. Dies erstaunt, da in Berlin von der Wiedervereinigung bis heute grundlegende Veränderungen in Politik, Verwaltung, Wirtschaft und Gesellschaft zu verzeichnen sind, die auch baukulturelle Interventionsmöglichkeiten auf Senatsebene nachhaltig verändert haben. Dabei hat die fachlich zuständige Senatsverwaltung ihre direkten und mittelbaren Einflussmöglichkeiten auf die Gestaltung von Neubauprojekten vielfach stark oder völlig eingebüßt.

Eine früher häufig noch selbst Gebäude entwerfende „Hauptabteilung Hochbau", deren Neubauten für Schulen, Krankenhäuser, Feuerwachen, Rathäuser, Museen und Bibliotheken die Stadt weithin prägten, gibt es in der bis auf Schinkels Zeiten zurückgehenden Tradition seit einigen Jahren nicht mehr. In Zuständigkeiten und Budgets drastisch beschnitten, können heute mit dem Restpersonal – unter rigider Aufsicht des Haushaltsausschusses – fast nur noch externe Auftragnehmer nach strengen EU-Vergaberichtlinien beauftragt und gesteuert werden. Große landeseigene Unternehmen, die mit der Gründung von Groß-Berlin in den 1920er Jahren kommunalisiert oder neu aufgebaut wurden, sind vielfach privatisiert worden und bauen nicht mehr qualitätsbewusst als Aushängeschilder einer gemeinwohlorientierten Kommune. Die Auflösung der Landesentwicklungsgesellschaft und der Verzicht auf die „harten" Steuerungsinstrumente des Städtebaurechts in Sanierungsgebieten zugunsten weitgehend sozialraumorientierter Stabilisierungsstrategien verringerten ebenfalls die baukulturelle Steuerungskraft des Berliner Senats erheblich. Mit der Einstellung der Wohnungsbauförderung, dem systematischen Ausverkauf von Liegenschaften, der radikalen Reduzierung von Personal, Bauunterhaltungs- und Investitionsmitteln schwand auch die für Berlin seit dem Ersten Weltkrieg etablierte mittelbare Vorbild- und Lenkungs-

//
It is remarkable how few of these commenters take the conditions and instruments that have supported or inhibited the design quality in Berlin into account in their quality assessments.

effects, which date back to the First World War, disappeared for large sections of the real estate and construction sectors. Revisions to the highly effective Berlin austerity policy, however, were introduced in the legislative period that is currently coming to a close. In addition, a very sudden political counteraction towards increases in budgets and personnel has enabled the effective implementation of housing construction policy with quantitatively ambitious goals. The combination of these two political changes will at least partially correct the aforementioned developments in important fields of action.

Two historic constitutional changes, which also affect planning and construction, palpably changed the already complex and conflict-prone political and administrative relationship between the Senate and the Districts, and they continue to have an effect even today. In the nineteen-nineties, a district reform was enacted in which the merging of many established districts was compensated by the conferral of power from the Senate to the Districts with regard to implementation-oriented planning and the approval of construction projects. In principle, since then Senate departments no longer have authority over these areas of activity. With the district reform, the Senate's ability to influence the majority of projects in Berlin, that is to ensure both uniform authorization and qualified design and to counteract approval blockades, ceased to be. The institution of local and citizen referendums at the district and state level after two-thousand presented a new type of challenge for the familiar practice of representative democracy, namely the introduction of as-yet-untested methods of direct democracy. In the conflict-prone city of Berlin, planning and building face new challenges with regard to communication and acceptance.

It is important to take into account that the majorities in the district councils often do not support implementation-oriented or investment-friendly political strategies since there is no system of incentives or direct increase in income for the districts. The system of financial allocation to the districts is not linked to future tax revenues from realized projects. Even before the plebiscitary influence that a referendum represents, there is little structural motivation for districts to introduce aggressive new construction policies and, in doing so, engage in conscious architectural strategies on the level of district policy. Conclusions can be drawn from the sum of these developments. Directly after reunification, the senate building director could influence the majority of private and public construction projects quite directly by using an effective mix of

//
Erstaunlich ist, wie wenig Kommentatoren in ihren Qualitätsurteilen die Rahmenbedingungen und Instrumente berücksichtigen, welche die Gestaltungsqualität in Berlin gefördert oder gehemmt haben.

wirkung für weite Teile der Immobilien- und Bauwirtschaft. Mit der in der gerade ausklingenden Legislaturperiode eingeleiteten Revision der hocheffektiven Berliner Sparpolitik und einer sehr plötzlichen politischen Gegensteuerung hin zu steigenden Budgets und Personalkapazitäten, die eine effektive Umsetzung einer auch quantitativ wieder ehrgeizig gewordenen Wohnungsbaupolitik ermöglichen, werden diese Entwicklungen in wichtigen Handlungsfeldern zumindest partiell wieder revidiert.
Zwei auch für das Planen und Bauen epochemachende verfassungsrechtliche Weichenstellungen, die das schon vorher komplexe und konfliktanfällige politische und administrative Verhältnis von Senats- und Bezirksebene spürbar verändert haben, wirken dagegen ungebrochen fort: Mitte der 1990er erfolgte eine Bezirksreform, bei der die Fusion vieler etablierter Bezirke mit einer weitgehenden Zuständigkeitsübertragung an die Bezirke im Bereich der umsetzungsorientierten Planung und der Genehmigung von Bauprojekten kompensiert wurde. Seither haben Senatsverwaltungen auch grundsätzlich kein Weisungsrecht mehr. Der Einfluss auf die Mehrzahl der Projekte in Berlin – mit dem Ziel, eine möglichst einheitliche Genehmigungspraxis und qualifizierte Gestaltung zu sichern sowie einer Genehmigungsblockade entgegenzuwirken – ist dem Senat seither entzogen. Auch aus der Einführung von Bürger- bzw. Volksentscheiden auf Bezirks- bzw. Landesebene folgte nach der Jahrtausendwende eine neuartige Herausforderung für die gewohnte Praxis der repräsentativen Demokratie durch unerprobte Verfahren der direkten Demokratie. Planen und Bauen sind seither gerade im konfliktfreudigen Berlin in bisher ungekanntem Maß vor Kommunikations- und Akzeptanzherausforderungen gestellt. Dabei ist zu berücksichtigen, dass die Mehrheitsbildung in den Bezirksverordnetenversammlungen meist umsetzungsfreudige oder investitionsfreundliche Politstrategien nicht fördern und es dazu auch kein Anreizsystem und keine direkte Einnahmesteigerung für die Bezirke gibt, denn die Finanzzuweisungssysteme an die Bezirke sind nicht an zukünftige Steuereinnahmen aus realisierten Projekten gekoppelt. So ist auch schon ohne plebiszitäre Einflussnahme aus den Quartieren strukturell wenig Anreiz gegeben, offensive Neubaupolitiken und damit verbundene selbstbewusste baukulturelle Strategien in der Bezirkspolitik zu betreiben. In der Summe dieser Entwicklungen lässt sich bilanzieren: Unmittelbar nach der Wiedervereinigung konnte ein Senatsbaudirektor noch mit einer wirkungsvollen Mischung kommunaler und ministerieller Steuerungsinstrumente sehr direkt Einfluss auf die Mehrzahl der privaten wie öffentlichen Bauprojekte

> //
> Persistent budgetary problems, the district reform, and the introduction of plebiscites made the understanding of the role of the Senate that had been established in the nineteen-nineties into an anachronism.

municipal and ministerial controlling instruments. For some time, strategic planning was conceptually legitimized by the continuation of the strategies from the freshly completed International Building Exhibition, i.e. "gentle urban renewal" and "critical reconstruction," which offered compelling possibilities for action in eastern Berlin's fragmented city center and extensively neglected building substance. After the district reform, however, the once widely accepted proactive stance on the part of the Senate gradually began to weaken. Persistent budgetary problems and the introduction of plebiscites finally made this understanding of the role of the Senate into an anachronism. Even the "Architecture Workshop," an architectural controlling model that was successfully introduced in the nineteen-nineties and consisted of a department under the senate building director that could effectively demand and accompany qualifying procedures became increasingly ineffective. Despite the fact that this should have been seen as a dramatic local crisis by those involved in the planning process, it did not cloud Berlin's positive architectural image in a lasting way. Ephemeral clubs, galleries, beach bars, building groups, and urban gardening projects continue to solidify the external and internal perception of the city as a seamless continuation of the hedonistic and spontaneous avant-garde movements of the interwar period and the West and East Berlin alternative scenes. Instead of active "top-down control," there is now demand (insofar as this is even possible in a politically controlled administration) for consensus-oriented network strategies that are based on partnerships and that serve to unite very ambitious but often economically weak actors.

Since 2008, the newly appointed senate building director has introduced just these kinds of strategies for established locations and actors. One example is the Regional Management "City West," in which it was possible, together with a number of local actors, to activate existing locational qualities such as historically protected post-war modernist buildings while simultaneously integrating three districts. This was also the case for areas like Tempelhof Airport, which required entirely new development, but which was also the focus of extensive political conflicts. In this context, a new International Building Exhibition was intended to act as a catalyzer, problem-solver, and quality driver, in order to actively develop and test new architectural strategies in Berlin since this was less possible than ever before due to the systematically dismantled administration. Unfortunately, due to party politics this approach came to

//

Der anhaltende Haushaltsnotstand, die Bezirksreform und die Einführung von Plebisziten machten das etablierte Rollenverständnis der Senatsverwaltung seit den 1990ern dann endgültig zum Anachronismus.

nehmen. Strategische Planung war lange auch konzeptionell legitimiert durch die Weiterführung der Strategien der gerade abgeschlossenen IBA – „Behutsame Stadterneuerung" und „Kritische Rekonstruktion" – die in einer noch sehr lückenhaft bebauten Innenstadt mit flächenhaft vernachlässigter Bausubstanz im Ostteil Berlins überzeugende Handlungsmöglichkeiten bot. Nach der Bezirksreform aber stand dieses noch breit akzeptierte Agieren der Senatsebene allmählich auf tönernen Füßen. Der anhaltende Haushaltsnotstand und die Einführung von Plebisziten machten dieses Rollenverständnis aber dann endgültig zum Anachronismus. Auch das in den 1990er Jahren gut eingespielte baukulturelle Steuerungsmodell einer „Architekturwerkstatt" – ein Stabsbereich beim Senatsbaudirektor, der qualifizierende Verfahren wirksam einfordern und begleiten konnte – lief nun zunehmend ins Leere. Obwohl dies von den Planungsbeteiligten als dramatische lokale Krise verstanden werden musste, trübte es das positive baukulturelle Außenbild Berlins nicht nachhaltig: ephemere Clubs, Galerien und Strandbars, Baugruppen und Urban-Gardening-Projekte festigten zunehmend eine Außen- und Selbstwahrnehmung der Stadt, die bruchlos an hedonistische und spontane Vorläuferbewegungen der Zwischenkriegszeit sowie die West- und Ost-Berliner Alternativszenen anknüpfen konnte. Statt aktiver „Top-down-Steuerung" waren jetzt – soweit dies bei einer politisch gesteuerten Verwaltung möglich ist – nicht zuletzt auch baukulturell partnerschaftliche und konsensorientierte Netzwerkstrategien zur Bündelung ökonomisch oft schwacher, aber vielfach sehr ambitionierter Akteure gefragt.

Die neuberufene Senatsbaudirektorin führte seit 2008 solche Strategien für etablierte Standorte und Akteure ein, beispielsweise im Regionalmanagement „City West", wo es mit vielen Akteuren vor Ort gelang, die vorhandenen Standortqualitäten – wie die Baudenkmale der Nachkriegsmoderne – zu aktivieren und dabei auch drei Bezirke zu vernetzen. Dies galt jedoch auch für völlig neu zu entwickelnde Areale wie den Flughafen Tempelhof, wo aber leider zunächst heftige politische Konflikte ausgetragen werden mussten. Katalysator, Konfliktlöser und Qualitätstreiber sollte in diesem Kontext erneut eine IBA sein, um aktiv in Berlin neue baukulturelle Strategien entwickeln und erproben zu können, nachdem dies einer systematisch abgebauten Verwaltung weniger denn je möglich war. Leider fand dieser Ansatz parteipolitisch bedingt ein abruptes Ende. Umso erfreulicher ist, dass mit dem „Baukollegium" das Instrument eines Gestaltungsbeirats auf Senatsebene etabliert werden konnte. Dieses Modell

an abrupt end. For this reason, it is even more welcome that the Baukollegium, an advisory committee for design, could be established at the Senate level. This model needed to be adjusted to the circumstances in Berlin, however the core element will be preserved: design recommendations should not be made solely based on the senate director's vote but rather through a professional committee whose members have no vested interest in the respective proceedings. The goal is, however, not only to monitor the "prominent" projects that fall under the immediate approval responsibility of the Senate Department for Urban Development, which are usually qualified through competitions anyway but rather to offer district-level projects which shape the image of the city the possibility for aesthetic qualification through the Baukollegium. It is critical to win over the applying contractors and project developers and their planners, who have no desire to be additionally reviewed but who can voice their interests during the council's approval process. First, however, trust must be built. The District-Senate constellation, which is marked by a desire for cooperation despite clear roles in decision-making, means that a high degree of confidentiality is required in the Baukollegium. This is not possible in public presentations of project statuses. Political decision-makers from the fractions in the House of Representatives as well as the District councils take part though as non-voting observers in the respective advisory board meetings. Mandated parties from planning-related chambers and associations also have the right to participate and observe. The periodic change of politically and professionally mandated persons makes the establishment of trust, which forms the basis for the working capacity and effectiveness of this very specific Berlin advisory committee for design, a recurring task. This can, however, be seen as quite fitting in a city that stands for constant change—not only because of its size. The fact that this had been successful in two legislative periods with very different political and economic constellations suggests that, even in Berlin, the model of an advisory board for architecture is sustainably productive.

//
Design recommendations should not be made solely based on the senate director's vote but rather through a legitimized professional committee whose members have no vested interest in the respective proceedings.

war Berliner Bedingungen anzupassen. Bewahrt werden sollte das Kernelement: Gestaltungsempfehlungen sollten nicht allein mit der einen Stimme der Senatsbaudirektorin erfolgen, sondern durch das legitimierte Fachgremium ohne Eigeninteresse im jeweiligen Verfahren. Ziel konnte es jedoch nicht sein, nur die „prominenten" Projekte in der unmittelbaren Genehmigungsverantwortung der Senatsverwaltung für Stadtentwicklung im Baukollegium zu begleiten, die ohnehin meist durch Wettbewerbe qualifiziert werden, sondern es galt, den stadtbildprägenden Projekten in den Bezirken ein gestalterisch qualifizierendes Angebot zu machen. Zu gewinnen sind dabei vor allem die antragstellenden Bauherren und Projektentwickler und deren Planer, die nicht begutachtet werden wollen, aber ihre Interessen in den Genehmigungsverfahren des Gremiums artikulieren können. Hierzu muss allerdings erst deren Vertrauen gewonnen werden. Die auf Kooperationswillen trotz eigener Entscheidungskompetenz basierende Bezirks-Senats-Konstellation setzt im Baukollegium ein besonderes Maß an Diskretion und Vertraulichkeit voraus, wie es bei einer öffentlichen Präsentation der Projektstände nicht möglich ist. Es hat sich bewährt, dass politisch Verantwortliche aus den Fraktionen des Abgeordnetenhauses sowie der in der jeweiligen Beiratssitzung vertretenen Bezirksverordnetenversammlung als Beobachtende ohne Mitspracherecht teilnehmen können. Ebenso haben auch Mandatstragende von planungsbezogenen Kammern und Verbänden ein Teilnahme- und Beobachtungsrecht. Der periodische Wechsel von politischen und berufsständischen Mandatstragenden, auf deren Wohlwollen die Arbeitsfähigkeit und Wirksamkeit dieses sehr spezifischen Berliner Gestaltungsbeirats beruht, macht das wiederholte Einwerben von Vertrauen zu einer wiederkehrenden Aufgabe. Dies kann man als durchaus angemessen betrachten in einer Stadt, die nicht nur wegen ihrer Größe für dauerhaften Wandel steht. Dass dies schon in zwei Legislaturperioden mit sehr unterschiedlichen parteipolitischen und wirtschaftlichen Konstellationen gelungen ist, könnte dafür sprechen, dass auch in Berlin das Beiratsmodell baukulturell nachhaltig produktiv ist.

//
Gestaltungsempfehlungen sollten nicht allein mit der einen Stimme der Senatsbaudirektorin erfolgen, sondern durch das legitimierte Fachgremium ohne Eigeninteresse im jeweiligen Verfahren.

Berlin Is Still Sort of a Hippie Town

Discussion with Sir David Chipperfield

How would you describe Berlin and London with regard to their urban development?

Berlin and London are completely opposite environments. First, Germany still has a sort of state system. You have some notion that the state provides and organizes. In the UK, we've been destroying our state ever since Thatcher. There is no notion of responsibility in that way; the Anglo-Saxon model has essentially been deregulated. The only reliable force is the market, and the free market is what designs our cities. There are no proactive planning guidelines in Britain like a German *Bebauungsplan* or a *Flächennutzungsplan*. The Greater London Council (1965–1986) employed an architectural department with over 250 people at its peak. They were producing guidelines, social housing projects, and so on. But I am talking about the nineteen-fifties and the sixties. We now just have a form of zoning. Ten years ago in Berlin there wasn't a big investors' market. It's going to change now, and buildings are slowly becoming more valuable. As Germany is moving slowly from a state-controlled system to an investment-controlled system, the question is, can you stop at the right place and find a balance? But there is still a continuous debate in Berlin that is thoroughly reflected in the city's many daily newspapers. This creates a sense of public engagement that we don't have here in London. When there is a lot of investment, no one seems to have the time to discuss what the city should be like. When there are no investors, you have plenty of time to discuss what the city should be like, but maybe no one to build it.

Berlin ist immer noch eine Hippiestadt

Gespräch mit Sir David Chipperfield

Wie würden Sie Berlin und London hinsichtlich ihrer städtebaulichen Entwicklung beschreiben?

Die Bedingungen in Berlin und London sind vollkommen unterschiedlich. Zunächst einmal gibt es in Deutschland noch so etwas wie eine funktionierende, öffentliche Verwaltung, die verlässlich organisiert und einen sicheren Rahmen bietet. In Großbritannien haben wir seit Thatcher diese Staatlichkeit durch Deregulierung zerstört. Das angelsächsische Modell nimmt man heute als nicht verantwortlich war. Die einzig verlässliche Kraft ist der freie Markt, der die Planung unserer Städte bestimmt. In Großbritannien gibt es keine vorausschauenden Planungsrichtlinien wie etwa den deutschen „Bebauungsplan" oder einen „Flächennutzungsplan". Der Greater London Council (1965–1986) hatte eine Architekturabteilung mit 250 Mitarbeitern in der Hochphase. Sie entwickelten eine strategische Planung für die künftige Stadtentwicklung, Sozialbauprojekte und so weiter. Das war allerdings in den 1950ern und 60ern. Heute haben wir lediglich eine Art von *zoning*. Vor zehn Jahren gab es in Berlin noch keinen großen Markt für Investoren, das ändert sich gerade, da Gebäude wieder an Wert gewinnen. Da Deutschland allmählich von einem staatlich kontrollierten auch zu einem marktwirtschaftlich dominierten System übergeht, stellt sich die Frage: findet man den richtigen Punkt der Balance? In Berlin findet permanent ein Diskurs über diese Themen in den Tageszeitungen statt. Ein solches öffentliches Engagement haben wir in London nicht. Wenn die Investitionen groß sind, bleibt meist kaum Zeit darüber nachzudenken, wie die Stadt eigentlich sein soll; ist der Investitionsdruck gering, werden viele Ideen dazu entwickelt, aber meist gibt es niemanden, der sie dann auch baut.

In addition to proactive planning, which results in building regulations, there are also advisory boards in Germany like the Baukollegium to address more delicate issues of architecture and urban planning. Is there something comparable in the UK?

There was CABE (Commission for Architecture and the Built Environment) but it was dissolved by the government in 2012. You would bring your project, and if CABE liked it, they would write a report. It had no authority, but at least it gave a sort of signal. I myself sat on the Architecture Appraisal Panel for the Borough of Kensington and Chelsea for a while, but there was no Regula Lüscher; we were just architects and had no political power. The discussion about quality is a quite difficult one but it is also true that you can't NOT have that discussion. Finding the right balance is the task. I completely agree with Regula Lüscher: You should bring people to the table, and they need to discuss which things are important in a very open way. If you don't do that, only two forces remain, forces that exaggerate their importance: investors driven by their need to make money and the relentless conservation of the status quo.

What is more important, good architecture or proactive urban development (Städtebau)?

Of course it is interesting to discuss architectural details. As architects we have two great concerns, one is physical and the other is social. Good architecture engages the physical and the social. But I think the most important thing is *Städtebau*. If you think about traditional cities, there is a certain morphology, a framework, and inside it the architecture is very diverse. In Tokyo, for example, you've got the big streets with the big buildings. But when you step off these into the small lanes behind, there are only buildings of three or two stories, and changing the height of a building is not allowed. Even if there aren't any wooden houses left and no traditional architecture, it is really very charming. And this is not a question of architecture. The heart of the city remains.

Neben der vorausschauenden Planung, die zu verbindlichen Bauvorschriften führt, gibt es in Deutschland beratende Gremien wie das Baukollegium, die sich spezielleren Themen der Architektur und Städteplanung widmen. Gibt es etwas Vergleichbares in Großbritannien?

Es gab die CABE (Commission for Architecture and the Built Environment), sie wurde aber 2012 von der Regierung aufgelöst. Man konnte dort sein Projekt vorstellen und CABE wiederum gab der politischen Verwaltung Empfehlungen. Das war keine offizielle Instanz, hatte aber eine gewisse Signalwirkung. Ich selbst saß eine Zeit lang in einer Art Gestaltungsbeirat für die Bezirke Kensington und Chelsea, aber da gab es keine Regula Lüscher, wir waren nur Architekten und hatten keinerlei politische Macht. Diskussionen über Qualität sind grundsätzlich schwierig, aber deshalb überhaupt keine zu haben, ist genauso falsch. Es ist wichtig, die richtige Balance zu finden. Ich stimme vollkommen mit Regula Lüscher überein, man sollte die Akteure an einem Tisch zusammenbringen, damit sie ganz offen darüber diskutieren, was wichtig ist. Macht man das nicht, läuft es schnell auf einen Konflikt heraus, bei dem jede Seite das eigene Interesse für allein maßgeblich hält: Investoren, die Geld machen müssen – oder Bestandsschutz um jeden Preis.

Was ist wichtiger: gute Architektur oder guter Städtebau?

Es ist natürlich interessant, architektonische Details zu diskutieren. Als Architekten haben wir zwei große Anliegen, das eine ist physischer, das andere sozialer Natur. Gute Architekten adressieren sowohl das Physische als auch das Soziale. Das Wichtigste aber ist meiner Meinung nach der Städtebau. Wenn man an traditionelle Städte denkt, dann gibt es da eine bestimmte Morphologie, ein Rahmenwerk, innerhalb dessen die Architektur sehr vielfältig ist. In Tokio etwa haben wir große Straßen mit hohen Gebäuden. Aber wenn man die großen Straßen verlässt und in die dahinter liegenden Gassen geht, haben die Häuser dort nur zwei oder drei Geschosse und die Höhe der Gebäude darf

In London there is no *Städtebau*. We take away small London houses and replace them with one big tower. Where there used to be twenty doors, now there's only one door left. In the end you have an area that is designed building by building, but it is not city. Whether a story is good or not doesn't depend on spelling mistakes. But once you start correcting the grammar alone, you lose sense of the whole plot. What I am saying is that you need an idea of what should happen in the area before investors arrive. I think it is dangerous when a city is just a consequence of investment. Just look around, that's the result (*he points out of the window, a fantastic view over the skyline of London*). It is a monster! It is not exciting urban density, which can be very good. But this has got no social idea. It is not about activity. There is no imposition of a city order. It's like farming: This field is good for potatoes, this one for corn, and now try to grow as much as possible. With this sort of monoculture we are killing the treasure, the reason we want to live in a city: diversity.

What country deals best with all those issues?

Switzerland. When an area is to be redeveloped, they often hold a competition to work out what the alternatives could be, and the city decides what they want, and then the investors would come. There is a societal sense of value, and when you don't have it, it is very difficult to impose with rules.

auch nicht verändert werden. Auch wenn es dort keine Holzhäuser oder traditionelle Architektur mehr gibt, ist das wirklich ganz bezaubernd. Und dies alles ist keine Frage der Architektur. Das Herz der Stadt bleibt erhalten. Städtebau gibt es in London nicht. Die kleinen, für London typischen Häuser werden einfach abgerissen und dafür wird ein großer Turm gebaut. Wo früher 20 Türen waren, ist jetzt nur noch eine einzige. Am Ende hat man ein Areal, das sich additiv, ohne Zusammenhang entwickelt hat, aber das ist keine Stadt! Wenn eine Geschichte gut ist, spielen Rechtschreibfehler keine Rolle. Aber wenn man anfängt, allein die Grammatik zu korrigieren, verliert man den Sinn für die ganze Erzählung. Damit möchte ich sagen, dass man sich darüber im Klaren sein muss, was in dem Areal geschehen soll, bevor die Investoren kommen. Ich glaube, es ist gefährlich, wenn eine Stadt nurmehr das Resultat von Investitionen ist. Schauen Sie sich um, das ist das Resultat. [*Er zeigt aus dem Fenster auf die Skyline von London.*] Das ist ein Monster! Das ist keine spannende urbane Verdichtung, die ja auch wunderbar sein kann. Hier gibt es keine soziale Idee, es geht hier nicht um Aktivitätsräume. Hier gibt es keinerlei geplante Ordnung. Es ist wie in der Landwirtschaft: dieses Feld eignet sich für Kartoffeln, jenes für Mais und jetzt versucht man, so viel Ertrag wie möglich zu erwirtschaften. Mit solchen Monokulturen zerstören wir unseren Schatz, den Grund, aus dem wir in einer Stadt leben möchten: Diversität.

Welches Land geht am besten mit all diesen Themen um?

Die Schweiz! Wenn ein Areal neu gestaltet werden soll, so schreiben sie einen Wettbewerb aus, um zu sehen, was es für Alternativen gibt, und

Back to Berlin—what are its prospects, what dangers face it?

For a long time, Berlin had fewer problems than London or Munich, two cities where you have to take something away in order to build something new. After the fall of the Wall, Berlin needed investment to reconstruct the city. True, in Berlin the question of what you protect and what you don't is difficult because the city's history is so complicated but there were also many gaps in between. The danger for Berlin is that it is losing its innocence—it is starting to become a normal city. Now you are getting another type of investment, a sort of exploitation investment. For example, around the main train station it's starting to look like here in London. This is not my image of Berlin. But it is still a low-pressure city in comparison.

I quite like the Tempelhofer Feld. It is simply captivating how it remains a form of resilience despite all planning. People somehow taking over, that is not the worst thing that can happen. It is a wonderful landscape that never has been generated. Tempelhofer Feld may be the last place of hippie Berlin!

dann entscheidet die Stadt, was sie möchte und erst jetzt kommen die Investoren. Dort gibt es einen gesellschaftlichen Sinn für Wertigkeiten. Aber wenn es den nicht gibt, so ist es schwierig, ihn durch Regeln aufzuzwingen.

Zurück nach Berlin – was sind die Chancen, was die Gefahren?

Berlin hatte über lange Zeit weniger Probleme als London oder München, zwei Städte in denen man erst etwas abreißen muss, um etwas bauen zu können. Nach dem Mauerfall brauchte Berlin Investitionen, um die Stadt wiederaufzubauen. Tatsächlich ist es in Berlin schwierig zu entscheiden, was erhaltenswert ist und was nicht, weil die Stadtgeschichte so kompliziert ist. Aber es gab immer auch viele Baulücken. In Berlin besteht nun die Gefahr, dass es seine Unschuld verliert – es fängt an, eine ganz normale Stadt zu werden. Jetzt entsteht dort eine andere Form des Investments, eine Art Heuschrecken-Investment. Um den Hauptbahnhof herum beginnt es jetzt zum Beispiel auszusehen wie hier in London. Das entspricht nicht meinem Bild von Berlin. Der Druck in Berlin ist aber vergleichsweise noch gering.
Mir gefällt eigentlich das Tempelhofer Feld sehr gut. Es ist einfach faszinierend, wie es als eine Form des Widerstands gegen sämtliche Planungen erhalten bleibt. Es ist nicht immer das Schlechteste, wenn die Bürger selbst eine Sache übernehmen. Es ist eine wunderbare Landschaft, die gar nicht richtig „entwickelt“ wurde. Das Tempelhofer Feld ist vielleicht das letzte Stück Hippie-Berlin!

—— Projekte
—— Projects

Common Ground für Baukultur schaffen

Common Ground for a Culture of Building

—— Kreuzberg Tower

—— Kreuzberg Tower
Charlottenstraße 97
10969 Berlin

—— Topos

At first glance the unconventional ensemble of buildings in southern Friedrichstadt may appear unwelcoming, but it is known for being rich with metaphor and playful symbolism. Even more so, the play of associations shouldn't be threatened with being robbed of its magic. It's a common truth that treasures aren't always visible to everyone. Sometimes they have to be uncovered, and it costs money, time, and, above all, determination to unearth special things.

John Hejduk, who built the gray-green Kreuzberg Tower, belongs to the "New York Five." They are a famous group of architects who have been productively engaging with classical modernism since the end of the nineteen-sixties. They make up a counterposition to the postmodern mainstream. The tower with two wings is one of the most well-respected works in recent Berlin building history, not least because it is one of the few fully realized

—— Topos

Metaphernreichtum und Sinn für spielenden Symbolismus wird dem eigenwilligen Gebäudeensemble in der südlichen Friedrichstadt nachgesagt, obschon es sich auf den ersten Blick spröde gibt. Umso schwerer wiegt, wenn das Spiel der Assoziationen seiner Magie beraubt zu werden droht. Denn Schätze haben bekanntlich die Eigenschaft, nicht für jedermann gleich sichtbar zu sein. Sie müssen entdeckt werden und die Bergung kostet Geld, Zeit und vor allem Entschlossenheit.

John Hejduk, der Erbauer des graugrünen Kreuzberg Towers, ist einer der „New York Five“ – jener berühmten Gruppe von Architekten, die sich seit Ende

- **Kreuzberg Tower**
- **Fassadensanierung** Renovation of the façade
- **Bauherr** Builder **Berlinhaus Verwaltung GmbH**
- **Architekt** Architect **Berlinhaus Verwaltung GmbH**
- **Bezirk** District **Friedrichshain-Kreuzberg**
- **Zeitraum** Time Frame **2009–2010**
- **Größe** Size **S**

der 1960er Jahre produktiv mit der klassischen Moderne auseinandergesetzt und damit eine Gegenposition zu den Hauptströmungen der Postmoderne bezogen haben. Nicht zuletzt, weil der Kreuzberg Tower einer der wenigen realisierten Bauten des Amerikaners ist, der eher als Theoretiker in der weltweiten Architekturszene bekannt war, zählt der Turm mit seinen beiden Flügelbauten beim Fachpublikum zu den vielbeachteten Werken der jüngeren Berliner Baugeschichte.
Das Ensemble ist im Rahmen der Internationalen Bauausstellung von 1987 entstanden. Ein wichtiger Aufgabenbereich der IBA war die Suche nach einer städtebaulichen Restrukturierung der südlichen Friedrichstadt, jenes Teils von Kreuzberg, der im Luftkrieg stark zerstört und später durch den Verlauf der Mauer etwas ins Abseits der West-Berliner Stadtentwicklung gerückt war. Heute ist dieser Bereich wieder ein sehr zentral gelegenes Quartier, wird aber

buildings by this American architect who is well known for being a theorist of the global architectural scene.
This cluster of buildings was created as part of the 1987 International Building Exhibition Berlin (IBA Berlin). One of the core IBA task areas was to search for ways to use urban development to restructure the southern edge of Friedrichstadt. This area in Kreuzberg had been bombed out in the Second World War, and then, due to the placement of the Wall, it was consigned to the fringes of West Berlin's city center. Today this area has once again become a centrally located quarter. And yet, a 2007 operations report by the Senate Department for Urban Development assessed it

trotz des Standortvorteils und der vielen Kultureinrichtungen von gesamtstädtischer Bedeutung in einem Arbeitsbericht der Senatsabteilung für Stadtentwicklung von 2007 als ein Gebiet mit problematischer sozialer Entwicklung eingeschätzt. Mit der Situation in den 1980er Jahren, als hier viele IBA-Projekte realisiert wurden und der Stadtteil durch seine perforierte Struktur eine Atmosphäre der Tristesse bot, ist das allerdings nicht zu vergleichen.

Die IBA wollte die südliche Friedrichstadt als Wohnstandort zurückgewinnen und artikulierte damit auf produktive Weise eine Kritik am Städtebau der Moderne. Die Leitfragen waren: Wie kann man die urbanen Vorteile der histo-

as an area with problematic social developments despite the advantages of its location and the many cultural facilities in the area that play a key role for the whole city. But this cannot be compared to the situation in the nineteen-eighties when the IBA projects were constructed, when Kreuzberg's perforated structure imbued the district with a melancholic air.

The IBA wanted to articulate a critique of modern city planning by winning back the southern area of Friedrichstadt for residential use. The guiding questions here were the following: How can we embrace the urban advantages found in historical structures and further think them through? How can a city-center block be interpreted in contemporary architectural language? "Gentle urban renewal" and "critical reconstruction" were two city-planning master strategies from this period that have been discussed in Berlin ever since. Methodologically and strate-

——— Aufnahme des Originalzustands, Kreuzberg Tower, 1989. Im Vordergrund der Parkplatz der Blumengroßmarkthalle, heute Teil des Besselparks
——— Grundriss Kreuzberg Tower und Position der beiden Skulpturen auf dem Vorplatz. Zeichnung von John Hejduk: „Berlin Tower and Wings"

——— Photograph of original condition, Kreuzberg Tower, 1989. In the foreground, the parking lot for the large market hall for flowers—today part of Besselpark
——— Ground plan for the Kreuzberg Tower and location of the two sculptures in the forecourt. Drawing by John Hejduk: "Berlin Tower and Wings"

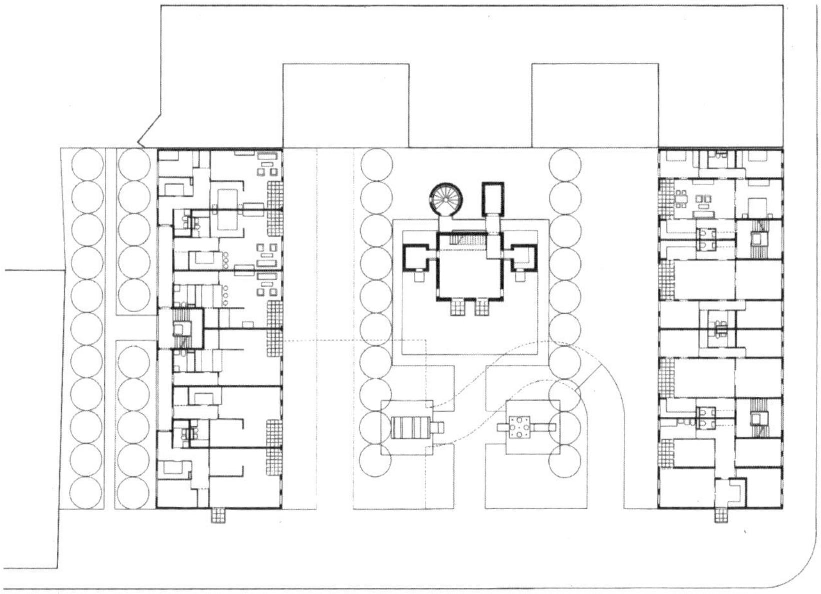

gically, they have shaped urban development and city planning to this day, and not just in Berlin. In this regard, the IBA has been internationally received perhaps more so on a conceptual level than in terms of its specific building projects. These fruitful approaches, however, ended up taking a back seat to the "boom years" that followed reunification. Nonetheless, ever since 2010, momentum has been growing around discussing these ideas and buildings because these buildings, which are now over twenty years old, have reached a point where they should be renovated, extended, or even in some cases finally completed. The buildings have aged to different degrees; some have been torn down. Others have

rischen Strukturen aufgreifen und weiterdenken? Wie kann ein innerstädtischer Block in zeitgemäßer Architektursprache interpretiert werden? Die „behutsame Stadterneuerung" und die „kritische Rekonstruktion" waren städtebauliche Masterstrategien, die seitdem in Berlin diskutiert werden und die methodisch wie strategisch die Stadtentwicklung und den Städtebau nicht nur hier bis heute prägen. In dieser Hinsicht, vielleicht mehr noch auf konzeptueller Ebene als in Bezug auf die konkreten Bauprojekte, wird diese IBA international rezipiert. In Berlin sind ihre fruchtbaren Ansätze zunächst durch die Wiedervereinigung und die folgenden „Boomjahre" in den Hintergrund geraten. Seit etwa 2010 nimmt aber eine engagierte Diskussion wieder an Fahrt auf, wie die mittlerweile über 20 Jahre alten Gebäude erhalten, gepflegt, renoviert, weitergedacht oder auch erst vollendet werden können. Die Gebäude sind unterschiedlich gut

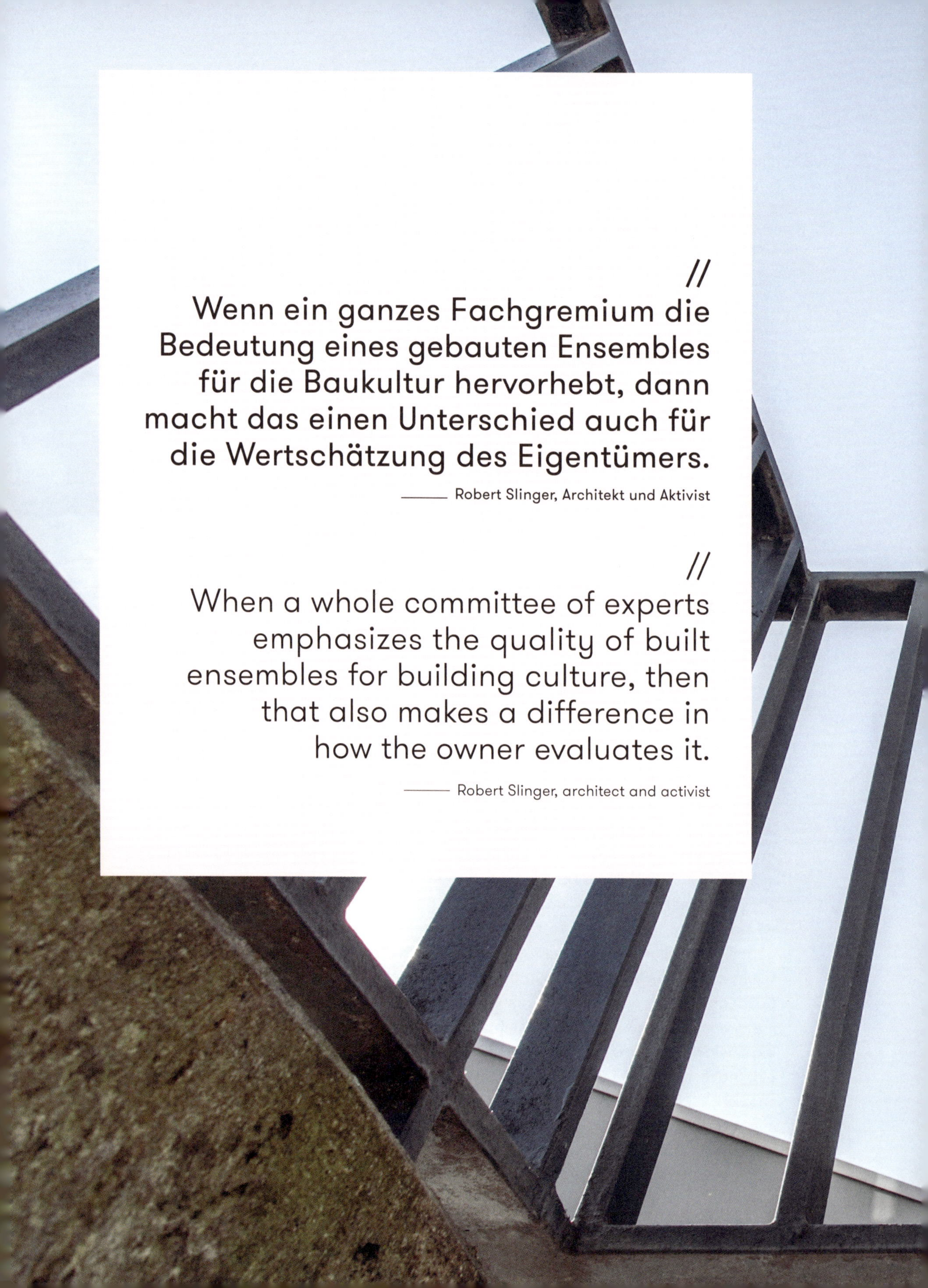

//

Wenn ein ganzes Fachgremium die Bedeutung eines gebauten Ensembles für die Baukultur hervorhebt, dann macht das einen Unterschied auch für die Wertschätzung des Eigentümers.

—— Robert Slinger, Architekt und Aktivist

//

When a whole committee of experts emphasizes the quality of built ensembles for building culture, then that also makes a difference in how the owner evaluates it.

—— Robert Slinger, architect and activist

//

Even though clarity is key when it comes to choosing new members of the Baukollegium, communication abilities and diplomatic competence are just as important as professional expertise.

——— Regula Lüscher, senate building director

92

gealtert, manche sind abgerissen worden, andere haben sich im Wandel der Stadt als mal mehr, mal weniger robust erwiesen, was freilich auch davon abhängt, wie sie von den jeweiligen Eigentümern gepflegt und bewirtschaftet worden sind. Ist die Architektur jener Jahre die nächste Generation, die den Denkmalschutz beschäftigen wird, so wird die hier verkörperte Konzeption der IBA seine Aufmerksamkeit sicher noch verschärfen.

Das Ensemble von Hejduks Kreuzberg Tower besteht aus einem 14-geschossigen Atelierturm und zwei fünfgeschossigen Wohnhausflügeln. Es ist eine markante Setzung an der Flanke des Besselparks, des kleinen Quartiersparks, der ebenfalls während der IBA nach einem Entwurf von Claude Zillich auf einer Kriegsbrache entstand.

Der aus der Straßenflucht zurückversetze Komplex sollte dem Gebiet eine neue städtebauliche Identität verleihen. Die Bauten zeichnen sich dadurch aus, dass ihre konkreten Elemente wie Fenster, Dächer, Balkone als beinahe abstrakte Formen ausgebildet, dabei jedoch höchst plastisch sind. Sie stellen diese funktionalen und gestalterischen Elemente gleichsam als Themen der Architektur aus. Die Strenge der glatten Putzflächen wird durch kleine sternförmige Ornamente gegliedert, die an den Außenseiten

proven—some more so than others—robust in the face of the city's transformation. Of course the extent to which they have endured naturally depends on how well their owners have cared for and cultivated them. If the architecture from that period represents the next generation of buildings that historic preservation will focus on, then this embodied doctrine from the IBA will certainly be receiving increased attention.

Hejduk's Kreuzberg Tower ensemble consists of a fourteen-story tower of artists' studios and two five-story residential wings. It is strikingly placed to flank Besselpark, the small district park that was also part of the IBA. It was based on a design by Claude Zillich and developed on a stretch of postwar wasteland.

The complex, set back from the street, was supposed to give the area a new identity. The structures are characterized by specific use-oriented elements such as windows, roofs, and balconies taking shape in an almost abstract manner that is also strikingly vivid. The buildings have elements that simultaneously serve both function and form while making an architectural statement. Small star-shaped ornaments break up the harshness of the flat plaster surfaces. These are attached to the outside of the wing buildings wherever the story ceiling intersects with the

//

Kommunikationsfähigkeit und Fähigkeit zur Diplomatie trotz gebotener Klarheit sind bei der Wahl der Mitglieder des Baukollegiums genauso wichtig wie die Fachkompetenz.

——— Regula Lüscher, Senatsbaudirektorin

outer wall. This ornamentation references the mysticism of the planets, and when the sun rides low in the sky throwing a long shadow, this building, firmly rooted in the ground, seems connected to the universe.

As a forecourt for the ensemble, John Hejduk developed two sculptures to flank the ensemble's central axis on the left and right; these elements of the original design were planned as sculptures that would draw the interest of the quarter. Their quirky and peculiar nature was intended to provoke the quarter's residents into adapting them for their own uses, for example, as play equipment. However, the space in front of the Kreuzberg Tower was never fully completed, so the sculptures were not placed here. The incomplete nature of the area in front of the complex quickly led to neglect, and after more than two decades the buildings, too, became so dilapidated that their condition starkly deviated from Hejduk's original playful exercise in embodied intellectualism. An essential stop for architecture students from the world over who travel to Berlin, the ensemble has turned into a negative symbol of the quarter's atmosphere.

der Flügelgebäude immer am Kreuzpunkt von Geschossdecke und Außenwand angebracht sind. Dieses Ornament ist auf die Planetenmystik bezogen – und wenn es bei schrägstehender Sonne einen langen Schatten wirft, scheint das breit auf dem Boden lagernde Haus mit dem Universum verbunden zu sein.

Ein interessantes, auf das Quartier bezogenes Element des ursprünglichen Entwurfes sind die beiden Skulpturen, die John Hejduk für den Vorplatz entworfen hatte und die links und rechts der zentralen Achse das Ensemble flankieren sollten. Mit ihrem eigenwillig figurativen Charakter sollten sie diverse Aneignungen durch die Quartiersbewohner, zum Beispiel als Spielgeräte, provozieren. Doch wurde der gesamte Vorbereich des Kreuzberg Towers nie fertiggestellt und auch die Skulpturen sind hier nicht aufgestellt worden. Die unterbliebene Gestaltung des Vorbereichs führte bald zu seiner Verwahrlosung und nach über zwei Jahrzehnten waren auch die Gebäude so stark heruntergekommen, dass ihr Zustand von dem intellektuellen Spiel Hejduks stark ablenkte. Bei Studierenden der Architektur aus aller Welt nach wie vor eine feste Station ihrer Berlinreise, war das Ensemble so zum negativen Symbol der Befindlichkeiten im Quartier geworden.

——— Kreuzberg Tower, Bessel-/Charlottenstraße, John Hejduk, 1986–88, westlicher Flügelbau heute, Detail markanter Elemente: Balkone für eine Person und Sonnenschutz in Farbe RAL 6021

——— Kreuzberg Tower, Besselstrasse and Charlottenstrasse, John Hejduk, 1986–88, west wing today, detail of striking elements: balcony for one person and sunshade in the color RAL 6021

—— Vorhaben

In diesem Zustand kaufte die Berlinhaus GmbH das Ensemble zu einem günstigen Preis. Wie die meisten der während der IBA entstandenen Gebäude war auch der Kreuzberg Tower als sozialer Wohnungsbau errichtet worden und unterlag einer Mietpreisbindung. Nach 25 Jahren, also ab 2012 fielen die IBA-Wohnbauten sukzessive aus der Bindung; damit können nun marktübliche Mieten erzielt werden. So kalkulierte wohl auch der neue Eigentümer des Towers und wusste aber, dass für eine solche Maßnahme die Sanierung des Bestandes die Voraussetzung sein würde.

—— Entwurf

Der Entwurf für die Sanierung sieht einige markante Eingriffe in die Architektur Hejduks vor. Um den Häusern zu einem freundlicheren Aussehen und damit einer „positiven“ Ausstrahlung zu verhelfen, entwickeln die Eigentümer ein neues Farbkonzept. Der graue Anstrich und die vorkragenden grünen Elemente sollen in ein helles Weiß für den Putz und in Fuchsia bzw. Pink für die Balkone verändert werden. Die Fensterüberdachungen sind in diesem Entwurf ganz entfernt und funktional durch herkömmliche

—— Plan

This condition of neglect was how the ensemble looked when Berlinhaus GmbH bought it for a good price. Like most of the structures built during the IBA, the Kreuzberg Tower was constructed as public housing, which means it was rent controlled. Rent control for IBA buildings began successively lapsing after twenty-five years, starting in 2012. Owners can now charge standard market rental rates. The new owners of the towers were probably counting on this, but they also realized that in order to be able to charge these kinds of rents, they needed to renovate the existing building.

—— Design

The renovation plans included significant changes to Hejduk's architecture. The owners developed a new color concept to give the buildings a friendlier appearance and a more positive aura. The gray color and the protruding green elements were to be changed to bright white for the plaster-clad walls, with the balconies redone in fuchsia or bright pink. The renovation completely eliminated the window awnings, and conventional slatted sun shades would instead serve this function. The owners also

Sonnenblenden aus Lamellen ersetzt. Auch sind in den Augen der Eigentümer – nicht zu Unrecht – die beiden sehr kleinen Einzelbalkone für die Mieter nicht gut nutzbar. Deshalb sind sie im Sanierungsvorhaben durch einen großzügigen, zusammenfassenden Balkon ersetzt. Der Architekt bemüht sich allerdings darum, optisch die Zweiteilung aufrechtzuerhalten.

—— Protest

Die Renovierungsarbeiten nach diesem Entwurf beginnen 2010 und sind schon so weit gediehen, dass die graue Fassade eines der Flügelbauten in strahlendem Weiß gestrichen ist, die Fenster-

viewed—not incorrectly—the two small individual balconies as not easy for the tenants to use. Therefore, they planned on replacing them in the course of renovations with a generous shared balcony. However, the architect made an effort to maintain a visual split division in each balcony.

—— Protest

Renovation work according to this design began in 2010. They got so far as to paint the gray façade of one of the wing buildings bright white and to pile up the removed window awnings in the front yard. But suddenly, within two weeks' time, an impassioned worldwide protest broke out in the architectural scene. Renata Hejduk, the deceased John Hejduk's daughter and an American art historian, explained that a building resident who really loved the building contacted her. Shortly thereafter, numerous architecture

——— Stand der Renovierungsarbeiten am westlichen Flügelbau, 2010. Der Anstrich ist weiß, die markanten Sonnenschutzelemente sind demontiert.
——— Kreuzberg Tower, Rendering zur Farbfassung der Fassade und Neukonzeption der Balkone

——— Renovation in progress at the western wing building, 2010, coat of white paint and dismounted window awnings
——— Kreuzberg Tower, rendering of the façade color and the redesign of the balconies

magazines and internet blogs began reporting on the project, calling it things like a "sanitation clusterfuck." Well-known architects vehemently critiqued the defacement of one of the few realized works by an architect who counts as one of the protagonists of an intellectually strict postmodernism. Mohsen Mostafavi, Dean of the Harvard Graduate School of Design, wrote of the project, "John Hejduk's Berlin Tower is a rare example of architecture from one of the twentieth century's most poetic architects. We should do all we can to preserve and celebrate it." Renata Hedjuk contextualized the fate of her father's legacy within its larger role in urban development and appealed to the Senate of Berlin, saying,

überdachungen abgenommen im Vorgarten liegen, als sich plötzlich innerhalb von 14 Tagen ein stürmischer, weltweiter Protest unter Architekten entzündet. Renata Hejduk, die Tochter des inzwischen verstorbenen John Hejduk und US-amerikanische Architekturhistorikerin, erzählt, dass ein Bewohner des Hauses, „der es sehr liebt", sie kontaktiert habe. Wenig später berichten zahlreiche Architekturmagazine und Internetblogs über das Vorhaben, wo es unter anderem als „Sanitation Clusterfuck" bezeichnet wird. Auch namhafte Architekten formulieren vehemente Kritik an der Verstümmelung eines der wenigen realisierten Werke des Architekten, der zu den Protagonisten einer intellektuell strengen Postmoderne zu zählen ist. Mohsen Mostafavi, Dekan der Harvard Graduate School of Design, schreibt anlässlich der Proteste: „John Hejduks Berlin-Turm ist eines der seltenen Architekturbeispiele eines der poetischsten Architekten des

//

If we want to truly complete the ensemble, then we have to reconstruct the two sculptures which were meant to house artist's studios. They have a striking impact and reinforce the project's concept. They are like the "family pets."

—— Robert Slinger, architect and activist

20. Jahrhunderts. Wir sollten alles tun, um ihn zu bewahren und zu zelebrieren." Renata Hejduk stellt indessen das Schicksal des Erbes ihres Vaters auch in einen stadtbaukulturellen Zusammenhang und appelliert an den Senat von Berlin: „Die Stadt muss sich entscheiden, ob sie die Verantwortung für das soziale Programm und die herausragenden architektonischen Projekte der IBA übernehmen will. Wenn der Senat jetzt keine klaren Entscheidungen für die Zukunft trifft, droht ein unwiederbringlicher Verlust."

—— Baukollegium

Die Sitzung im Baukollegium stellt durchaus einen Sonderfall in der Beratungstätigkeit des Gremiums dar. Sie ist vorwiegend als Plattform inszeniert, um zwischen Protestlern und Eigentümern zu vermitteln. Eine heikle Mission, denn nach der verbalen Aufgeregtheit des Protestes geht es nun darum, den Eigentümer ins Boot zu holen und ihm deutlich zu machen, dass das vermeintlich Hässliche in der originalen Gestaltung des Ensembles von baukulturellem Wert ist, auch wenn nicht jeder potenzielle Mieter diesen Wert schätzen wird. Die Sitzung wird zum formalen Rahmen, um die Sinnwelten der Architekturszene und Entwickler zusammen zu bringen. Eine

"The City must decide if they want to take on responsibility for the IBA's social program and excellent architectural projects. If the Senate doesn't take a decisive stand to preserve this legacy for the future, the result will be a great and irrevocable loss."

—— Baukollegium

This particular Baukollegium session definitely represented an exception to the committee's usual advisory capacity. It was predominantly set up as a platform for mediating between protesters and owners. This was quite a delicate mission because following the protesters' verbal uproar, the important thing was to get the owner on board by making one thing particularly clear: the aspects that seemed so ugly in the ensemble's original form actually have cultural value, even though not every tenant may recognize it. The session functioned as a framework for bringing the mentalities of the developers and of those in the architectural scene closer together. A common tongue had to be found in which everyone could communicate to each other the things that mattered to them. Ultimately, good arguments made by the invited guests and the expert authority of the Baukollegium itself managed to convince the

//

Wenn man das Ensemble vervollständigen will, dann muss man die beiden Skulpturen rekonstruieren, in denen Ateliers für Künstler untergebracht werden sollten. Die sind die Haustiere der Familie und verkörpern die Idee eines Begegnungsraums, sowohl in räumlichem als auch programmatischem Sinne.

——— Robert Slinger, Architekt und Aktivist

owner that the architectural icon would be most valuable if renovated according to Hejduk's original concept.

It helped that the experts on Hejduk, Robert Slinger and Matthias Reese, gave presentations on the design, explaining what is so special about it. They pointed out that Hejduk's color concept of gray and reseda green was inspired by steel construction from the turn of the twentieth century. It was especially impressive how they explained the proportions of the small balconies: They were purposefully designed to only fit one person. Hejduk clearly did not primarily intend them to be places for a cozy get-together. Instead the balconies thematize the gesture of connecting the private sphere with the public sphere, which is an essential marker of the European city façade. Every time someone steps on the balcony, they make contact with the city, which has a completely different "social function" than just being an expanded living room. The most prominent example of this kind of appearance is the pope's "urbi et orbi" proclamation, when he issues a papal blessing to the city of Rome and the world from St. Peter's benediction loggia. The comparison might be heavy handed, but it helps explain what the balcony's form is designed to evoke.

Sprache muss gefunden werden, in der alle gemeinsam richtig über die Dinge sprechen können, die ihnen wichtig sind. Letztlich gelingt es durch die guten Argumente der geladenen Gäste und die fachliche Autorität des Baukollegiums, den Eigentümer davon zu überzeugen, dass die Architekturikone am wertvollsten bliebe, wenn sie in der ursprünglich von Hejduk erdachten Gestaltung renoviert würde.

Hilfreich ist, dass die Hejduk-Experten Robert Slinger und Matthias Reese die Besonderheiten des Entwurfes noch einmal referieren. So erläutern sie die Herleitung von Hejduks Farbkonzept in Grau und Resedagrün aus den Stahlkonstruktionen der vorletzten Jahrhundertwende. Besonders eindrücklich erweist sich die Erläuterung der kleinen Balkone, die im Grunde nur von einer Person zu benutzen sind. Sie sind von Hejduk offenkundig nicht zuvorderst dem gemütlichen Beisammensein gewidmet, sondern thematisieren die Geste der Verbindung vom Privatraum in den öffentlichen Raum, die ein wesentliches Kennzeichen der europäischen Stadtfassade darstellt. Jedes Hinaustreten auf den Balkon ist eine deutliche Kontaktaufnahme mit der Stadt, was eine völlig andere „soziale Funktion“ meint als das erweiterte Wohnzimmer. Der

——— Kreuzberg Tower, Bessel-/Charlottenstraße, John Hejduk, 1986–88, Neugestaltung des Vorplatzes nach einem Wettbewerb, 2016

——— Kreuzberg Tower, Besselstrasse/Charlottenstrasse, John Hejduk, 1986–88, redesign of the forecourt according to the winning competition entry, 2016

The spirited commentary on Hejduk's original design surprised the owners. They soon realized how much architectural thought had gone into this ensemble. They brainstormed with the Baukollegium members on how they could solve the conflict and reach a mutually satisfactory situation.

Then a negotiation process began, which eventually resulted in an agreement in which all three parties—the owners, the District, and representatives of the incensed architectural scene—could do their part to improve the ensemble. The owners promised to follow Hejduk's original intent when renovating the ensemble. The District Friedrichshain-Kreuzberg took responsibility for restructuring the complex's forecourt, which had never been completed, and the protestors from the architectural scene agreed to make an effort to find the lost sculptures.

—— Construction

The renovation work already carried out was reversed. Today, the owners have finished the refurbishment exactly to Hejduk's original specifications. A competition was held in 2012 for designing the forecourt across from Besselpark. After being exhibited in the Martin-

prominenteste Auftritt in dieser Art ist das „Urbi et Orbi" des Papstes, wenn er „Rom und der Welt" den apostolischen Segen von der Benediktionsloggia herab erteilt. Der Vergleich ist überstrapaziert, aber er macht deutlich, was durch die starke Gestaltung des Balkons spürbar wird, ob man nun architekturaffin ist oder nicht.

Durch die begeistert vorgebrachte Erläuterung von Hejduks Entwurf sind auch die Eigentümer sichtlich überrascht, wie viel baukünstlerische Gedanken in diesem Ensemble stecken. Gemeinsam mit den Mitgliedern des Baukollegiums werden erste Überlegungen angestellt, wie man aus dem Konflikt eine für alle Beteiligten vorteilhafte Situation herstellen kann.

In der Sitzung des Baukollegiums beginnt nun ein Aushandlungsprozess zwischen den Konfliktparteien, an dessen Ende eine Vereinbarung steht, in der alle drei Parteien, die Eigentümer, der Bezirk und die aufgebrachte Architekturszene, ihren Teil zur Aufwertung des Ensembles beitragen sollen. Die Eigentümer versprechen, das Ensemble im Hejduk'schen Sinne zu renovieren. Der Bezirk Friedrichshain-Kreuzberg übernimmt die bis dato nie erfolgte Gestaltung des Vorplatzes und die protestierende Architektenschaft sagt zu, sich um die Auffindung der verlorenen Skulpturen für den Vorplatz zu bemühen.

—— Realisierung

Die bereits begonnenen Renovierungsarbeiten werden rückgängig gemacht und die Sanierung des Ensembles ist vom Eigentümer inzwischen exakt nach dem Hejduk'schen Original zu Ende gebracht. Zum Vorplatz gegenüber dem Besselpark wird 2012 ein Wettbewerb veranstaltet. Die Skulpturen Hejduks sind allerdings nach einer Ausstellung im Martin-Gropius-Bau verkauft und an einen Sammler nach Thessaloniki verschifft worden.

—— Heute

Der Vorplatz wird voraussichtlich im Jahr 2016 abgeschlossen sein. Wenn sich für den Nachbau der Skulpturen keine private Initiative findet, werden sie wohl nicht in dem kleinen Park aufgestellt werden. Dies ist bedauerlich, da sie eine große Brücke zum Verständnis von John Hejduks Ideen bilden und den sozialen Sinn seines Stadtbausteins verdeutlichen würden. Das Umfeld des architektonischen Schatzes ist durch eine starke Bautätigkeit in Bewegung geraten. Es verwandelt sich derzeit ein

Gropius-Bau, Hejduk's sculptures were sold and shipped off to a private collector in Thessaloniki.

—— Today

Work on the forecourt should be completed by 2016. Unless a private initiative steps in to recreate the sculptures, they will probably not end up in the small park. This is regrettable because they form an important link to understanding John Hejduk's ideas, and they would illustrate the social sense of his important cornerstone of the city. This intense building activity has brought new momentum to the area surrounding this architectural treasure. It is currently undergoing a transformation from being a somewhat forgotten corner of Kreuzberg to being an important mixed quarter. And so the Kreuzberg Tower can (once again) become a symbol of change and also of southern Friedrichstadt's new sense of self.

Sometimes one must remember the story of the purloined letter lying openly in plain sight where everyone would least expect it. Hejduk's refurbished architectural icon has a similar narrative. It had been there all along, but it took some time and thought before its message could be read and interpreted. Time had to pass for this to happen, but also what was needed was an instrument like the Baukollegium. Mediation is an important component of a culture of building.

bisher etwas vergessener Teil Kreuzbergs in ein urbanes Quartier von besonderer Mischung. Nicht zuletzt der Kreuzberg Tower kann (wieder einmal) Symbol für diesen Wandel und vielleicht auch für das neue Selbstverständnis der südlichen Friedrichstadt sein.

Es ist manchmal wie mit dem scheinbar entwendeten Brief, der ganz offen auf dem Tisch liegt, nur dass niemand mehr erwartet, dass er dort auch liegt. Mit Hejduks nun wiederhergestellter Architekturikone verhält es sich ganz ähnlich: sie war immer an ihrem Ort, nur versteht man erst jetzt so richtig ihre Zeichen zu lesen und zu deuten. Dazu bedurfte es eines „Reifens der Zeit", aber auch eines Instrumentes wie dem Baukollegium. Baukultur besteht zu einem ganz wesentlichen Teil auch in Vermittlung.

—— Brüche sichtbar lassen

—— Unveiling Discontinuities

— Institut am Hausvogteiplatz

— Institut am Hausvogteiplatz
Hausvogteiplatz 5–7
10117 Berlin

—— Topos

Vom Hausvogteiplatz gibt es ein Gemälde von 1926, das Teil des kollektiven Gedächtnisses von Berlin geworden ist. Rudolf Schlichter hat darauf eine dichte Menge von Großstadtmenschen festgehalten, über denen ein blutiger Galgen hängt: ein prophetisches Symbol der krisenhaften, häufig als „golden" verklärten 20er Jahre. Auf dem Bild sind auch Kleidung in einem Schaufenster und ein angeschnittenes Werbeschild dargestellt, was einen Bezug schafft zum Hausvogteiplatz, der in der Vorkriegszeit das Zentrum der Berliner Modekonfektion war. In künstlerischer Freiheit stellt der Maler aber die Architektur des Platzes unfertig und prekär dar, so, als wollte er die „eigentliche" Verfasstheit der permanent sich wandelnden Metropole zur Erscheinung bringen.

Zum Jahrtausendwechsel erscheint der Platz im Gegensatz zu Schlichters Bild nicht angefüllt mit metropolitaner Geschäftigkeit, sondern menschenleer.

—— Topos

There is a 1926 painting of Hausvogteiplatz that has become part of Berlin's collective memory. Rudolf Schlichter depicted a thick crowd of urbanites in this painting. Above them hangs a bloody gallows, a prophetic symbol of the crisis-ridden decade, often glorified as the 'golden' twenties. The picture also portrays shop-window clothing displays and part of a promotional sign. These items create a link to Hausvogteiplatz, which was the center of the Berlin clothing industry dur-

——— **HU Institutsgebäude**
——— **Fassadensanierung** Renovation of the façade
——— **Bauherr** Builder **Humboldt-Universität zu Berlin**
——— **Architekt** Architect **Anderhalten Architekten**
——— **Bezirk** District **Mitte**
——— **Zeitraum** Time Frame **2009–2010**
——— **Größe** Size **S**

ing the prewar years. Schlichter, however, took the artistic liberty of presenting the architecture of the square as unfinished and precarious, as though he wanted to bring out the 'true' inner nature of a metropolis permanently in flux.

Quite in opposition to Schlichter's painting—at the turn of this century, the square now no longer seems full of metropolitan bustle. Instead it appears to be devoid of people. And precarious—for quite concrete reasons. The square is distinguished by demolition of houses destroyed in the war or ones succumbed over to dilapidation. According to the Planwerk Innenstadt downtown master plan put together in 1999, the gaps in the square will be closed in the coming years in a style that follows the original architectural lines. Since 1999, the existing distinctive buildings such as the Haus Berolina have been extensively renovated and modernized. In 2003, the square was outfitted with an accurate reconstruction of the fountain that had been built on the square in 1890. The square's new

Prekär wirkt er aus ganz konkreten Gründen: Er ist stark gezeichnet vom Abriss kriegszerstörter oder baufällig gewordener Häuser. Nach Maßgabe des 1999 erstellten Planwerks Innenstadt werden die Lücken in den Platzwänden in den folgenden Jahren geschlossen, indem sie den historischen Baufluchten folgen. Inzwischen sind auch markante Bestandsbauten wie das Haus Berolina aufwändig saniert und modernisiert. 2003 erhält der Platz einen getreuen Nachbau des 1890 hier schon errichteten Brunnens. Die Neubauten nehmen gestalterisch die Fassadengliederungen

des Vorkriegsbestands auf und setzen hier gemäßigt zeitgenössische Akzente.
Zwischen 1977 und 1983 war an der Einmündung der Taubenstraße in den Hausvogteiplatz ein achtgeschossiger Plattenbau in der Form zweier rechtwinklig aneinandergerückter Riegel entstanden, zunächst als Polyklinik geplant und nach Fertigstellung von der Akademie der Wissenschaften der DDR genutzt. Die beiden Riegel komplettieren morphologisch den Straßenblock, der zwischen Jerusalemer Straße, Tauben-, Mohren- und Markgrafenstraße liegt. Doch geschieht das gegenüber dem Vorkriegszustand auf eine vereinfachende Weise, die das barocke Straßenraster zum Hausvogteiplatz hin einfach fortsetzt. Dabei war der Block ursprünglich unregelmäßig geformt an dieser Stelle, die den Übergang zwischen der schachbrettartig angelegten Friedrichstadt und dem Friedrichswerder markiert. Diese Übergangszone gibt dem Hausvogteiplatz, der auf dem Gelände der ehemaligen Bastion III der Berliner Stadtfeste

buildings take on the façade structure of the remaining prewar buildings and feature moderate contemporary accents.
Between 1977 and 1983, an eight-story prefabricated concrete-slab building in the form of two structures set next to each other at right angles was built where Taubenstrasse meets the Hausvogteiplatz. It was initially planned as an outpatient clinic, but after completion it was used for the GDR's Academy of Sciences. The two structures morphologically complete the street block that lies between Jerusalemstrasse, Taubenstrasse, Mohrenstrasse, and Markgrafen-

——— Hausvogteiplatz, 1920, Luftbild Richtung Süden. Die Bauflucht des Warenhauses Landsberger am rechten Bildrand folgt der abknickenden Taubenstraße. Der heutige Bau reagiert auf diese Situation durch die zurückgesetzte, „negative" Ecke an der Verbindung der beiden Flügel des Gebäudes.

——— Hausvogteiplatz, 1920, aerial view looking south. The architectural lines of the Landsberger warehouse in the right corner of the picture follow the Taubenstrasse, which turns off here. The current building reacts to this situation by utilizing negative space: a set-back corner at the connection between the building's two wings.

strasse. But in comparison to the prewar state of the square, this construction appears simplified, as it just continues the baroque street grid of Hausvogteiplatz. Moreover, the block had originally been irregularly shaped at this point, which marked the transition between the urban districts of the chessboard-like Friedrichstadt and Friedrichswerder. Hausvogteiplatz had been built on the grounds of the former third bastion of the Berlin fortress, and the transitional nature of this zone lent the square its characteristic design. The predecessor to the existing building was an elegant warehouse built in 1866 for the clothing company Jacob Landsberger. It took on this irregularity by following the bend in the Taubenstrasse to the southeast, and this recess closed off Hausvogteiplatz at a sharp angle to the west. In contrast, the prefabricated concrete-slab structures widen Hausvogteiplatz and obscure the eye-catching transition point to the block structure of Friedrichstadt, even though its floor plan was inspired by the very same.

errichtet worden war, seine charakteristische Gestalt.
Der Vorgänger des Bestandsbaus, das 1866 erbaute prächtige Warenhaus der Tuchfirma Jacob Landsberger, zeigte diese Unregelmäßigkeit, indem es der Abknickung der Taubenstraße nach Südosten folgte und durch diese Eindrehung den Hausvogteiplatz im Westen spitzwinklig schloss. Die Plattenbauten weiten demgegenüber den Hausvogteiplatz auf und lassen die prägnante Übergangsstelle zur Blockstruktur der Friedrichstadt verschwimmen, obwohl sie sich im Grundriss gerade an diese an-

lehnen. Dem Passanten fällt der Bruch sowohl mit der historischen Bebauung als auch mit den Bauten der Nachwendezeit sofort ins Auge durch die hohe Geschosszahl, die einfache horizontale Schichtung und die Materialität der Fassade sowie durch das flache Dach.

—— Vorhaben

Eigentümerin des Gebäudekomplexes ist heute die Humboldt-Universität zu Berlin. Mithilfe des Konjunkturprogramms II der Bundesrepublik Deutschland sollte die Universität im Jahr 2009 die Fassade des Gebäudes energetisch ertüchtigen und sanieren, um diesen auch verkehrstechnisch attraktiven Standort für die Arbeit ihrer Institute weiter nutzen zu können. Heute hat dort unter anderem die Professional School of Education ihren Sitz. Zwischen Gendarmenmarkt und Außenministerium gelegen, hat sich der Hausvogteiplatz seit der Vereinigung der beiden Hälften Berlins wieder zu einer ersten Adresse entwickelt. Diesen Anspruch

A passerby would immediately notice the break with the historical construction and with the buildings from the post-unification period. This is due to the many stories, the simple horizontal layering, the materials of the façade, and the flat roof.

—— Plan

Today Berlin's Humboldt University owns the building complex. Thanks to assistance from the Federal Republic of Germany's Second Stimulus Package, the university was due to give the façade an

Institutsgebäude der Humboldt-Universität am Hausvogteiplatz, 2009, Zustand vor der Sanierung mit Schutznetzen an der schadhaften Fassade

Institute building of the Humboldt University at Hausvogteiplatz, 2009, state of the renovation with protective nets on the damaged façade

energetic renovation and facelift in 2009 so they could continue to use this location, which is conveniently accessible, for the work of their institute. Today the Professional School of Education, among other programs, has headquarters there. Since the reunification of the two halves of Berlin, Hausvogteiplatz, which lies between Gendarmenmarkt and the State Department, has once again become a prime location. The architecture of the surrounding quarter, which has either been built with high-quality materials or thoroughly renovated, also demonstrates this dominance. In contrast, the external damage on the HU Institute's prefab concrete-slab buildings on the square has necessitated that green nets be attached to the façade to protect passersby from falling material. Humboldt University's construction division commissioned the architect Claus Anderhalten with adapting the building stock on a technical and aesthetic level.

verkörpert auch die in hochwertigen Materialien realisierte beziehungsweise aufwendig sanierte Architektur des umgebenden Quartiers. An den Plattenbauten der HU-Institute hatte dagegen die inzwischen schadhafte Fassade die Anbringung grüner Netze erzwungen, um die Passanten vor herunterfallendem Material zu schützen. Die Bauabteilung der Humboldt-Universität beauftragte den Architekten Claus Anderhalten mit einer gebäudetechnischen und ästhetischen Qualifizierung des Bestandes.

— Entwurf

Der Vorschlag des Architekten nutzt die Notwendigkeit der Fassadensanierung zu einer umfassenden Veränderung ihrer Gestalt. Das Hauptmerkmal des Entwurfs ist ein vom Baukörper abgelöstes Fiberglasgewebe, das klimatechnisch vorteilhaft ist und zugleich die starke Horizontalgliederung der Fassade flächig abmildert. Wirkt in der steinernen Umgebung des Platzes eine gewebte Fassade einerseits recht avanciert, so ist der Entwurf andererseits bemüht, an die traditionelle Dreiteilung der umliegenden Bauten anzuknüpfen. Das Erdgeschoss erscheint als gläserner Sockel, während das oberste Geschoss hinter horizontalen Profilen verborgen wird und so gewissermaßen als Dachgesims den Bau abschließt. Damit hebt die Neugestaltung die monotone Schichtung gleich hoher Geschosse auf, die den Bau bislang so stark aus der Umgebung hervortreten ließ. Der Eingang wird erhöht und repräsentativer, und die vorher „negativ“ ausgebildete

— Design

The architect's suggestion uses the necessity of renovating the façade as an opportunity for completely redoing the building's appearance. The design's chief characteristic is a fiberglass webbing, which is detached from the structure. This offers climate-control advantages for the building while reducing the façade's stark horizontal orientation extensively. The webbed façade appears quite progressive within the context of the square's stone surroundings, on the one hand. On the other hand, the design

——— Institutsgebäude der Humboldt-Universität am Hausvogteiplatz, Anderhalten Architekten, 2008, Entwurf zur Sanierung und Umgestaltung der Fassade. Erdgeschoss, Dachzone und dazwischen liegende Geschosse sind deutlich voneinander abgesetzt. Der Kontrast zwischen den zweischichtigen Fassaden und den opaken Schmalseiten hebt die Teilung des Komplexes in zwei Flügel hervor.

——— Institute building of the Humboldt University at Hausvogteiplatz, Anderhalten Architects, 2008, design for renovating and redesigning the façade. The ground floor, rooftop zone, and the floors between them are all quite distinct. The contrast between the two-level façade and the opaque narrow sides emphasizes how the complex is divided into two wings.

makes an effort to take up the traditional three-part division seen in the surrounding buildings. The ground floor looks like a glass pedestal, while horizontal outlines obscure the top floor, acting as a sort of eaves that complete the construction. In this way, the redesign transforms the monotonous layering of stories, which has made the building stand out from its surroundings so strongly for so long. The entrance is raised and made more representative, and, compositionally, this previously 'negatively' formed corner has practically been pushed front and center. Opaque, reflective materials and a strong vertical orientation create a sculptural contrast to the netting façade, which makes a textile impression. "Humboldt University's construction division and the building's users quite liked this design, which was influenced by the mesh aesthetic of the façade's protective layer," recalls Claus Anderhalten. "Furthermore, it was convenient to construct and affordable."

Ecke wird kompositorisch geradezu nach vorn gerückt: opak-spiegelnde Materialien und ein starker Vertikalzug setzen einen plastischen Kontrast zur textil wirkenden Netzfassade. „Die Bauabteilung der Humboldt-Universität und die Nutzer des Gebäudes haben diesen Entwurf, der von der Mesh-Ästhetik des Fassadenschutzes beeinflusst war, sehr gemocht", erinnert sich Claus Anderhalten, „außerdem war er auch bautechnisch und finanziell sehr günstig."

——— Blick über den Hausvogteiplatz zum Institutsgebäude, 2016. Die Überarbeitung der Fassadengestaltung nach der Beratung im Baukollegium erhält den Charakter des aus gleichwertigen Geschossen geschichteten Plattenbaus.

——— View across Hausvogteiplatz to the institute building, 2016. The façade design after being reworked based on advice from the Baukollegium. Now it has a character of a pre-fab concrete slab structure with equally layered stories.

—— Baukollegium

Durch den Standort im historischen Zentrum Berlins erfordert das Vorhaben der Humboldt-Universität – im Grunde eine vergleichsweise geringfügige Maßnahme – die Aufmerksamkeit des Baukollegiums. Zumal der Stadtbildwirkung des Hausvogteiplatzes und dem angrenzenden Friedrichswerder in der Konsequenz des Planwerks Innenstadt besondere Bedeutung beigemessen wird. Das Vorhaben wird zweimal, im April und im Mai 2009, in den Sitzungen des Gremiums beraten. Claus Anderhalten als Architekt des Vorhabens tritt in diesem Fall von seiner Beratungstätigkeit als Mitglied des Baukollegiums zurück.

Die Mitglieder des Baukollegiums können die Konsequenz in der Gestaltungsabsicht des Entwurfs nachvollziehen, werden sich aber darüber einig, dass die dahinterstehende Haltung der „Stadtreparatur“ in diesem Fall unrichtig ist. Es wird argumentiert, dass das Vorhaben kein Neubau der Gegenwart sei, der die Positionierung in der Morphologie des Quartiers kontextuell auszuhandeln hätte. Wenn der Bau architektonisch überformt wird und dann einerseits als Bau des 21. Jahrhunderts erscheint, so bleiben andererseits doch der Maßstabssprung und das Herausbrechen aus dem

—— Baukollegium

Although, comparatively speaking, Humboldt University’s building project is basically a small measure, it has drawn the attention of the Baukollegium Berlin due to its location in the historical center of Berlin. This is particularly the case because, within the Planwerk Innenstadt downtown master plan, special importance is given to the role Hausvogteiplatz plays in Berlin’s cityscape and to the adjacent Friedrichswerder. In two sessions, in April and in May 2009, the project came up as a topic for the committee to offer advice on. As the architect of this plan, Claus Anderhalten declined to play his usual advisory role as a member of the Baukollegium.

While the Baukollegium members could understand the design’s intent to maintain a certain consistency, they agreed in this case that the attitude behind this, one of “repairing” the urban fabric, is uncalled for. It was argued that the project is not a new construction in the contemporary ethos, one that would have to contextually negotiate its positioning in the quarter’s morphology. If the building was to be architecturally reshaped and then made into, on the one hand, a building of the twenty-first century, then, on the other hand, what will

//

Discussing projects in the Baukollegium offers the administration the chance for us to simply feel more secure when it comes to architectural and urban-development quality.

—— Ephraim Gothe, former district councilor for construction, Mitte

Kontext insgesamt erhalten. Die dahinterstehende städtebauliche Haltung kann durch die Überformung kaum noch als Produkt der DDR-Spätmoderne gelesen werden. Zudem wird kritisiert, dass das einzige ornamentale Element des originalen Baus, die Verglasung des Treppenhauses in der „negativen" Ecke zur Taubenstraße, durch die Neugestaltung von außen weniger sichtbar wäre.

Claus Anderhalten kommentiert seine Reaktion auf diese Argumentation: „Als mir Adolf Krischanitz das Votum der Kollegen mitteilte – ‚so geht's nicht!' – hat mich das überhaupt nicht gewundert. Zeitgleich zu meiner Vorstellung des Projektes wurde ja der Entwurf für die Baugestaltungsverordnung Historisches Zentrum diskutiert. Dabei ging es auch um einen respektvollen Umgang mit den wenigen noch erhaltenen Plattenbauten. Ich kannte also diese Argumentationslinie schon."

Das Baukollegium empfiehlt eine ästhetische Qualifizierung der Fassade, ohne die besondere Höhenentwicklung, die horizontal lagernden Geschosse und den Wechsel aus Fensterbändern und mineralischer Fassadenverkleidung zu kaschieren. Daraus ergibt sich das Plädoyer, die Charakteristika des Baus aus der DDR-Zeit beizubehalten, ohne ihnen

remain consistent will be how it departs from traditions and breaks away from its surrounding context. The city-planning attitude behind this can then, due to the building's reshaping, no longer be seen as a product of the GDR late-modern era. In addition, the critique is made that this reshaping would make the single ornamental element of the original construction, the glass casing of the stairwell in the 'negative' corner towards Taubenstrasse, less visible from the outside.

Claus Anderhalten responds to this argument by saying, "When Adolf Krischanitz told me about my colleagues' vote that 'This is not the way to do it!' I wasn't surprised at all. At the same time as I was presenting this project, a draft of the building design regulations for the historical center was being debated. The discussion at the time was about how to treat the few remaining prefab concrete-slab buildings with respect. So I was already familiar with this line of argumentation."

The Baukollegium recommended aesthetically adapting the façade without masking the design's height, its horizontally stacked stories, or the alteration of window rows with mineral cover for the façade. They followed this with a plea for maintaining certain characteristics of

//

Die Besprechung von Projekten im Baukollegium bietet für die Verwaltung die Möglichkeit, uns über architektonische und städtebauliche Qualitäten einfach sicherer zu werden.

—— Ephraim Gothe, ehem. Bezirksbaustadtrat Mitte

GDR construction without putting it on par with what is expected for a monument when it comes the preservation of detail. The project developers took the Baukollegium's recommendations into further consideration, even though they at first expressed an off-the-cuff disinclination toward these recommendations. The reworking of the design was reintroduced as a topic in the following sessions, where it received acceptance from the senate building director and her committee.

—— Construction

Anderhalten Architects ultimately renovated the building from 2009–2010 in a way that had an urban effect that aligns with the Baukollegium's intentions. The characteristics of the late-modern construction have been preserved. The horizontal layering of stories is now even emphasized by the contrast created by juxtaposing black window frames and reveals with bands made from light concrete slabs that serve as siding over the thermal insulation. The siding comes in four different gray tones and has varied widths. In conjunction with vertically and irregularly placed seams, this color shading creates a slight disturbance on the building's surface, which then reduces the heaviness of these blocky structures.

etwa im Bezug auf den Erhalt von Details den Rang eines Denkmals zuzumessen. Die Vorhabenträger nehmen die Empfehlungen des Kollegiums in ihre weiteren Überlegungen auf, obwohl sie sich spontan dazu ablehnend äußern. Die Überarbeitung des Entwurfs wird in der nachfolgenden Sitzung jedenfalls wieder vorgelegt und erhält nun die Zustimmung der Senatsbaudirektorin und ihres Gremiums.

—— Realisierung

Anderhalten Architekten realisierten 2009/2010 mit der Sanierung des Baus schließlich eine stadträumliche Wirkung, die den Intentionen des Baukollegiums entspricht. Die Charakteristika des spätmodernen Baus bleiben erhalten; die horizontale Schichtung der Geschosse wird sogar hervorgehoben durch den Kontrast zwischen schwarzen Fensterrahmen und -leibungen und der Verkleidung der Wärmedämmung in Bändern aus Leichtbetonplatten. Diese Platten sind in vier verschiedenen Grautönen gefärbt und unterschiedlich breit. Im Zusammenspiel mit der vertikalen, frei rhythmischen Fugenzeichnung erzeugt diese Farbschattierung eine leichte Beunruhigung der Oberfläche und nimmt den blockhaften Baukörpern etwas von ihrer Schwere.

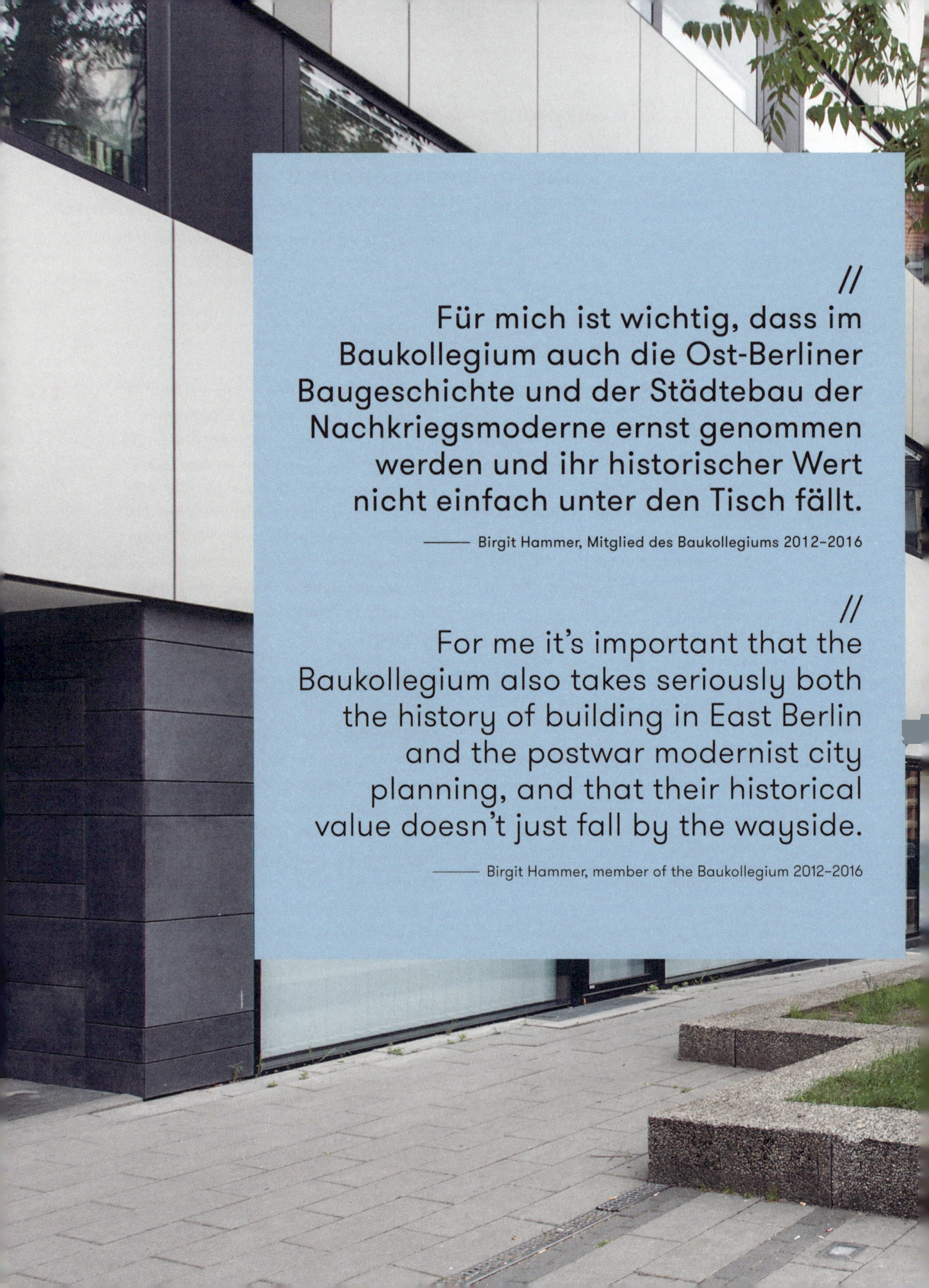

//
Für mich ist wichtig, dass im Baukollegium auch die Ost-Berliner Baugeschichte und der Städtebau der Nachkriegsmoderne ernst genommen werden und ihr historischer Wert nicht einfach unter den Tisch fällt.

—— Birgit Hammer, Mitglied des Baukollegiums 2012–2016

//
For me it's important that the Baukollegium also takes seriously both the history of building in East Berlin and the postwar modernist city planning, and that their historical value doesn't just fall by the wayside.

—— Birgit Hammer, member of the Baukollegium 2012–2016

//

In reworking the design, we at the office got into heated debates and had to put a lot of thought into some technical difficulties in order to end up with high-quality work. I completely stand behind the design as it is now.

—— Claus Anderhalten, architect

Durch die schwarzen Fensterrahmen kommt das schleierartige Linienspiel der originalen, kunstvollen Verglasung des Treppenhauses im Außenraum tagsüber noch stärker zu einer grafischen Wirkung als vor der Sanierung. Das Erdgeschoss wird in seiner flachen Proportionierung beibehalten, jedoch durch eine einheitliche, helle Verglasung stärker zum Straßenraum geöffnet. Was denkt Claus Anderhalten heute über die Realisierung, die vom ersten Entwurf recht weit entfernt ist? „Die Bauherren meinten anfangs, ich hätte im Baukollegium nicht genug für den ersten Entwurf gekämpft. Aber ich wusste, dass die Argumentation einen schlüssigen Hintergrund hatte. Auf jeden Fall haben wir in der Überarbeitung gekämpft und mussten teils knifflige technische Überlegungen anstellen, damit das auch fein wird. Zum Beispiel werden die Fensterbrüstungen hinter der vordersten Fassadenschicht entwässert, so wird die Fassade nicht durch Verblechungen entstellt. Ich stehe voll hinter dem Entwurf, so wie er jetzt dasteht."

—— Heute

Die Fassadensanierung des Institutsbaus der Humboldt-Universität schafft an der südwestlichen Seite des Haus-

Due to the black window frames, the hazy interplay of lines in the original artistic glazing of the exterior stairwell has an even stronger graphic impact during the day than it did before the renovation. The flat proportioning of the ground floor has been retained, while it has been opened up more to the street through a unified, bright glazing. What does Claus Anderhalten say today about the construction that is so far removed from the original design?

"At first the builders thought that I didn't fight enough in the Baukollegium for the original design. But I knew that their arguments came from quite a logical place. However, in reworking the design, we at the office got into heated debates and had to put a lot of thought into some technical difficulties in order to end up with high-quality work. For example, the window parapets behind the foremost façade layer need drainage so that the façade did not have to be disfigured with metal sheet facing. I completely stand behind the design as it is now."

—— Today

The renovation of the façade of the Institute building of the Humboldt University creates a distinctive situation on the southwest side of Hausvogteiplatz in a

//

Wir haben in der Überarbeitung gekämpft und mussten knifflige technische Überlegungen anstellen, damit das auch fein wird. Ich stehe voll hinter dem Entwurf, so wie er jetzt dasteht.

——— Claus Anderhalten, Architekt

twofold manner. First, one can instantly see that it is a building from the late-modern era, and this makes it stand out in significant contrast to the old and new constructions of the square's surrounding walls. This disturbance in the square's harmony makes the passersby stop and take another look because the irregularly placed concrete slabs in different gray tones and of varied sizes are a sign of the contemporary period and represent both a strictly decorative element as well as a contemporary commentary on the original façade siding, which was typical for the GDR. The break from the city's historical morphology is not made prettier but rather discursively highlighted for the first time through its contemporary form. In a certain way, then, the substance of critical reconstruction is expanded through an urban-planning history of the Berlin center, which is historically accurate because it is marked by disruption, and the aesthetic judgment of this caesura is left to the eye of the attentive observer.

In his 1926 painting, Rudolf Schlichter emphasized the particular inner nature of the metropolis that is Berlin by deviating from actual appearances. He depicted the city as he had experienced it and as it was supposed to inscribe itself ever more clearly into the cityscape over the

vogteiplatzes eine markante Situation im doppelten Sinn: Das Gebäude gibt sofort zu erkennen, dass es der Spätmoderne entstammt und tritt damit in einen deutlichen Kontrast zu den Alt- und Neubauten der umliegenden Platzwände. Die „Störung" in der Harmonie des Platzes involviert den Passanten aber in einen wiederholten Blickwechsel, denn die freien Rhythmen in den verschieden grau getönten und verschieden großen Platten verweisen auf die Gegenwart, sind sowohl strenges Schmuckelement als auch ein zeitgenössischer Kommentar zu der ursprünglichen, DDR-typischen Fassadenverkleidung. Der Bruch mit der historischen Stadtmorphologie wird nicht geschönt, sondern durch den zeitgenössischen Gestaltungszug eigentlich erst diskursiv ausgestellt. Damit wird in gewisser Weise die Substanz der kritischen Rekonstruktion um die historisch korrekte, weil durch Brüche geprägte Stadtbaugeschichte des Berliner Zentrums erweitert und ein ästhetisches Urteil über diese Zäsur dem Auge des aufmerksamen Betrachters überlassen.

Rudolf Schlichter hat in seinem Gemälde von 1926 in Abweichung vom Augenschein die besondere Verfasstheit der Großstadt Berlin ins Bild gehoben – so, wie er sie erlebt hat und wie sie sich im

——— Institutsgebäude, Anderhalten Architekten, 2016, Details der Fassadenumgestaltung

——— Institute building, Anderhalten Architects, 2016, details for façade redesign

course of the twentieth century. But urban spaces are not two-dimensional pictures. Instead they are a four-dimensional reality that should stay open to the interpretations and appropriations of many. The Baukollegium objected to taking the artistic freedom of turning the historical development of Hausvogteiplatz completely into finished pictures, even though in doing so, it possibly went against the aesthetic preferences of its members.

weiteren Verlauf des 20. Jahrhunderts immer deutlicher in das Stadtbild einschreiben sollte. Stadträume aber sind keine zweidimensionalen Bilder, sondern vierdimensionale Wirklichkeit, die offen sein sollte für Interpretationen und Aneignungen von vielen. Gegen die künstlerische Freiheit, die historische Gewordenheit des Hausvogteiplatzes vollends in geschlossene Bilder zu verwandeln, hat das Baukollegium – möglicherweise auch entgegen den ästhetischen Vorlieben seiner Mitglieder – Einspruch erhoben.

—— Solitär
wird Quartier

—— From Detached
to Attached

Postscheckamt

— Postscheckamt
Hallesches Ufer 60
10963 Berlin

— Topos

Zwischen 1965 und 1971 wurde am Halleschen Ufer, gegenüber dem Hochbahnhof Möckernbrücke, für das West-Berliner Postscheckamt ein großer Baukomplex errichtet, den der damalige Oberpostdirektor Prosper Lemoine selbst entworfen hatte. Die Urteile über seine architektonische Qualität dürften weit auseinander gehen, aber auch Liebhaber des „International Style“ müssen zugeben, dass er im Vergleich zu Klassikern des Typus – wie Ludwig Mies van der Rohes New Yorker Seagram Building – weniger virtuos proportioniert ist. Ein Wahrzeichen von Berlin im Kalten Krieg ist das 23-geschossige Hochhaus allerdings fraglos gewesen und dient noch heute, ziemlich frei an einer Biegung des Landwehrkanals stehend, auch ohne diese historische Konnotation als wichtiger Punkt für die Orientierung in der Stadt.
Das Postscheckamt definierte den Stadtgrundriss der Vorkriegszeit neu, der hier wie meist in Berlin durch Blockrandbebauung charakterisiert war. Von Weitem wirkt die Scheibe freistehend, ist tatsächlich aber das Gravitationszentrum

— Topos

Between 1965 and 1971 a huge building complex was put in at Hallesches Ufer across from the Möckernbrücke metro station. The buildings formed the West-Berlin Postscheckamt (postal check office) and were designed by the *Oberpostdirektor* (head postal director) Prosper Lemoine. While assessments of its architectural quality may vary wildly, even fans of its “international style” must admit that its proportions are less virtuosic in comparison to the classics of this type—such as Ludwig Mies van der Rohe’s New York Seagram Building. This twenty-three-level high-rise has become an unquestionable sign of cold-war Berlin. Standing fairly isolated at the curve of the Landwehrka-

Postscheckamt

Städtebauliche Entwürfe; architektonischer Entwurf Vertical Village; Siegerentwurf städtebaulicher Wettbewerb Designs for urban development; architectural design for the Vertical Village, winning design from the urban-development competition

Bauherr Builder **CG Gruppe**

Architekt Architect **Städtebauliche Entwürfe; architektonischer Entwurf Vertical Village** Design for urban development; architectural design for the Vertical Village: **Eike Becker_Architekten Siegerentwurf städtebaulicher Wettbewerb** Winning design, urban-development competition: **Sauerbruch Hutton**

Bezirk District **Friedrichshain-Kreuzberg**

Zeitraum Time Frame **2014–**

Größe Size **L**

nal, it still functions today as an important orientation point in the city, even without the background of its historical connotation.

The Postscheckamt redefined the prewar urban layout that here, as most everywhere else in Berlin, had been characterized by perimeter block construction. From afar, the flat slab of a building appears to be freestanding but actually forms the gravitational center for the attached, flat, two-story wing buildings. The ensemble offers open spaces facing the surrounding streets, particularly through a large plaza in front of the main hall at the intersection of Hallesches Ufer and Grossbeerenstrasse. The plaza is outfitted with a sculpture and ring of sycamore trees. Previously the Kleinbeerenstrasse divided the area into two blocks, but all that remains today of this street is a driveway from the west that leads up to a six-story building, which is also part of the complex.

The ensemble stands as a testimony to the flowing urban spaces that became an important model during the first decades of the postwar period. Today the site causes a first impression that,

von flach anschließenden zweigeschossigen Flügelbauten. Das Ensemble bildet zu den umliegenden Straßen hin offene Räume aus, besonders deutlich an der Kreuzung Hallesches Ufer und Großbeerenstraße als große Plaza vor der Schalterhalle, die mit einer Skulptur und einem kreisförmig gepflanzten Platanenhain angelegt ist. Ehemals hatte die Kleinbeerenstraße das Areal in zwei Blöcke geteilt. Heute ist sie nur noch eine Zufahrt von Westen auf ein sechsgeschossiges Gebäude, das ebenfalls mit dem Komplex verbunden ist.

Das Ensemble stellt also ein Zeugnis der fließenden Stadträume dar, die für die ersten Jahrzehnte der Nachkriegszeit ein Leitbild waren. Heute hat der Ort jene wenig großstädtische Anmutung, die man

——— Postscheckamt, Prosper Lemoine, 1965–71, Fassadendetails und Vorplatz mit Flügelbau heute

——— Postscheckamt, Prosper Lemoine, 1965–71, façade detail and forecourt with wing building as it looks today

in Berlin auch andernorts noch antreffen kann: mitten im Zentrum gelegen, zwischen belebten Orten der Kultur (das Hebbel-Theater am Halleschen Ufer, das Tempodrom, das Technikmuseum), aber im Vergleich zu den umliegenden Quartieren mit einer peripher zu nennenden Atmosphäre. Dass es solche Orte im Zentrum der Stadt noch gibt, ist vielen Berlinern peinlich. Aber nicht wenige sehen darin auch ein hoffnungsvolles Zeichen, dass in ihrer Stadt im Unterschied zu anderen europäischen Metropolen die Entwicklung weniger stark von der Bodenspekulation getrieben sein möge, dass am „Gabentisch" der Stadt das Gemeinwohl den Vorsitz haben könnte.

Zur Zeit arbeiten mehrere hundert Mitarbeiterinnen und Mitarbeiter der Post auf dem Gelände. Wegen des Poststandorts ist der Block als Gemeinbedarfsfläche ausgewiesen, was der Grund dafür sein dürfte, dass der Ort relativ lange der Aufmerksamkeit von Investoren entgangen ist: Denn von hier sind es nur wenige hundert Meter zum City-Areal des Potsdamer Platzes. Seitdem 2013 ebenfalls in relativer Nachbarschaft der westliche Teil des Parks am Gleisdreieck eröffnet worden ist und Planungen für einen hochverdichteten neuen Stadtteil begonnen haben, die „Urbane Mitte" am U-Bahnhof Gleisdreieck, erhöht die

although not quite typically urban, is still one that you can encounter elsewhere in Berlin. It lies right at the center of the city between other lively cultural locations (the Hebbel Theater at the Hallesches Ufer, the Tempodrom, and the Technical Museum), but in comparison to these surrounding quarters, it has an atmosphere that can really only be called peripheral. A lot of Berliners are embarrassed that there are still places like this in the center of the city. Yet some also take this as a hopeful sign: In their city, as compared to other European metropolises, development is driven less by real-estate speculation than by the common good of the people.

Currently several hundred postal employees work at this location. Due to the nature of the building's purpose, the block has been zoned as public-purpose land, which may be the reason that the location has escaped investor attention for some time now despite its several-hundred-meter proximity to the Potsdamer Platz city area. However, the pull of this area has been increasing, consequently driving up investor pressure significantly, especially since the western part of the Park am Gleisdreieck opened in 2013 in the neighborhood and plans have begun for a high-density new city quarter, the "Urbane Mitte" (urban center), around

Ausstrahlung dieses City-Bereichs den Investitionsdruck jedoch beträchtlich. Die Postbank hat den Standort verkauft und wird bis Ende 2016 ausziehen. Im Süden des Postscheckamts erstreckt sich bis zum Viktoriapark und Kreuzberg ein relativ intaktes Altbauviertel, im Osten und Norden das Gebiet am Anhalter Bahnhof und die südliche Friedrichstadt. Architektonisch und sozial bilden diese beiden letzteren eine sehr heterogene Stadtlandschaft aus, die als „innenstadtnahes Quartier für Wohnen und Arbeiten" zurzeit im Qualifizierungsfokus der Stadtentwicklung steht (vgl. Kapitel zum Kreuzberg Tower, S. 84–103).

—— Vorhaben

Unter dem Label „VauVau Vertical Village" entwickelt die CG Gruppe – die neue Eigentümerin des Postscheckamtes – zurzeit in sechs deutschen Großstädten Wohnraum in attraktiven, innenstadtnahen Lagen für eine Zielgruppe, die in Werbemedien als „Business Freestyler, Tiger Women und Best-Ager" adressiert

the subway station for Gleisdreieck. The Postbank sold the location and will move out by the end of 2016. A relatively intact quarter of older development remains, stretching to Viktoriapark and Kreuzberg to the south of the Postscheckamt. To the east and north lies the area around the former Anhalter train station and the southern edge of Friedrichstadt. Architecturally and socially these last two form quite a heterogeneous cityscape, which was designed as a "quarter for living and working close to the city center" during the time when the qualifying focus was on city development (see the chapter on the Kreuzberg Tower, page 84–103).

——— XBerg Tower, Eike Becker_Architekten, 2014, Visualisierung zum Umbau des ehemaligen Postscheckamtturmes. Der XBerg Tower wird das Berliner VauVau Village der CG Gruppe beherbergen.

——— XBerg Tower, Eike Becker_Architects, 2014, visualization of the renovation of the former tower of the Postscheckamt. The XBerg Tower will house the Berlin VauVau Vertical Village of the CG Gruppe.

—— Plan

The new owner of the Postscheckamt, the CG Gruppe has developed residential spaces in six German cities under the label "VauVau Vertical Village." Located in attractive locations close to the downtown, these buildings are developed for a particular target group, one they address in their advertising materials as "business freestylers, tiger women, and best-agers." In other words, residential space for discerning, highly qualified career nomads. The apartments offer little when it comes to square footage and can be rented out furnished, naturally with options for individualization, at prices above the going market rate. This price is justified by service offerings similar to a hotel: The facilities offer food shopping and gastronomy, as well as coworking spaces, car-sharing, fitness facilities, and a laundry service. Outsourcing household functions like these to communal facilities is interpreted as a sign of an urban village community—a place where people with similar values and backgrounds can also sensibly share things and structures.

wird. Soll heißen: Wohnraum für anspruchsvolle, hochqualifizierte Berufsnomaden. Die Apartments mit eher geringem Quadratmeterangebot können – selbstverständlich mit Individualisierungsoption – möbliert gemietet werden zu einem überdurchschnittlich hohen Preis. Dieser Preis rechtfertigt sich durch Serviceleistungen, die an ein Hotel erinnern: Die Anlagen bieten neben Nahversorgung und Gastronomie Coworking-Arbeitsplätze, Carsharing, Fitnesseinrichtungen und einen Waschdienst. Die Auslagerung solcher Haushaltsfunktionen in Gemeinschaftsanlagen wird als urbane Dorfgemeinschaft interpretiert, in der Menschen mit vergleichbaren Werten und Biografien auch Dinge und Strukturen sinnvoll miteinander teilen.

//

A city center has to be allowed to change. How brave this change is allowed to be—that's something to discuss in the Baukollegium.

——— Marc Schulte, district councilor, Charlottenburg-Wilmersdorf

Christoph Gröner, der Vorstandsvorsitzende der CG Gruppe, erläutert: „Das sind eher kleinere Wohnungen mit Zusatzflächen zum Arbeiten, Einkaufen und Freizeit auf den ersten zwei Etagen. Und trotzdem hab ich meine eigene Küche und mein Schlafzimmer. Man kann Angebote der Gemeinschaft nutzen, kann die Wohnung sehr leicht untervermieten – alles, um die wirtschaftliche Belastung zu reduzieren, um bestimmte ausgelagerte Funktionen des Lebens auf verschiedene Schultern umzuverteilen. Das sind Aufgaben, die die Immobilienbranche im Moment hat: das vergünstigte Bauen, die Flächenoptimierung, die flexiblen Wohnmodelle."

Ein solches Belegungskonzept der „Vertical Villages" für mittelfristiges Wohnen im mittleren Preissegment ist keine Neuheit in global vernetzten Großstädten. Was besonders ist am Konzept der CG Gruppe, ist die Transformation von Verwaltungsgebäuden der Nachkriegsmoderne, die als solche nicht mehr optimal genutzt werden können. „Diese Bestandsbauten stehen in Toplagen und wir haben den Nutzen dieser Ressource erkannt. Gerade die Verwaltungsbauten dieser Zeitschicht sind ja für die Büronutzung heute nicht mehr *state of the art*. Lüftung, Deckenhöhen und so weiter, das ist für die Neukonzeptionierung

Christoph Gröner, CEO of CG Gruppe, explains, "It's more like small apartments with offerings on the ground floor where I can meet up with friends. But I still have my own kitchen and bedroom. I can take advantage of communal services, can easily sublet the apartment—everything to reduce economic strain, to redistribute certain outsourced functions of life onto the shoulders of others. These are the tasks that the real estate industry is facing at the moment: reducing construction, optimizing surface space, and creating flexible models of living."

The allocation concept behind the vertical villages is not a new idea for medium-term, mid-price living options in globally networked cities. What is different about the concept of the CG Gruppe, however, is the transformation of administrative buildings of the postwar modern era, which can no longer be optimally used for what they were intended. "These existing buildings are in top condition, and we asked ourselves how we can put these resources to better use. Particularly the administrative buildings from this period are no longer state of the art for office use. Air circulation, ceiling height, and so on, these expectations have changed as far as offices are now concerned. But the room height is sensationally good for contemporary living," says Jürgen Kutz of the CG Gruppe.

//

Eine Innenstadt muss sich verändern dürfen. Wie mutig ein solcher Schritt sein darf, das kann man im Baukollegium diskutieren.

—— Marc Schulte, Bezirksstadtrat Charlottenburg-Wilmersdorf

CG Gruppe bought the Postscheckamt on Hallesches Ufer for its Berlin Vertical Village in 2014 from the Postbank. As of mid-2017, the high-rise is to be rebuilt as the XBerg Tower, and the attached flat buildings will be demolished. This leaves a lot of open space available for new urban development.

"This is a plot of land of over 31,000 square meters in a central location. Given the current preference for apartments, it will be interesting for our acquisition to develop this location that has been declared a core area into a mixed area," says Jürgen Kutz. According to the plan of the CG Guppe, around XBerg Tower the following types of land use will find a home: retail (thirty to forty percent), privately and publicly financed rental apartments, student housing, and possibly condos. This shows that the developer is aiming for a high level of mixing, both in usage type and population. On paper it looks like this kind of mixing actually could represent, on the one side, a link between the city areas around Potsdamer Platz and Urbane Mitte, and on the other side, between the socially and functionally mixed quarters beyond the Landwehrkanal and southern Friedrichstadt. Naturally this kind of carefully thought-out development also represents an opportunity to determine the direct

von Büros nicht mehr so geeignet. Aber die Raumhöhen sind für das zeitgemäße Wohnen sensationell gut", kommentiert Jürgen Kutz von der CG Gruppe.

Für ihr Berliner Vertical Village kaufte die CG Gruppe 2014 das Postscheckamt am Halleschen Ufer von der Postbank. Ab Mitte 2017 soll das Hochhaus als „XBerg Tower" umgebaut, die zugehörigen Flachbauten sollen niedergelegt werden. Damit steht auch der gesamte Freiraum für eine städtebauliche Neuplanung zur Verfügung.

„Das ist eine Grundstücksfläche von über 31.000 Quadratmetern in zentraler Lage. Auch unter der momentanen Präferenz für Wohnungen ist es für unsere Akquisition interessant, solch einen als Kerngebiet ausgewiesenen Ort als Mischgebiet zu entwickeln", sagt Jürgen Kutz. Im XBerg Tower und seinem Umfeld sollen nach dem Plan der CG Gruppe Gewerbeflächen (zu 30 bis 40 Prozent), freifinanzierte und geförderte Miet- und Studentenwohnungen und gegebenenfalls Eigentumswohnungen Platz finden. Schon von Entwicklerseite ist damit ein hoher Grad an Nutzungs- und Bevölkerungsmischung angestrebt, die auf dem Papier tatsächlich ein Gelenk darstellen würde zwischen den City-Bereichen am Potsdamer Platz und der „Urbanen Mitte" auf der einen, den sozial und funkti-

onal eher durchmischten Quartieren jenseits des Landwehrkanals und der südlichen Friedrichstadt auf der anderen Seite. Natürlich ist eine so durchdachte Entwicklung auch eine Möglichkeit, das unmittelbare Umfeld des Berliner Vertical Village im XBerg Tower zu bestimmen, der im Besitz des Investors verbleiben wird.

—— Entwurf

Im Auftrag der CG Gruppe hat das Büro Eike Becker_Architekten eine Studie zur Quartiersgestaltung und alternative Konzepte zur Verteilung der künftigen Baumassen erarbeitet. Die Varianten reichen von der Einbindung des Hochhauses in eine Blockstruktur bis zur Ergänzung mit weiteren Hochbauten zu einem aus dem Stadtkörper herausragenden Ensemble. In allen Varianten des Bebauungskonzeptes werden die Flachbauten des Postscheckamtes abgerissen, die Hochhausscheibe erhalten und Flächen im Nordteil des Gebietes zu seiner besseren Gliederung mit Flächen der angrenzenden Grundschule und Kindertagesstätte getauscht. „Wir fühlen uns

surroundings of the Berlin Vertical Village in XBerg Tower, land that will remain under the investor's control.

—— Design

Contracted by the CG Guppe, the office Eike Becker_Architects conducted a study on the shape and layout of the quarter and on alternative concepts for dividing up the area's future cubic capacity. The variations ranged from incorporating the high-rise into a block structure up to building further high-rises so as to form an ensemble of buildings rising above the existing city structure. In all variations of the development concept, the flat buildings of the Postscheckamt are torn down, the high-rise slab retained,

——— Ehemaliges Postscheckamt, Eike Becker_Architekten, 2014. Die Modelle zeigen vier von acht im Baukollegium besprochenen städtebaulichen Varianten.

——— Ehemaliges Postscheckamt, Eike Becker_Architects, 2014. The models show four of the eight planning variations discussed in the Baukollegium.

and a better organization for the area is established by switching spots in the north of the area with neighboring schools and day cares. "As the builder, we are the ones who come up with the ideas. Creating value isn't everything; we have too much responsibility for that. As the project developer of course you try to steer the thing in one direction. You try to avoid an urban-development competition because so many architects take part in those, and the results can be, to some extent, completely uncontrollable. That's why I decided to go with Eike Becker and take his variations to the Baukollegium," explains Christoph Gröner.

—— Baukollegium

The District Friedrichshain-Kreuzberg also feels the need to discuss the project in the Baukollegium. The leader of the department for city planning, Matthias Peckskamp, explains that, according to land-use planning from 1971, this area is zoned for postal usage. In a zoning plan from 2009, this usage is specified as located in the southern portion of the block.

als Ideengeber, als Bauherren. Wertschöpfung ist nicht alles, dafür haben wir zuviel Verantwortung. Aber als Projektentwickler versuchen Sie natürlich schon, den Standort in eine Richtung zu lenken. Man versucht, einem städtebaulichen Wettbewerb zu entgehen, weil so viele Architekten beteiligt sind und die Ergebnisse teilweise unkontrollierbar werden können. Deshalb habe ich entschieden, mit Eike Becker und seinen Varianten in das Baukollegium zu gehen", erklärt Christoph Gröner.

—— Baukollegium

Auch von der Seite des Bezirkes Friedrichshain-Kreuzberg besteht der Bedarf, das Projekt im Baukollegium zu bespre-

//

> There is such a thing as appropriateness on all sides. There is no mathematical way to measure this. One first has to debate and negotiate what is good and appropriate in this specific situation.
>
> —— Regula Lüscher, senate building director

chen. Der Leiter des Fachbereichs Stadtplanung Matthias Peckskamp erläutert, dass zum Grundstück im Bebauungsplan aus dem Jahre 1971 der Bedarf Post festgesetzt ist. Dieser Bedarf wird im Flächennutzungsplan von 2009 auf das südliche Teilstück des Blocks konkretisiert. Die Umsetzung des Projektes der CG Gruppe ist mit diesen Bestimmungen nicht kompatibel und erfordert planungsrechtliche Änderungen. Zudem wird sich das Vorhaben der CG Gruppe auf die umliegenden Quartiere in Hinblick auf die räumlichen, infrastrukturellen und sozialen Anschlüsse auswirken.

Überlegungen zur Aufwertung des Gebietes haben eine längere Vorgeschichte, die mit Entwürfen des Leiters der IBA Alt/Neu, Oswald Mathias Ungers, aus den frühen 1980er Jahren beginnen. Wo vor dem Zweiten Weltkrieg Großbeeren- und Hallesche Straße in einem rechten Winkel zusammen auf die Stresemannstraße stießen, wurde in der Nachfolge dieser Planungen Mitte der 1990er Jahre der rechtwinklige Ida-Wolff-Platz mit einer Grünanlage verwirklicht. Heute wirkt dieser Platz ein wenig isoliert und ermangelt einer sinnvollen städtebaulichen Einbindung.

Das Baukollegium befürwortet in der Sitzung im April 2014 grundsätzlich die Konzeption des Vorhabenträgers für ein

Implementing the project by the CG Guppe is incompatible with these requirements and would require legal zoning changes. In addition, the CG Guppe project would affect the surrounding quarter in terms of the spatial, infrastructural, and social connections.

Considerations about how to rejuvenate this area have a long history, beginning in the early nineteen-eighties with designs by the leader of the IBA Alt/Neu, Oswald Mathias Ungers. As a result of these designs, where once, before the Second World War, Grossbeerenstrasse and Hallesche Strasse came together and connected with Stresemanstrasse at a right angle, later, in the mid-nineties, the square-shaped Ida-Wolff-Platz was realized. Today the square has an air of being somewhat isolated, and it lacks sensible connection to the urban fabric around it.

In the session in April 2014, the Baukollegium approved the project developer's concept of a mixed quarter in which the Vertical Village is embedded. In particular, however, they should rethink the proportion and structure of the business spaces as convenient connections to public transportation suggest that in this downtown area there should be a higher proportion of business spaces. Furthermore, the Kollegium points out that in keeping with the *Wohnraumversorgungsgesetz* (a

//

Es gibt so etwas wie Angemessenheit in alle Richtungen. Es gibt dafür aber keine metrische Bestimmung. Was gut und angemessen ist an genau dieser Stelle, das muss man immer erst diskutieren und neu aushandeln.

——— Regula Lüscher, Senatsbaudirektorin

German law on safeguarding residential space), at least twenty-five percent of the living space will have to be reserved for affordable rental apartments.

The suggestions for urban development are discussed with particular care in the Baukollegium. In contrast to the present designs, a strongly diversified building typology should be developed here, which must be seen within the framework of incorporating the area further into the urban context. Above all, this has to do with the connection to Ida-Wolff-Platz and the question if Kleinbeerenstrasse can be restored in its earlier path. None of the studies present are able to sway the Baukollegium in these points. However, the Baukollegium is not calling for restoring the previous Berlin block structure, but instead the advisers advocate for interpreting the prewar structure more freely as a "historical trace." At the end of the discussion, the vote comes down for a thorough city-planning investigation in the form of a competition that can serve as the basis for developing, in dialogue with the District, restructured land-use planning. This means solid planning for the quarter should take place that codifies the project developer's concept as a duty to consider what this area will mean for the whole city.

durchmischtes Quartier, in das das Vertical Village eingebettet sein wird. Insbesondere über den Anteil und die Struktur für Gewerbeflächen sollte allerdings erneut nachgedacht werden, da die gute Anbindung an den öffentlichen Nahverkehr in diesem innerstädtischen Bereich einen eigentlich höheren Anteil nahelegen würde. Überdies weist das Kollegium darauf hin, dass im Zusammenhang mit der Verwirklichung des Wohnraumversorgungsgesetzes circa 30 Prozent des gesamten Wohnraums für bezahlbare Mietwohnungen vorzuhalten ist.

Besonders sorgfältig werden im Baukollegium die städtebaulichen Vorschläge diskutiert. Hier soll eine gegenüber den präsentierten Entwürfen stärker diversifizierte Gebäudetypologie entwickelt werden, die im Zusammenhang mit der Einbindung in den weiteren Stadtkontext gesehen werden muss. Das betrifft vor allem den Übergang zum Ida-Wolff-Platz und die Frage, ob die Kleinbeerenstraße in ihrem früheren Verlauf wiederhergestellt werden soll. Keine der vorgestellten Studien vermag in diesen Punkten das Kollegium zu überzeugen. Dabei wird eine Wiederherstellung der Berliner Blockstruktur nicht präferiert, statt dessen plädieren die Berater dafür, die Vorkriegsstruktur freier als

//

Welches Selbstverständnis hat ein Baukollegium? Im Prinzip geht es um die Qualität im Städtebau und in der Architektur. Diese Qualität ist eine kollektive Qualität, das heißt, sie geht eigentlich alle an.

—— Adolf Krischanitz, Mitglied des Baukollegiums 2008–2012

//

How does the Baukollegium see itself? It's principally about quality in city planning and architecture. This quality is collective. That means it affects everyone.

—— Adolf Krischanitz, member of the Baukollegium 2008–2012

——— Block 608, Sauerbruch Hutton mit sinai, 2014, Vogelperspektive des städtebaulichen Entwurfes. Sieger des Workshopverfahrens, zu dem sechs Architekturbüros eingeladen waren

——— Block 608, Sauerbruch Hutton with sinai, 2014, bird's-eye view of the design for urban development. Winner of the workshopping process. Six architectural offices had been invited.

„historische Spur" zu verstehen. Am Ende der Diskussion steht das Votum für eine umfassende städtebauliche Untersuchung in Form eines Wettbewerbs, die als Grundlage für eine dialogisch mit dem Bezirk entwickelte Neuaufstellung des Bebauungsplanes dienen kann. Hier soll eine solide Quartiersplanung entstehen, welche die Konzeption des Vorhabenträgers als Verpflichtung gegenüber der gesamtstädtischen Bedeutung des Areals festschreibt.

—— Überarbeitung

Drei Monate nach der Sitzung des Baukollegiums lobt die CG Gruppe einen städtebaulichen Ideenwettbewerb im Rahmen eines Workshopverfahrens aus. Von den Vorschlägen der sechs geladenen Büros bevorzugen die Gutachter das Konzept des Architekturbüros Sauerbruch Hutton. Der Entwurf arbeitet deutlich mit der Ausdifferenzierung von öffentlichen und privaten bzw. halböffentlichen Räumen. An der Ecke Großbeerenstraße und Hallesches Ufer ist die Neubebauung nicht bis an die Ufer-

—— Revision

Three months after the Baukollegium session, the CG Guppe sponsored a competition for urban-development ideas within the frame of a workshop process. Of the suggestions submitted by the six invited offices, the reviewers prefer the concept put forward by the architectural office of Sauerbruch Hutton. The design clearly differentiates between public, private, and semi-public spaces. On the corner of Grossbeerenstrasse and Hallesches Ufer, the new development does not go all the way up to the main road but instead makes an effort to maintain the current sense of a forecourt balancing the mass of the high-rise slab. Two main paths lead pedestrians past the future

——— Block 608, Sauerbruch Hutton mit sinai, 2014, Perspektive. Die Visualisierung veranschaulicht die städtebauliche Verdichtung des Quartiers in Richtung des XBerg Towers.

——— Block 608, Sauerbruch Hutton with sinai, 2014. The visualization illustrates how the quarter's urban development will grow denser towards the XBerg Tower.

XBerg Tower to the west and the east, ending up on a green promenade running from Ida-Wolff-Platz to Möckernstrasse. The building structures are compact. The streets bordering the block have large-format structures with inner courtyards; these become smaller and have no courtyards along the green promenade, which closes off the inside of the block in an east-west direction. In terms of urban development, the design mediates between the heterogeneous areas of the surroundings. The Grossbeerenstrasse is spatially conceived as one with the older buildings on the opposite side of the street, whereas the new buildings keep their distance somewhat from the heavily trafficked Hallesches Ufer. Their compact mass leads west away from the tower, which stands out like a solitaire gem, towards the neighboring courthouse of O. M. Ungers. The competition thus produced a design that does not deny the modernist character of the Postscheckamt but instead transforms it into a dense city quarter. Intimate spaces fill up the inside of the blocks in order to—reaching back to the older plans

straße herangeführt, sondern bemüht sich, die jetzige Vorplatzwirkung für die Masse der Hochhausscheibe zu erhalten. Zwei Hauptwege leiten Fußgänger westlich und östlich am künftigen XBerg Tower vorbei und führen schließlich auf eine Grünpromenade, die vom Ida-Wolff-Platz zur Möckernstraße läuft. Die Baumassen sind kompakt: großformatig mit Innenhöfen an den blockbegrenzenden Straßen, kleiner und ohne Höfe zur Grünpromenade, die das Innere des Blocks in west-östlicher Richtung erschließt. Städtebaulich vermittelt der Entwurf zwischen den heterogenen Bereichen der Umgebung: Die Großbeerenstraße wird zusammen mit den Altbauten der gegenüberliegenden Straßenseite räumlich gefasst; vom

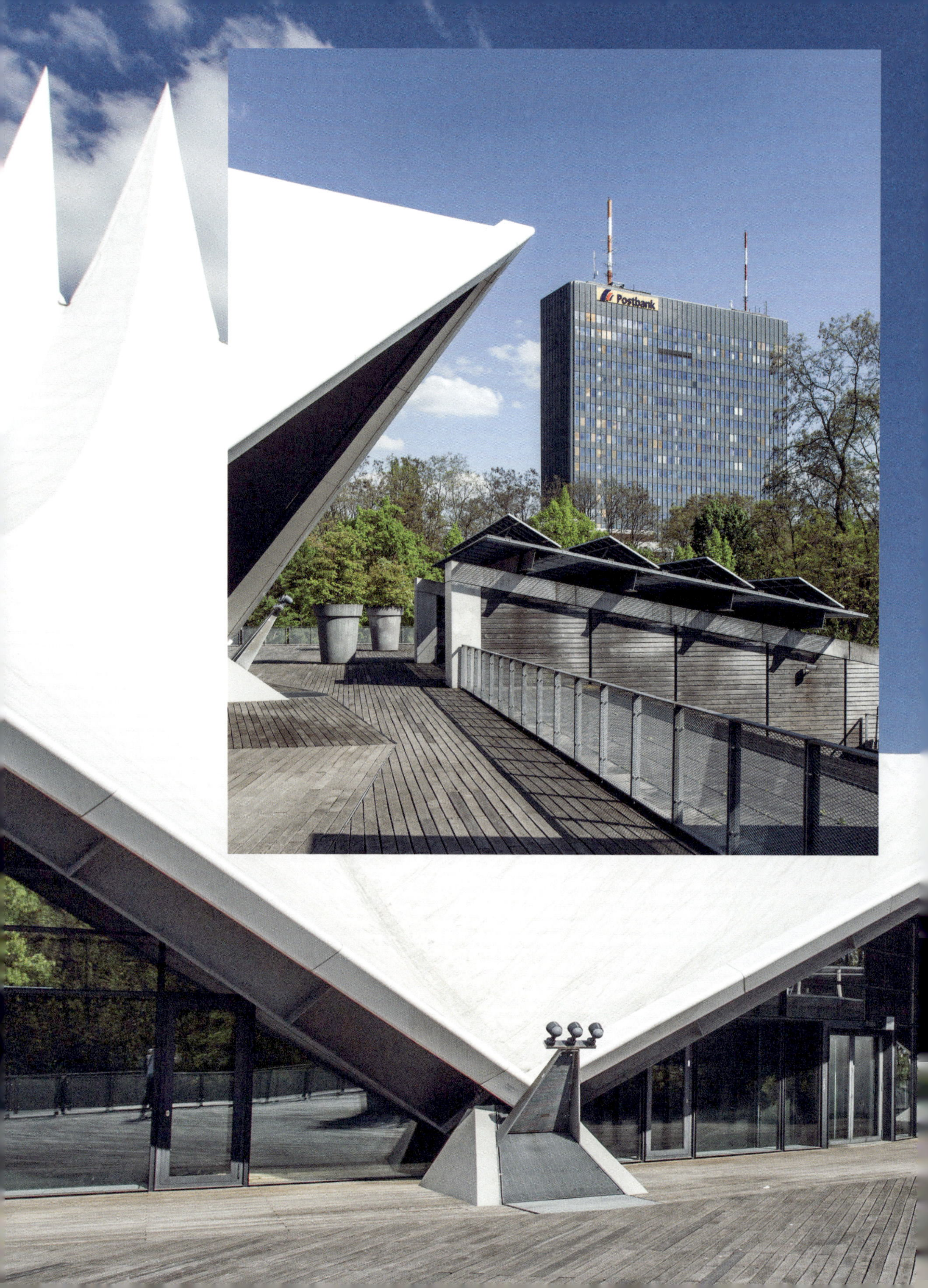
Postbank

——— Blick vom Tempodrom an der Möckernstraße zum benachbarten Postscheckamt, 2016

——— View from the Tempodrom on Möckernstrasse of the neighboring Postscheckamt, 2016

from the IBA—create a pedestrian-friendly city center again.
Zoning was changed in 2015, now defining the southern area of the block as a mixed area. Eike Becker_Architects will restructure the high-rise into the XBerg Tower with its vertical village. The other construction contracts will go to various architectural offices. The CG Guppe has declared themselves prepared to go above and beyond the twenty-five-percent ratio of affordable housing required by the "Berlin Model of Cooperative Site Development," which went into power in August 2014. They will plan over thirty percent of their housing as affordable housing in order to strengthen the social mixture of this quarter.

stark befahrenen Halleschen Ufer nehmen die Neubauten dagegen etwas Abstand. Ihre kompakten Massen leiten vom Solitär des Turms über zum westlich benachbarten Gerichtsbau von O. M. Ungers. Der Ideenwettbewerb hat einen Entwurf hervorgebracht, der den modernistischen Charakter des Postscheckamtes nicht negiert, den wenig urbanen Charakter seines Umfeldes aber zu einem dichten Stadtquartier transformiert. Im Innern des Blocks werden intimere Räume ausgebildet, um – die älteren Pläne der IBA aufgreifend – eine fußgängerfreundliche Innenstadt wiederzugewinnen.
Der Flächennutzungsplan wurde 2015 geändert und weist den südlichen Teil des Blocks nun als Mischgebiet aus. Eike Becker_Architekten werden das Hochhaus zum XBerg Tower mit dem Vertical Village umbauen, die übrigen Bauaufträge sollen an verschiedene Architekturbüros vergeben werden. Die CG Gruppe hat sich bereit erklärt, über das Maß des seit August 2014 anzuwendenden „Berliner Modells der kooperativen Baulandentwicklung" von 25 Prozent bezahlbaren Wohnraums auf über 30 Prozent hinauszugehen, um die soziale Durchmischung des Quartiers zu stärken.

Eine Wette auf die Zukunft

Betting on the Future

— Schultheiss Quartier

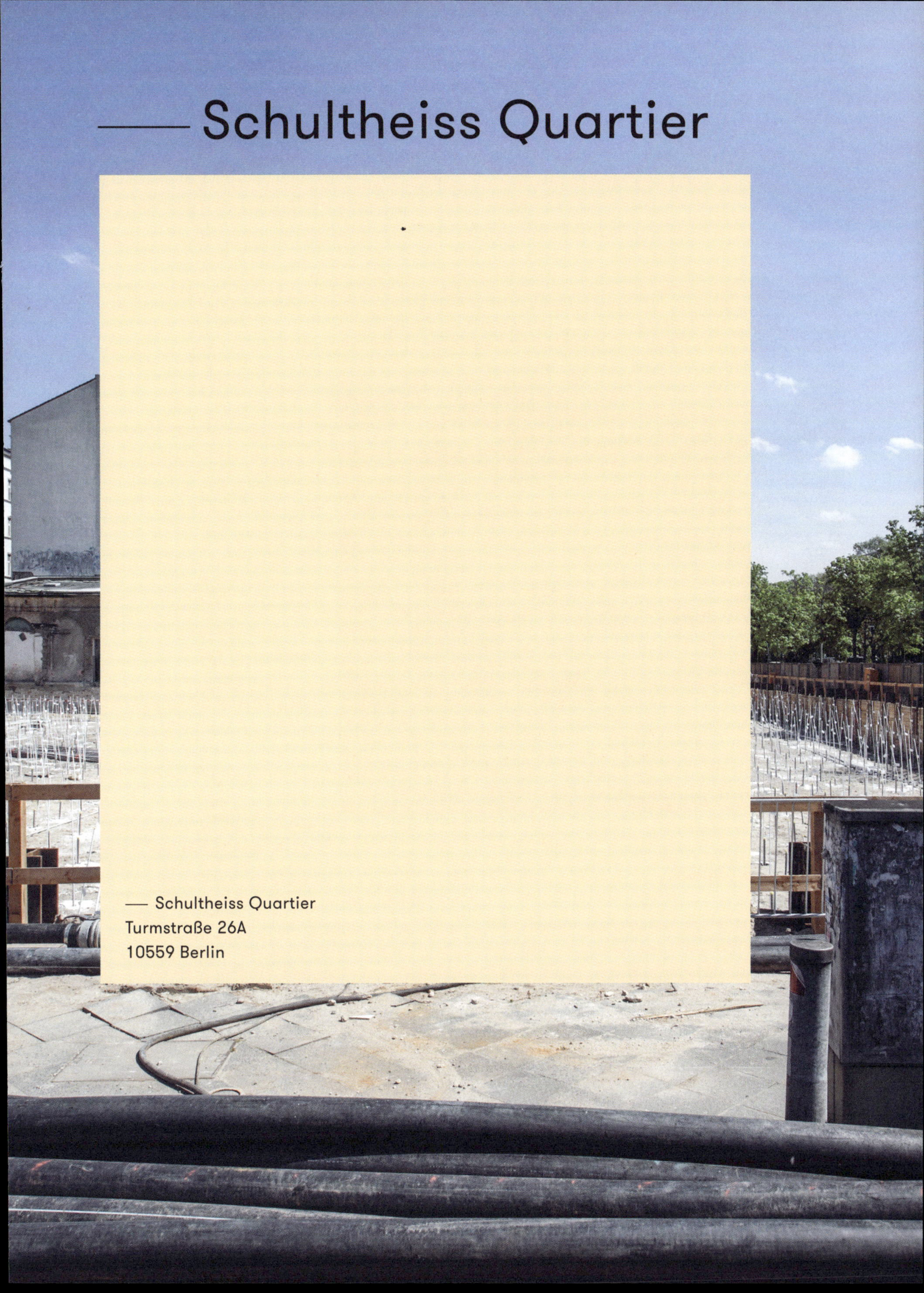

— Schultheiss Quartier
Turmstraße 26A
10559 Berlin

—— Topos

For some time now, it's been clear that leftovers from the industrial age make for an incredible spatial resource in city centers. As time passed, these buildings reached a point where they no longer suited their original purpose, or they witnessed industrial mass production be banned from residential zones. And so they were torn down, left vacant, or converted into something that offered craftspeople, DIYers, and artists productive spaces for living and working. But regardless of their usage or state of deterioration, these "cathedrals of work" never stopped shaping their urban fabric. By now, they undoubtedly can be said to be monuments forging the very identities of many European cities. Built as pragmatic, functional buildings, they surprise today's generation with how solidly built their structures are and how beautifully ornamental their architecture can sometimes be.

—— Topos

Seit längerem werden die innerstädtischen Zeugen des Industriezeitalters als großartige Raumressource entdeckt. Nachdem sie nicht mehr so recht dazu taugten, wofür sie einmal gebaut wurden oder die industrielle Großproduktion aus den dichten Wohnquartieren verbannt wurde, wurden sie abgerissen, standen leer oder boten Handwerkern, Bastlern und Künstlern eine fruchtbare Lebens- und Arbeits-

Schultheiss Quartier
Entwurfsplanung; Fassadenplanung
Design planning; Façade planning
Bauherr Builder **High Gain House Investments GmbH**
Architekt Architect **Entwurfs- und Objektplanung**
Design and building planning:
Pechtold Gesellschaft von Architekten mbH
Fassadenplanung Façade planning: **Max Dudler**
Bezirk District **Mitte**
Zeitraum Time Frame **2013–**
Größe Size L

stätte. Doch haben diese „Kathedralen der Arbeit" ungeachtet ihres Gebrauchs oder Verfalls niemals aufgehört, ihre Stadtviertel zu prägen und sie zählen inzwischen zweifellos zu den Identität gebenden Monumenten vieler europäischer Städte. Sie, die als pragmatische Zweckbauten erstanden sind, überraschen uns heute angesichts ihrer handwerklich solide ausgeführten und nicht selten auch reich geschmückten Architektur.

Ein prägnantes Beispiel dafür ist die ehemalige Schultheiss-Brauerei an der Kreuzung von Turm- und Stromstraße in Berlin-Moabit. 1826 begann hier der Aufbau einer Brauerei, die etappenweise mit all ihren Türmchen, Giebeln und Zinnen zu einem pittoresken Ensemble wuchs. 1980 wurde der Betrieb stillgelegt. Die mächtige gelbe Backsteinfassade des Industriedenkmals ist an der langgestreckten Front durch Rundbogenfenster und schmale Lisenen

The former Schultheiss brewery, located at the intersection of Turmstrasse and Stromstrasse in Berlin Moabit, is a prime example of this. In 1826, construction first began on this brewery, and piece by piece it grew into a picturesque ensemble replete with towers, gables, and battlements. Operations at the brewery were shut down in 1980. This monument to industry has a powerful yellow brick façade, which is visually structured by arched windows and pilaster strips on the building's elongated front. Looking at it, you can't fail to notice the influence of the Schinkel school, and yet, the singu-

gegliedert. Der Einfluss der Schinkelschule ist hier nicht zu übersehen, dabei sollen die Einzelformen und das Material an die romanisch-gotische Architektur der Mark Brandenburg erinnern. Die Lagerhäuser, Ställe und Schuppen auf dem großen Gelände sind teilweise abgebrochen worden, doch der Kern der Anlage um das Sudhaus und eine Reihe von Altbauten an der westlichen Flanke hatten zwischenzeitlich verschiedene Nachnutzungen erfahren. War dies lange hauptsächlich die (Kultur-)Produktion, ist – wie andernorts auch – der tertiäre Sektor auf den Trend eingeschwenkt, weil solche Bauten inzwischen nicht nur große Flächen, sondern auch gute Adressen versprechen.

—— Vorhaben

Auf dem Gelände der Brauerei soll also ein 30.000 Quadratmeter großes Shoppingcenter errichtet werden. Etwa 150 Geschäfte und ein Nahversorger als Ankermieter treten an, um die Kauflandschaft dieses Moabiter Kiezes neu zu definieren. Im ehemaligen Sudhaus entstehen Geschäfte und Restaurants. In den nördlichen, an der Strom- und Perleberger Straße gelegenen Neubauten, die das Sudhaus wie einen Mantel umschließen, soll der große Nahversorger

lar shapes and the material are reminiscent of the Romanesque-Gothic aspect in Brandenburg's brick architectural style. The warehouses, stables, and sheds on the large plot have to some extent been dismantled, but the core of the facility around the brewhouse and the row of older buildings on its west flank have been put to various uses. If this type of space has long primarily belonged to the sphere of (cultural) production, then the service sector has caught onto this trend, as can be seen elsewhere, too, because buildings like this have come to not just represent large areas to be used, but now they also promise to become prime locations.

—— Plan

A 30,000-square-meter shopping center is due to be built on the brewery's premises. Around 150 stores and a grocery store have stepped up as anchor tenants to redefine the shopping landscape of this Moabit neighborhood. Shops and restaurants will be moving into the former brewhouse. The large grocery store will be situated in the new construction that encases the brewhouse, and which runs along the northern edge of the property at Stromstrasse and Perleberger Strasse. Former auxiliary buildings in the west will house start-ups, small innovative companies, and artists at a low rental rate (EUR 5.00 to 7.50 per square meter), with the aim of revitalizing Moabit's compartmentalized entrepreneurial economy. This usage model met with success when applied in key areas of the Kreuzberg district, as detailed in the 2014 report on creative industries published by the Chamber of Commerce and Industry (IHK). By now, one in every five jobs created in Berlin is in this sector. Along the south side of the building that functions like a casing around the brewhouse (at Turmstrasse and Stromstrasse), a 300-room hotel will move into the top floors above the two-level shopping center. Hotels are still sprouting up like weeds in Berlin. In 2015, the city's twelve million tourists slept in 137,000 beds. They wander the streets, engaging in consumption. It is also for them that the polycentric city that is Berlin constructs its rambling and diverse cityscape.

The "Retail and City-Center Concept for Berlin Mitte," which was put together in 2009, cites an urgent need for action in Moabit's center at Turmstrasse. The accompanying report states that in this area there is "a considerable need for modernization and repair work. Overall, the streetscape is hardly inviting, and the street's character has been established partially by buildings that were never

situiert werden. Die ehemaligen Nebengebäude im Westen werden sogenannte Start-ups, kleine innovative Unternehmen, aber auch Künstler zu einer geringen Miete (EUR 5,00 bis 7,50 pro Quadratmeter) beherbergen und sollen die kleinteilige Erwerbsstruktur in Moabit beleben. Dieses Modell war in Kerngebieten des Stadtteils Kreuzberg sehr erfolgreich, wie es der Kreativwirtschaftsbericht der IHK aus dem Jahr 2014 darstellt. Mittlerweile entsteht jeder fünfte Arbeitsplatz in Berlin in diesem Sektor. In dem Mantelgebäude nach Süden (Turmstraße/Stromstraße) wird zusätzlich zu den zwei Geschossen des Shoppingcenters ein Hotel mit 300 Zimmern in die oberen Etagen einziehen. Hotels schießen in Berlin noch immer wie Pilze aus dem Boden. In 137.000 Betten übernachteten im Jahr 2015 zwölf Millionen Touristen in der Stadt. Sie flanieren und konsumieren und das polyzentrische Berlin baut auch für sie seine weitläufige und vielfältige Stadtlandschaft aus.

Das „Einzelhandel- und Zentrenkonzept Berlin-Mitte", das 2009 erarbeitet wurde, sieht für das Stadtteilzentrum Turmstraße einen dringenden Handlungsbedarf. Der zugehörige Bericht konstatiert für die Gegend, es bestehe ein „erheblicher Modernisierungs- und

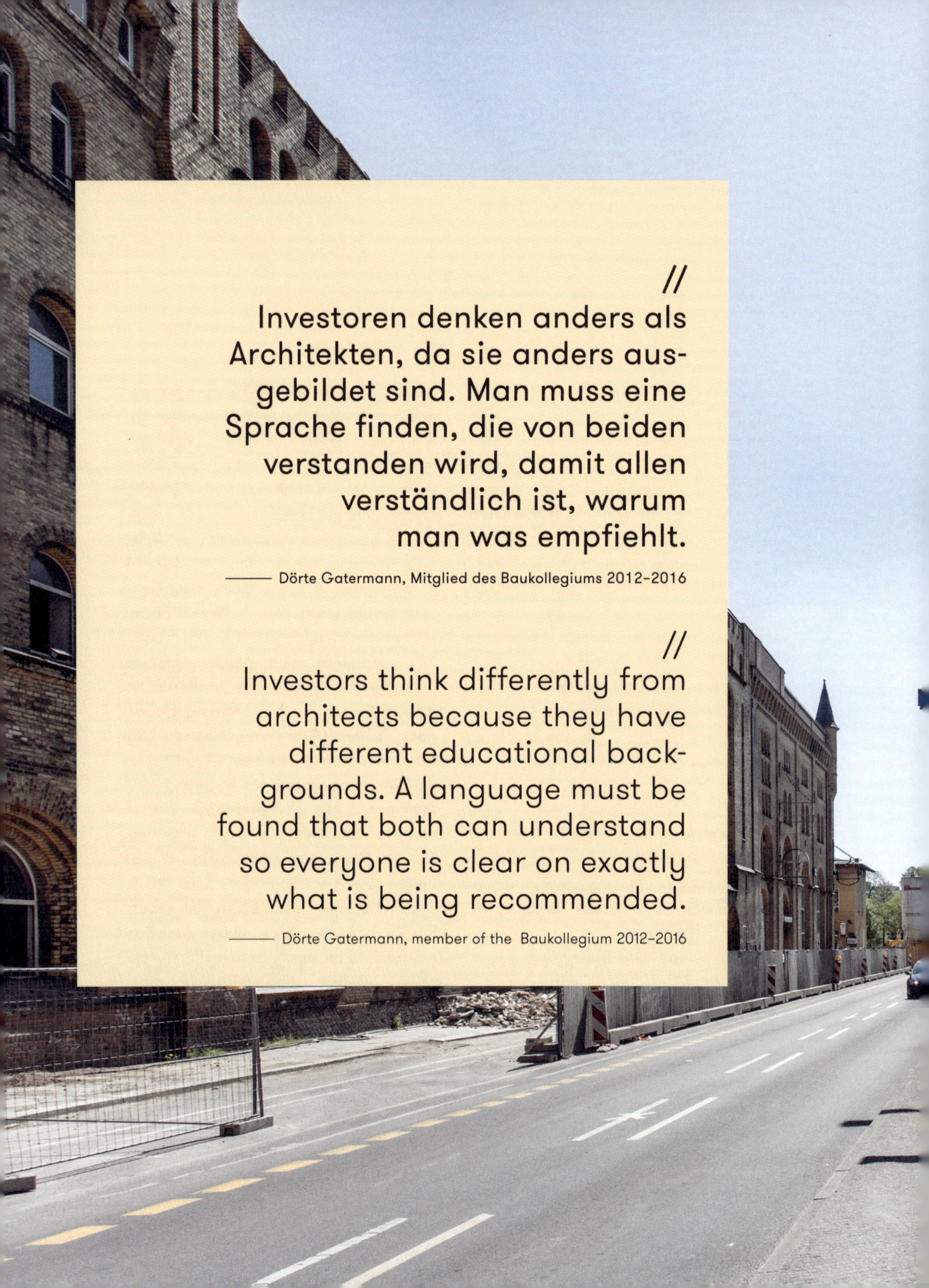

//

Investoren denken anders als Architekten, da sie anders ausgebildet sind. Man muss eine Sprache finden, die von beiden verstanden wird, damit allen verständlich ist, warum man was empfiehlt.

—— Dörte Gatermann, Mitglied des Baukollegiums 2012–2016

//

Investors think differently from architects because they have different educational backgrounds. A language must be found that both can understand so everyone is clear on exactly what is being recommended.

—— Dörte Gatermann, member of the Baukollegium 2012–2016

Bistro DEN

//

The Baukollegium is a forum of experts. They do not want to hinder things; they're here to help people find better architectural solutions.

—— Harald G. Huth, project developer

Instandsetzungsbedarf, da sich insgesamt ein wenig einladendes Straßenbild ergibt und sich der Charakter der Straße mit ihren teils provisorischen Gebäuden verfestigt hat." Die (Wieder-)Ansiedelung eines Kinos und sonstiger Kulturbetriebe könnte zusammen mit einer qualitativen und quantitativen Angebotsausweitung zur Aufwertung des Einkaufsstandorts Turmstraße führen. Der Baustadtrat des Bezirks, Carsten Spallek, wie ihn die Berliner Zeitung am 13. März 2014 zitiert, entnimmt Studien, dass viele Moabiter aufgrund des unzureichenden Angebots mit der U-Bahn zum Kurfürstendamm fahren würden. „Die Frage ist nur, ob das Geld hier oder woanders ausgegeben wird." Das Konzept des Entwicklers HGIH reagiert dementsprechend recht präzise auf diesen Befund.

—— Protest

Viele Moabiter werden sich über den Ausbau des Schultheiss-Areals freuen. Aber natürlich gibt es auch diejenigen, die solchen Plänen skeptisch entgegensehen. Sie sorgen sich um die Balance des angestammten Einzelhandels, und bei vielen wird die „Aufwertung des Einkaufsstandortes" so oder so nicht oben auf der Agenda stehen. Sie fürchten

intended to be more than provisional placeholders." The (re-)establishment of a movie theater and other cultural stakeholders, along with a qualitative and quantitative expansion of the area's offerings, would be an upgrade for the Turmstrasse shopping area. The district's planning director, Carsten Spallek, was quoted in the Berliner Zeitung from March 13, 2014, saying that studies have shown that many Moabit residents take the subway to the Kurfürstendamm area of Berlin because their area does not have sufficient shopping offerings. "The question is if the money will be spent here or somewhere else." With their concept, the developers working on the Schultheiss Quartier, HGHI, have reacted accordingly and precisely to these findings.

—— Protest

A lot of Moabit residents will be excited about the planned expansion to the Schultheiss plot. There are, however, of course those who react skeptically to plans like this. They are concerned about how this will affect the existing neighborhood stores, and for many, the idea of "upgrading a shopping area" is not a high priority anyway. They fear rising rents and the resulting displacement from their own neighborhood. From this

//

Das Baukollegium ist ein Forum von Fachleuten, die nicht Verhinderer sind, sondern einem helfen, architektonisch bessere Lösungen zu finden.

—— Harald G. Huth, Projektentwickler

point of view, HGHI's concept is a motor for transformation, which some think cannot be stopped anyway or which should not be stopped. The wheel of gentrification, which has been working its way through Berlin's downtown areas since reunification, has yet to roll through Moabit, with the exception of spots along the Spree River. It's really just a question of time, though, before the metropolis's growth and change make themselves felt more strongly in this area, due to the district's convenient proximity to old areas of Mitte, the governmental quarter, and City West.

Nonetheless, protests against the Schultheiss project have coalesced in the Initative Silberahorn e.V., and numerous neighborhood complaints have finally brought the building plans to a tipping point. At this point, however, a preliminary building permit has been granted, which allows the developer to implement their plans on the basis of a former zoning plan.

For most people, upheaval like this causes great unease. At the same time, however, it is unrealistic to expect Moabit to stay frozen in time in the face of its city's development. That which is old may still be workable, but without renovation and renewal, it will not last, and that which is new will surely do more than just keep its shiny promises. The question is what form

steigende Mieten und damit die Verdrängung aus ihrem Kiez. Das Konzept der HGIH wird aus dieser Perspektive als Motor einer Transformation gesehen, von der andere meinen, dass sie sich ohnehin nicht aufhalten lässt oder aufgehalten werden sollte. Das Gentrifizierungsrad, das sich seit der Wende durch die Berliner Innenstadtbezirke dreht, ist bislang in Moabit noch nicht stehengeblieben – die Quartiere unmittelbar an der Spree einmal ausgenommen. Da der Stadtteil aber sehr günstig neben der alten Mitte, dem Regierungsviertel und der City West gelegen ist, ist es wohl nur eine Frage der Zeit, bis Wachstum und Wandel der Metropole auch hier noch deutlicher spürbar werden.

In der Initiative Silberahorn e. V. hat sich jedenfalls der Protest gegen das Schultheiss-Projekt formiert, aber auch zahlreiche Nachbarschaftsklagen haben letztendlich den Bebauungsplan zum Kippen gebracht. Zu diesem Zeitpunkt lag allerdings schon ein positiver Bauvorbescheid vor, sodass der Entwickler sein Vorhaben auf der Grundlage des alten B-Planes auch umsetzen wird.

Den meisten Menschen bereiten Umbruchsituationen wie diese großes Unbehagen. Zugleich ist es unrealistisch, dass die Entwicklung der Metropole gerade in Moabit eingefroren werden

Schultheis
ZEPPELIN

——— Szene im Quartier, 2016. Kontraste werden entstehen.

——— Scene in the quarter, 2016. Contrasts will emerge

will this change take? In comparison, if you look at Berlin-Steglitz, you see that quite a few shopping malls have fostered a lively urban atmosphere without having robbed the longstanding neighborhood stores of their customers. However, this comparison may be a bit of a stretch, as Moabit does not (yet?) have an adjacent hinterland behind it of districts with purchasing power.

—— Design 1

The design formulated by HGHI's project developers establishes the Schultheiss brewery building as a monument and respectfully integrates it into the new larger site. The monument to Berlin's industrial culture is to be renovated to the highest standards, whereas the surround buildings are purposefully more understated in their architectural expressiveness. In the spirit of modernity, the building's various uses will be legible on its sleek rendered façade. The lion's share of the design's cubic capacity is planned along Turmstrasse. Here you'll also find entrances to hotels, parking garages, and—at the most prominent corner of Stromstrasse and Turmstrasse—the mall, distinguished by a setback of the bottom two floors. From here, the line is continued through the brewhouse up along the

könnte. Das Alte hält gerade noch, aber kann ohne Erneuerung auf Dauer nicht tragen, während das Neue sicher nicht nur seine glänzenden Versprechungen halten wird. Es geht darum, wie der Wandel gestaltet werden wird. Ein Blick nach Steglitz zeigt, dass sogar mehrere Shoppingmalls eine lebendige urbane Situation und die alteingesessenen Läden nicht unbedingt um ihre Existenz bringen müssen, doch hinkt der Vergleich auch, denn Moabit hat (noch?) nicht wie Steglitz ein „Hinterland" aus vielen kaufkräftigen Stadtteilen.

—— Entwurf 1

Der Entwurf des Vorhabenträgers HGIH stellt das Sudhaus der Schultheiss-Brauerei als Denkmal aus und integriert es respektvoll in die neue Gesamtanlage. Das Denkmal Altberliner Industriekultur soll hochwertig saniert werden und die Mantelgebäude werden bewusst in ihrer architektonischen Expressivität zurücktreten. Im Geist der Moderne sollen die unterschiedlichen Nutzungen an der schlichten Putzfassade allerdings ablesbar sein. Die größere Baumasse des Entwurfs ist entlang der Turmstraße angeordnet. Auch befinden sich hier die Eingänge zum Hotel, zur Tiefgarage und an der prominentesten Ecke von

—— Schultheiss Quartier, Rendering Straßenperspektive, Entwurf Pechthold Architekten. Schlichte funktionalistische Fassade mit Betonung des Eingangs in die Mall an der Ecke Stromstraße/Turmstraße

—— Schultheiss Quartier, rendering of the street perspective, design by Pecthhold Architects. Sleek functional façade emphasizing the entryway to the mall on the corner of Stromstrasse/Turmstrasse

Strom- und Turmstraße der Eingang zur Mall, markiert durch einen Rücksprung der beiden unteren Geschosse. Von hier führt eine lineare Erschließung durch das Sudhaus bis zum nördlichen Teil des Mantelbaus (Ankermieter). Außer einer L-förmigen Zuwegung für die rückwärtigen Altbauten werden an der Stromstraße aufgrund des unterschiedlichen Geländeniveaus keine weiteren Eingänge angeboten. An der Perleberger Straße wird die Bebauung in ihrer Höhe herunter gestaffelt. Intensiv begrünte Dachgärten sollen einen ökologischen Ausgleich zu der insgesamt dichten

northern edge of the surrounding building (which will house anchor tenants). Due to differing levels on the site itself, there will only be a single entrance on Stromstrasse, an L-shaped access path through the rear of the old buildings. The development's height will taper off at Perleberger Strasse. Well-developed rooftop gardens lush with greenery should serve as an environmental counterweight to the dense development. In renderings, these gardens make the built-up surface on the whole appear in a positive light.

—— Baukollegium

The solution presented by Pechthold Architects is, essentially, found to be conceptually strong, in terms of the division of space, the access system, and the blueprints. The Baukollegium's agenda also does not take any issue with this project's underpinnings, that is, to build a shopping mall with the goal of upgrading

——— Schultheiss Quartier, Rendering Vogelperspektive, Entwurf Pechthold Architekten. Eindruck des Gesamtensembles und Einbindung der Altbauten

——— Schultheiss Quartier, rendering of the bird's-eye view, design by Pecthhold Architects. Impression of the whole ensemble and the integration of the older buildings

Bebauung schaffen – und lassen in den Renderings die Größe der überbauten Flächen geschickt in einem positiven Licht erscheinen.

Baukollegium

Die vorgestellte Lösung der Architekten Pechthold wird konzeptionell in Bezug auf die Verteilung der Baumassen, das Erschließungssystem und die Grundrisse im Wesentlichen für gut befunden. Auch das grundsätzliche Anliegen, das Stadtteilzentrum Moabits durch eine Shoppingmall mit „Erlebnischarakter" aufzuwerten, wird in der Programmierung vom Baukollegium nicht infrage gestellt. Die Diskussion in der Sitzung entzündet sich an der Frage, in welcher Qualität dieser Aufwertungsbaustein auch architektonisch ausgeführt wird. Die innere Struktur der Mall steht nach Ansicht des Baukollegiums in einem Missverhältnis zu der architektonischen Ecklösung des Eingangsbereiches. Kritisiert wird insbesondere die Art

the experiential character of the district Moabit's center. In the session, debate is sparked by the question of which architectural quality this key to an upgrade should exhibit. The Baukollegium posits that the mall's inner structure stands in an unbalanced relationship to the architectural corner solution for the entryway. In particular, what has come under fire is the type and form of the façades, whose material (a thermal insulation system) is seen as too matter-of-fact. The Baukollegium would like to see the façades be used to clearly and regularly accentuate the divide between the various entrances

—— Schultheiss Quartier, Rendering Straßenperspektive, Entwurf Max Dudler Architekten. Ornamentierte Ziegelfassade

—— Schultheiss Quartier, rendering of the street perspective, design by Max Dudler Architects. Decorated brick facade

und Gestaltung der Fassaden, die in ihrer Materialität (ein Wärmedämmverbundsystem) als zu sachlich empfunden werden; das Baukollegium fordert, dass sie in deutlich rhythmischer Gliederung die unterschiedlichen Eingänge und Nutzungen akzentuieren sollten. Die richtige Balance zwischen Altbau und Neubauten müsse noch gefunden und im Erdgeschoss müssten die richtigen Akzente gesetzt werden. Während die Sprache der Architektur selbstverständlich zeitgenössisch sein soll, müsse das Vorgefundene auf angemessene Art fortgeschrieben werden. Das Baukolle-

and usages. The right balance between old and new building styles has not yet been struck, and the right emphases must be found for the ground floor. While the architectural language should, of course, be a contemporary one, that which took place earlier has to be upheld in an appropriate manner. The Baukollegium strongly recommends that the project developers consult with other architectural offices and request drawn-up suggestions from them so that they can reach the right and fitting mood for this location.

—— Design 2

Five designs for the façade were worked up for a competition process in spring 2015. Each aimed at designing a façade whose form displayed a clear through line. At the competition's close, two projects came out on top, both of which did not parcel out the larger structure

——— Schultheiss Quartier, Rendering Vogelperspektive, Entwurf Max Dudler Architekten. Das geradlinige Erschließungskonzept der Mall ist deutlich ablesbar.

——— Schultheiss Quartier, rendering of bird's-eye view, design by Max Dudler Architects. The straight-line access concept for the mall is clearly visible.

gium empfiehlt dem Vorhabenträger nachdrücklich, von mehreren Architekturbüros Vorschläge erarbeiten zu lassen, um eine passende Haltung zu diesem Ort zu gewinnen.

Entwurf 2

In einem konkurrierenden Verfahren werden im Frühjahr 2015 fünf Entwürfe zur Durchgestaltung der Fassade erarbeitet. Am Ende setzen sich zwei Projekte durch, die beide die große Baumasse nicht in einzelne Parzellen gliedern. Die Entwürfe der Architekten Max Dudler und Jörg Springer & Heidenreich setzen auf die konsequente Durcharbeitung einer Ziegelfassade, fassen die Baumasse zusammen und variieren das Thema Backsteinarchitektur. Die beiden Büros tun das auf sehr unterschiedliche Art und Weise: das Büro Springer sehr streng, formal aber virtuos in Bezug auf Proportion und Rhythmen. Das Büro Max Dudler legt einen überraschend spielerischen und ornamen-

into individual plots. The architects Max Dudler and Jörg Springer & Heidenreich put forth designs that work over the brick façade in a consistent manner, that coherently pull together the structure, and that offer variations on the theme of brick architecture. But the two offices take different approaches to get there. Springer's office has produced a design that is strict in its formality but also virtuous in its use of proportions and architectural rhythm. Max Dudler's office has created a surprisingly playful and ornamented design, which the project developer, supported in this by the jury's recommendation, has

TISCHTENNIS
Silo
BERGER
HENINGER
Haushalt | Möbel | Elektro
Einrichten und Renovieren.
Restposten

——— Straßenperspektive aus der Stromstraße, 2016. Der reich verzierte Altbau schafft die Adresse und die Identität des neuen Quartiers.

——— Street view from Stromstrasse, 2016. The richly detailed older building lends the new quarter its identity and top address.

tierten Entwurf vor, dem der Vorhabenträger, unterstützt durch die Empfehlung der Jury, den Vorzug gibt. „Mir gefiel der Entwurf des Büros Max Dudler einfach besser“, kommentiert Bauherr Huth das Ergebnis der Konkurrenz. „Er ist atmosphärischer und die komplexe Backsteinfassade passt gut an den Ort, das ist hier richtig!“
Welche Effekte dieser Stadtbaustein nach seiner Realisierung für Moabit auf der Soll- und auf der Habenseite verbuchen wird, daran werden sich die momentanen Versprechungen und Schreckensszenarien messen lassen müssen. Das Baukollegium hat darum gerungen, dass er architektonisch und städtebaulich bestmöglich integriert und aus dem Schultheiss-Gelände kein introvertiertes Zentrumssurrogat wird. Die Architektur des Siegerentwurfes bemüht sich nicht nur darum, funktional und atmosphärisch Anschluss an das Quartier zu ermöglichen, sondern greift auf anspruchsvolle Weise die architektonische Identität des stadtbildprägenden Bestands auf und thematisiert zugleich mit ihrer zeitgenössischen Interpretation der Backsteinarchitektur den sozialen und ökonomischen Strukturwandel.

selected. The builder Huth comments on the competition, “The design by Max Dudler’s office just appealed to me more. It has more atmosphere, and the complex brick façade suits this location. It’s a good fit!”
What effect this urban keystone will rack up in debit and credit for Moabit after its construction—this is what the momentary promises and horror stories will have to be judged by. The Baukollegium fought for it to be as integrated as possible in terms of architecture and city planning and to ensure that the Schlutheiss site did not just become an introverted stand-in for a city center. The winner’s design not only makes an effort to facilitate a functional and atmospheric connection to the quarter, it also captures the architectural identity of an existing urban landmark in a sophisticated manner while simultaneously thematizing social and economic structural change with its contemporary interpretation of brick architectural style.

—— Ambitionen kultivieren

—— Cultivating Ambitions

Estrel Tower

— Estrel Tower
Sonnenallee 230
12057 Berlin

—— Topos

„Läge das Estrel irgendwo in der Innenstadt, dann wären die Leute dauernd unterwegs. Hier in Neukölln bleiben sie im Hotel." Dies ist nur eines der Argumente, mit denen Ekkehard Streletzki skeptischen Gesprächspartnern gegenüber immer wieder die Wahl des Standorts für sein Hotel Estrel, Deutschlands größten Hotelkomplex, begründet. Wichtiger ist sicher, dass hier am südöstlichen Rand der Berliner Innenstadt vor allem viel und preisgünstige Fläche vorhanden ist für Streletzkis ambitionierte Pläne. Zusammen mit den verkehrstechnischen Vorteilen – dem Ausbau der A 100 vom Dreieck Grenzallee in Richtung Lichtenberg und die Nähe zum künftigen Berliner Großflughafen – kommen so die Koordinaten zusammen, die den Erfolg seines Kongresshotels auch in Zukunft wahrscheinlich machen. Dass der Geschäftsmann den Mangel an touristischer Attraktivität des Umfeldes augenzwinkernd als Standortvorteil quittiert,

—— Topos

"If the Estrel were downtown somewhere, then everyone would just constantly be out and about. Here in Berlin Neukölln, they stay in the hotel." This is just one of the arguments Ekkehard Streletzki uses when explaining to skeptical discussion

partners why he chose the location he did for the Hotel Estrel, Germany's largest hotel complex. Certainly, a more important reason is the fact that there's plenty of space at good rates for Streletzki's ambitious plans here at the southern edge of Berlin's city center. A further advantage is the location's traffic connections. The A 100 highway is being extended from the junction Dreieck Grenzallee towards Lichtenberg, and Berlin's future hub airport will be close by. Taken together, all these coordinates point towards the probable future success of Streletzki's conference hotel. While the business man may dismiss the lack of tourist attractions in the surrounding neighborhood with the tongue-in-cheek explanation that it is a tactical advantage, it does cause concern for some that the Estrel will become a self-involved island with nothing to connect it to the surrounding quarter. For a convention center that wants international recognition, this

bereitet indessen auch manch einem Sorgen, der im Estrel vor allem eine selbstbezogene Insel sieht, die sich nicht mit den umliegenden Quartieren verbindet. Für ein Kongresszentrum, das eine globale Geltung anstrebt, wird dieser Widerspruch auch kaum vollständig zu lösen sein.

Estrel Tower

Machbarkeitsstudien; Analyse der städtebaulichen Einordnung; Siegerentwurf Architekturwettbewerb
Feasibility study; assessment of the urban development arrangement; winning design from the architectural competition

Bauherr Builder Ekkehard H. Streletzki

Architekt Architect Städtebauliche Einordnung Urban development arrangement: Heike Hanada Architektonischer Entwurf Architectural design: Barkow Leibinger

Bezirk District Neukölln

Zeitraum Time Frame 1999–

Größe Size L

//

Of course it's great that Neukölln is changing. But if the city becomes too expensive for people, that's no good either. Berlin shouldn't become another London.

——— Ekkehard Streletzki, builder

Dabei ist Neukölln inzwischen nicht mehr nur als Problembezirk bekannt, sondern längst in die erste Phase jener Aufwertung eingetreten, die als Gentrifizierung in allen Metropolen zu beobachten ist. Die hippen Straßen und Lokale sind allerdings vom Ende der Sonnenallee noch recht weit entfernt. Und vorerst darf bezweifelt werden, dass diejenigen, die sie durchstreifen, ähnliche Vorstellungen von Urbanität haben wie das Zielpublikum des Estrel.

Wer Spaß hat am Erkunden von Stadtlandschaften, findet in der Gegend um das Estrel allerdings ein wenig bekanntes, dafür aber hochinteressantes Terrain. An kaum einer anderen Stelle scheidet die Berliner Ringbahn die innerstädtischen Quartiere so deutlich von einem Gebiet mit peripherem Charakter wie an ihrer südöstlichen Kurve. Wo Ringbahn und Neuköllner Schifffahrtskanal zueinander treten, bilden sie einen Gürtel, der innen die dichte Blockrandbebauung zusammenbindet und sich außen auf eine Gegend öffnet, in der sich die verschiedenen Phasen der europäischen Stadtentwicklung des 20. Jahrhunderts zu erkennen geben. Hier, am Rand des ehemaligen West-Berlins, hat sich die spezielle politische Geschichte der Stadt eingeschrieben: neben ausgedehnten Industriegebieten

kind of contradiction will hardly ever be fully resolved.

These days Neukölln is no longer seen of as as much of a problem zone as it once was; it's already entering its first phase of rejuvenation, the gentrification that can be seen in all metropolises. But the hip streets and shops are still some ways away from the end of the Sonnenallee. And for the time being, one could say that those who wander these hip streets don't exactly have the same idea of urbanism as the target group for the Estrel does.

But for those who enjoy exploring new city landscapes, they will find in the region around the Estrel a little known but highly interesting terrain. The Berlin Ringbahn (the high-speed line that encircles the city) divides the downtown quarters from their periphery nowhere as clearly as it does at its southeast curve. Where the Ringbahn and the Neuköllner Schiffahrtskanal (Neuköllner Ship Canal) meet, they form a belt that ties off dense perimeter blocks on the inside, while on the outer edges, it opens onto a region that features signs of many different phases of twentieth-century European urban development. Here at the edge of former West Berlin, the city's specific political history has carved itself into the area. Colonies of small rental garden plots sit next to expansive industrial regions, and the area

//

Es ist natürlich toll, dass sich Neukölln verändert. Aber wenn die Stadt zu teuer wird für die Menschen, ist das auch nicht gut. Berlin soll kein zweites London werden.

——— Ekkehard Streletzki, Bauherr

offers a veritable catalogue of housing typology: from small houses to row houses to cooperative living through to large housing estates (*Großwohnsiedlung*).
At this interface between a compact urban setting and the extra-large flowing space of mobility, the entrepreneur Ekkehard Streletzki built his first Hotel Estrel in 1994/95. Expanded with additional structures, this developed into an important convention center over the course of the next decades.
For those coming from center city, the construction of the Estrel seems a solid wall, spatially organized by the narrow spaces between the individual blocks and by the offsets in height and changes in façade material. The highest structure of the ensemble slopes diagonally south, forming a triangular surface facing Sonnenallee. And so the mass of the existing Estrel marks once more the belt formed by train and canal, the line that divides the two urban atmospheres so clearly. In contrast, if you look to the southeast, your gaze gets lost in a horizon peppered with insignificant low-rise buildings, traffic installations, and vegetation. On the side of the street directly across from the Sonnenallee, there are 35,000 square meters of land, which Streletzki has bought up piece by piece, mostly from the Alcatel firm, which produced cable here until 1999.

finden sich Kleingartenkolonien und fast so etwas wie ein Katalog der Siedlungstypologie, von Klein- und Reihenhäusern über die Genossenschafts- bis hin zur Großwohnsiedlung.
An dieser Schnittstelle zwischen kompakter Stadtgestalt und den großformatigen Fließräumen der Mobilität hat der Unternehmer Ekkehard Streletzki 1994/1995 sein erstes Hotel Estrel realisiert, das sich im Verlauf der 1990er Jahre und mit weiteren Ausbauten im vergangenen Jahrzehnt zu einem bedeutenden Convention Center entwickelte.
Der Bau des Estrel präsentiert sich dem aus der Innenstadt Kommenden als eine Wand, die durch schmale Leerräume zwischen den einzelnen Blöcken sowie durch Höhenversprünge und Wechsel im Fassadenmaterial gegliedert ist. Der höchste der Baukörper des Ensembles schrägt sich nach Süden hin diagonal ab und bildet so eine dreieckige, zur Sonnenallee zeigende Stirnseite aus. Die Masse des bestehenden Estrel markiert damit noch einmal den Gürtel aus Bahn und Kanal, der die beiden städtischen Atmosphären so deutlich scheidet. Nach Südosten verliert sich dagegen der Blick in einer von insignifikanten Flachbauten, Verkehrsanlagen und Vegetation durchbrochenen

Horizontlinie. Direkt auf der gegenüberliegenden Seite der Sonnenallee befindet sich ein 35.000 Quadratmeter großes Gelände, das Streletzki Stück für Stück gekauft hat, etwa von der Firma Alcatel, die hier bis 1999 Kabel produziert hat.

—— Vorhaben

Durch den großen Erfolg des Hotels und seines angegliederten Convention Centers hatte Streletzki bereits Anfang der 2000er Jahre den Plan zu einer großzügigen Erweiterung gefasst. 2006 wird dieser jedoch von der Berliner Senatsverwaltung abgelehnt. Beanstandet wird an der Planung vor allem die Integration einer Shoppingmall, deren Größe als Gefährdung des Einzelhandels an der nahe gelegenen Karl-Marx-Straße, im Zentrum des innerstädtischen Neukölln, eingeschätzt wurde. „Der Bezirk war damals allerdings der Meinung: wenn man das Einkaufszentrum nicht hier baut, dann baut es irgendjemand an der Stadtgrenze auf dem Weg nach

—— Plan

Due to the extreme success of the hotel and its affiliated convention center, Streletzki had already drafted plans in the early two-thousands to generously expand the development. But the Berlin Senate administration turned these

down in 2006. The planning was rejected mainly because of how it incorporated a shopping mall, whose size was estimated to be a threat to retail shopping on the nearby Karl-Marx-Strasse, which lies at the center of downtown Neukölln.

"The District at the time was of the opinion, however, that if we didn't build a shopping center here, then someone else would build it at the edge of the city on the way to Schönefeld Airport. And if that's the case, then you might as well do it here. No one conveyed any reservations about including shopping at this location," remembers Ekkehard Streletzki. "One or two days before the building permission was supposed to be granted, I received a Senate-level rejection for my project at the same time as the position of senator of urban development was changing over. It was a bitter pill for me to swallow, and it cost me more than one and a half million. Everything had already

Schönefeld. Und dann doch lieber hier. Bedenken zu dem Standort für Shopping hatte man mir nicht übermittelt", erinnert sich Ekkehard Streletzki. „Ein oder zwei Tage, bevor die Baugenehmigung erteilt werden sollte, kam dann von der Senatsebene die Absage für mein Projekt, zeitgleich mit dem Wechsel in der

——— Estrel-Parc Center, nhp Partnership, 2005, Visualisierung. Das Einkaufszentrum an der Sonnenallee war Teil einer ersten Planung zur Erweiterung des Hotels Estrel.

——— Estrel-Parc Center, nhp Partnership, 2005, visualization. The shopping center on Sonnenallee was included in the initial plans for expanding the Hotel Estrel.

Position des Stadtentwicklungssenators. Das war ein bitterer Schlag für mich, der mich mehr als anderthalb Millionen gekostet hat. Es war ja schon alles vermietet! Danach habe ich meine Vorhaben auf dem Grundstück erst einmal ein paar Jahre ruhen lassen.“

—— Entwurf

2012 stellt Streletzki dem Bezirk Neukölln ein überarbeitetes Konzept vor, das eine Erweiterung aus einem Hotelturm, einer weiteren Convention Hall, einem Bürohaus und einem Parkhaus für das Gelände am Zwickel zwischen Sonnenallee und Schifffahrtskanal vorsieht. In diesem Plan waren die großen Einzelhandelsflächen nun nicht mehr enthalten. Die hohe Nachfrage an Veranstaltungsflächen und das steigende Prestige Berlins als Messe- und Kongressstadt erlauben auch ohne sie ein solides Finanzkonzept für den Großkomplex. „Am Ende war ich ganz froh, dass ich mir den Bauplatz für den Tower nicht verbaut habe. Denn jetzt wollte ich

been rented out! After this happened, I let my project for this plot of land just sit for awhile.”

—— Design

Streletzki presented a revised concept to the District of Neukölln in 2012 that

included an extension consisting of a hotel tower, a further convention hall, an office building, and a parking garage for the fork of land between Sonnenallee and the ship canal. The large areas of retail space had been cut from this plan. Even without retail, the project represented a solid financial concept for the megacomplex due to high demand for event spaces and the growing prestige Berlin was gaining as a city for trade fairs and conventions.

"At the end of the day I was quite happy not to have built over the construction site for the tower. Now what I wanted was to plan something more meaningful. In most cities of the world, a building of this height isn't anything particularly unusual. But in Berlin, and in this area, it certainly is." Streletzki's essential idea behind this concept is to give the whole ensemble and the urban development around Sonnenallee a certain distinctiveness with a 176-meter-tall hotel tower. The builder,

etwas Bedeutenderes planen. In den meisten Städten der Welt ist ein Haus in dieser Höhe ja nichts allzu Außergewöhnliches. Aber in Berlin und an dieser Stelle schon." Streletzkis Grundidee bei diesem Konzept ist es, mit einem sehr hohen Turm für das Hotel (176 Meter) seinem gesamten Ensemble und der städtebau-

——— Estrel Tower, Ekkehard Streletzki, 2012, Blick vom Ufer des Neuköllner Schifffahrtskanals. Die Visualisierung eines etwa 180 Meter hohen Turms als Erweiterung des Hotels Estrel wurde nach Entwürfen des Bauherrn angefertigt.

——— Estrel Tower, Ekkehard Streletzki, 2012, view from the bank of the Neuköllner Schiffahrtskanal. The visualization of a 180-meter-tall tower as an expansion of the Hotel Estrel was completed according to the builder's designs.

ECHTEL
BRECHTEL
5.5m
5.5m
BRECHTEL
BRECHTEL
NIEMEIER MIETSTATION
MAX BÖGL

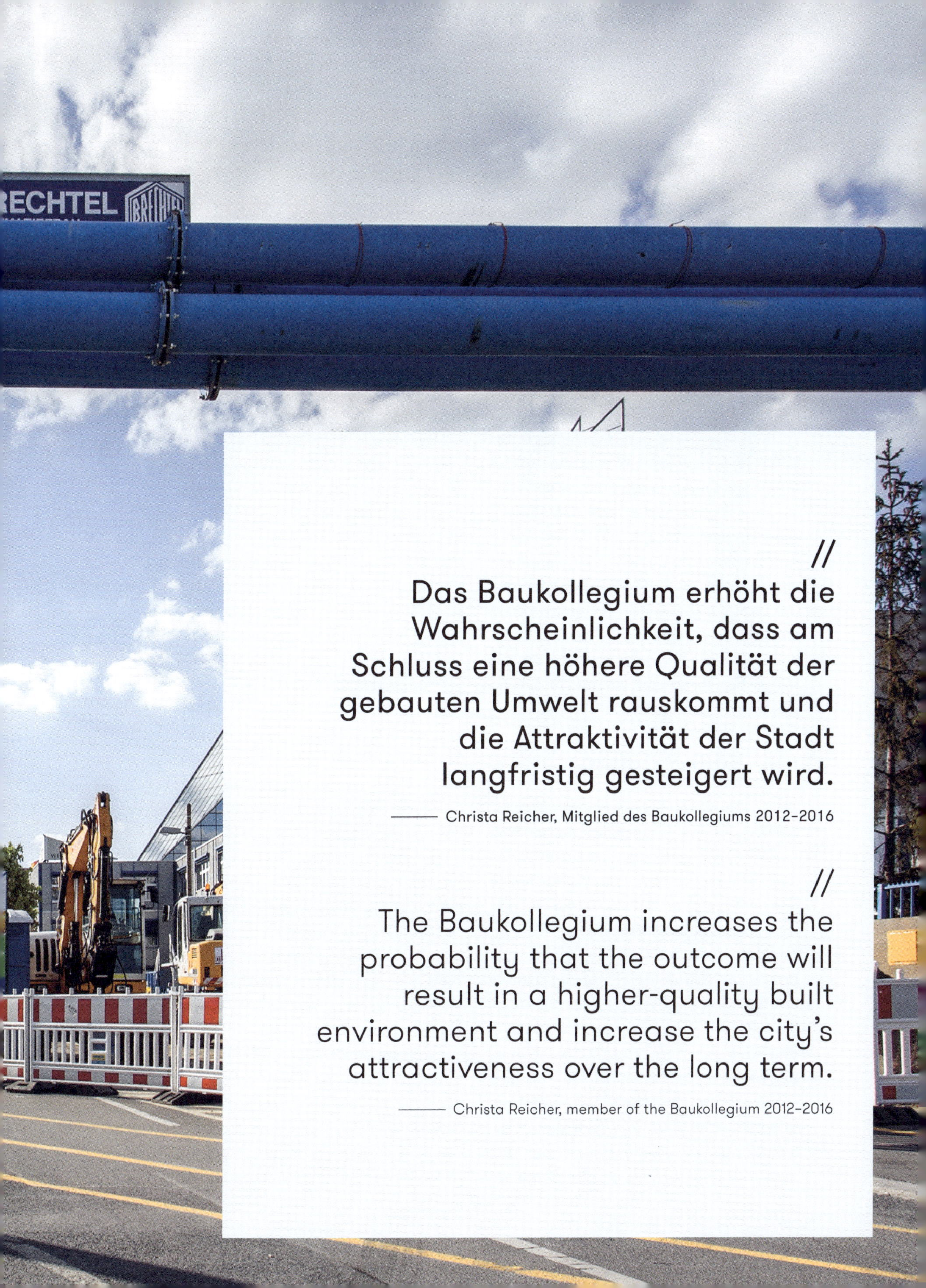

//

Das Baukollegium erhöht die Wahrscheinlichkeit, dass am Schluss eine höhere Qualität der gebauten Umwelt rauskommt und die Attraktivität der Stadt langfristig gesteigert wird.

—— Christa Reicher, Mitglied des Baukollegiums 2012–2016

//

The Baukollegium increases the probability that the outcome will result in a higher-quality built environment and increase the city's attractiveness over the long term.

—— Christa Reicher, member of the Baukollegium 2012–2016

//

People suspect me of being too investor-friendly. Even just wanting to negotiate things with investors makes me somehow suspect. Citizens think there are rules and these have to be upheld. But it is much more complicated than this. There is no blueprint for quality when it comes to architecture and city planning.

—— Regula Lüscher, senate building director

lichen Situation an der Sonnenallee eine besondere Markanz zu verschaffen. Der Bauherr, der selbst aus dem Bereich des Bauingenieurswesens kommt, fertigt dafür eigene Entwürfe an. Ein wesentliches Element in Grundriss und Gestaltung soll das Dreieck sein, um einen Bezug herzustellen zum bestehenden Estrel auf der nördlichen Seite der Sonnenallee. Der Bebauungsplan für das Areal sah allerdings eine Begrenzung der Gebäudehöhe auf etwa 67 Meter vor, weshalb der Träger des Vorhabens um eine Änderung des damals gültigen B-Planes ersucht.

—— Baukollegium

Zur Vorbereitung dieses zweiten Bauvorhabens auf dem Grundstück an der Sonnenallee mit seiner gesamtstädtischen Ausstrahlung werden die Vorhabenträger im November 2012 zu einer Sitzung des Baukollegiums eingeladen. Die Architektin Heike Hanada stellt eine vom Bauherrn beauftragte städtebauliche Analyse zum Projekt vor, derzufolge sich eine Begründung für das Hochhaus – das nach dem Fernsehturm das höchste Bauwerk Berlins werden würde – aus der unmittelbaren Umgebung zwar nicht ableiten lässt. In einer übergeordneten Betrachtung der Verteilung von Hochhäusern in Berlin ergibt sich allerdings ein

who himself worked in the field of civil engineering, put together his own designs for the project. As a way to reference the existing Estrel building on the north side of Sonnenallee, the triangle is to take on special significance in the floor plan and the building's shape. Land-use planning had, however, limited building height in the area to 67 meters, which is why the project developers requested that the zoning restrictions be changed.

—— Baukollegium

The project developers were invited to a Baukollegium session in November 2012 as part of the preparations for the second building project on the plot of land at Sonnenallee, a project that will affect the cityscape as a whole. The architect Heike Hanada presented an urban-development analysis of the project, which had been contracted by the builder. According to her assessment, the immediate area itself may not necessarily offer any justification for a high-rise in this particular location—a building that would be the tallest construction in Berlin after the television tower. Yet, when one considers Berlin as a whole and how high-rises are distributed throughout the city, there is a sensible reason for high-rise placement here: Distinctive tall buildings are found

//

Ich stehe unter dem Verdacht, zu investorenfreundlich zu sein. Überhaupt mit Investoren etwas aushandeln zu wollen, ist ja schon verdächtig. Der Bürger denkt, da gibt es Regeln und die sind einzuhalten. Aber das ist viel komplizierter. Es gibt bei Architektur und Städtebau kein Schema für Qualität.

——— Regula Lüscher, Senatsbaudirektorin

in city-center clusters—such as at Potsdamer Platz, Breitscheidplatz, and Alexanderplatz—and at clear points along the Berlin ring around the city center—radio tower and the ICC, the high-rise office buildings in Steglitz and in Hohenzollerndamm, the Treptowers, and so on. In a figurative sense, these points create a situation that resembles the historic gates to the city: They help people orient themselves when they are approaching the city from outside or are circling it on the Ringbahn or city highway. When it comes to an extreme building height within the Berlin context, the assessment claims that there is neither a reason for nor against placing a high-rise there. The plot of land functions as a transition between a relatively small-scale block structure and a large-scale industrial area. Furthermore, one can deduce from the construction's striking nature, which forges a clearly visible location, that there will be a duty to incorporate the complex into its surroundings through sensible city planning. The Baukollegium particularly stresses this point.

While they welcomed Streletzki's project as a whole, the Baukollegium recommended paying particularly close attention to integrating the ground-level zones into the urban setting. This way public spaces and uses can be created that not

sinnvoller Zusammenhang: Markante Hochbauten finden sich nämlich außer an den innerstädtischen Clustern, wie etwa am Potsdamer Platz, Breitscheidplatz und Alexanderplatz, auch an prägnanten Stellen des Berliner Rings um die Innenstadt (Funkturm und ICC, Steglitzer Kreisel, Verwaltungshochhaus am Hohenzollerndamm, Treptowers u. a.). In einem übertragenen Sinn werden dadurch „Torsituationen" geschaffen, die denjenigen Orientierung geben, die sich der Stadt von außen nähern oder auf Ringbahn und Stadtautobahn um sie zirkulieren. In Bezug auf die im Berliner Kontext sehr große Höhe des Hauses spricht laut Gutachten ebenso wenig dafür wie dagegen, da sich das Grundstück eben am Übergang zwischen relativ kleinteiliger Blockstruktur und dem großmaßstäblichen Industriegebiet befindet. Allerdings leite sich aus der Markanz des Bauwerks, die einen deutlich wahrnehmbaren Ort schafft, die Verpflichtung ab, den Komplex in die Umgebung städtebaulich sensibel einzubinden. Gerade auf diesen Punkt legt auch das Baukollegium höchsten Wert.

Wenn es das Vorhaben Streletzkis in seiner Gesamtheit auch begrüßt, ist das Baukollegium hinsichtlich der Einbindung eines so großen Bauensembles mit introvertiertem Charakter in die Um-

——— Terrasse vor der Anlegestelle des Hotels Estrel am Neuköllner Schifffahrtskanal, 2016

——— Terrace in front of the pier on the Neuköllner Schifffahrtskanal at Hotel Estrel, 2016

only serve the hotel guests but that also invite people from neighboring areas to make use of them. In the session, members responded positively to the idea of a city gate, a completely plausible idea drawn from the urban-planning assessment performed. However, they pointed out that the tower's unusual height and dominance demand a particularly high architectural quality. Therefore the Baukollegium requested that the builder hold a design competition for the complex on the basis of these recommendations and that this be carried out in cooperation with the District Neukölln. The senate building director and the Baukollegium offered their advisory services in this matter.

"I was really glad to see how they approached the project with such intensive commitment," says Streletzki of his experience with the Baukollegium. "It wasn't just people sitting around looking at plans. They grasped the exact situation and engaged with my ideas and motivations. Even the discussions with the senate building director before the session in the Baukollegium were quite remarkable. She came across as benevolent but also clearly said that she will advocate for quality. That's why they brought her to Berlin, after all. That gives me a lot of respect for her."

gebung skeptisch. Daher empfiehlt das Baukollegium, in ganz besonderem Maß auf die Integration der Erdgeschosszonen in den städtischen Kontext zu achten und öffentliche Freiräume sowie Nutzungen zu schaffen, die nicht nur den Gästen des Komplexes, sondern auch der Nachbarschaft dienen können. Der Gedanke des Stadttores, der sich aus dem städtebaulichen Gutachten durchaus plausibel ableiten lässt, wird in der Sitzung positiv bewertet. Allerdings verlange die außergewöhnliche Höhe und Dominanz des Turms eine besonders hohe architektonische Qualität. Daher bittet das Baukollegium den Bauherrn, einen Wettbewerb um den Entwurf des Komplexes auf der Grundlage dieser Empfehlungen und in Abstimmung mit dem Bezirk Neukölln durchzuführen, bei dem die Senatsbaudirektorin und das Baukollegium beratend zur Verfügung stehen.

„Mich hat gefreut, dass man sich so intensiv engagiert und mit dem Projekt auseinander gesetzt hat", kommentiert Streletzki seine Erfahrung mit dem Baukollegium. „Man saß da nicht einfach über Plänen, sondern hat sich die Situation genau angesehen und sich mit meinen Ideen und Motivationen beschäftigt. Schon die Gespräche mit der Senatsbaudirektorin vor der Beratung im Baukollegium waren bemerkenswert. Sie hat sehr viel Wohlwollen ausgestrahlt, aber auch gesagt, dass sie sich für Qualität einsetzt. Dafür habe man sie schließlich nach Berlin geholt. Das schafft Respekt.“

—— Überarbeitung

Dieser Wettbewerb um den Estrel Tower wird im Februar 2014 entschieden. Sechs namhafte deutsche Architekturbüros hat der Bauherr dazu eingeladen, der erste Preis geht schließlich an das Berliner Büro Barkow Leibinger.
Auf der Website des Büros ist eine Grafik zum Projekt zu sehen, in der zwei Quadrate, die schematisch das Entwurfsgrundstück repräsentieren, in verschieden große Dreiecke aufgeteilt sind. Diese Dreiecke werden zu einer Figur zusammengelegt, und unterschiedlich hoch extrudiert, woraus sich ein Ensemble ergibt, bei dem zwischen großen und flachen Körpern (Veranstaltungshallen und Parkhaus) und dem sehr hohen Hotelturm durch mittelhohe Bau-

—— Revision

The competition for Estrel Tower is decided in February 2014. The builder invited six well-known German architectural offices to participate, and the first prize went to the Berlin office Barkow Leibinger. The office’s website pictures a graphic on

——— Estrel Tower, Barkow Leibinger, 2014, Visualisierung
——— Estrel Tower, Barkow Leibinger, 2014, Baumassenstudie

——— Estrel Tower, Barkow Leibinger, 2014, visualization
——— Estrel Tower, Barkow Leibinger, 2014, study of building's cubic capacity

the project in which two squares, which schematically represent the plot of land for the design, are divided into various large triangles. Together, these triangles merge into one shape, and are extruded to varying heights; an ensemble emerges from all of this, one that mediates between large structures and flat ones (events hall and parking garage) and between the tall hotel tower and the mid-height building structures. With slanted lines on the roofs and ground plan, the shape of the triangle can be seen everywhere in the project, making it the ensemble's fundamental element of design. This demonstrates how the designers respond to the builder's wish that the project have its own complete architectural language but also create a connection to the existing Estrel ensemble. The jury is especially impressed by Barkow Leibinger's design because of the solutions it offers for the central formal parameters discussed in the Bau-

körper vermittelt wird. Das Ganze lässt in den schrägen Dach- und Grundrisslinien das Dreieck als elementares Formelement überall erkennen. Damit nehmen die Entwerfer den Wunsch des Bauherrn auf, trotz einer völlig selbstständigen Architektursprache einen Bezug zum bereits bestehenden Estrel-Ensemble herzu-

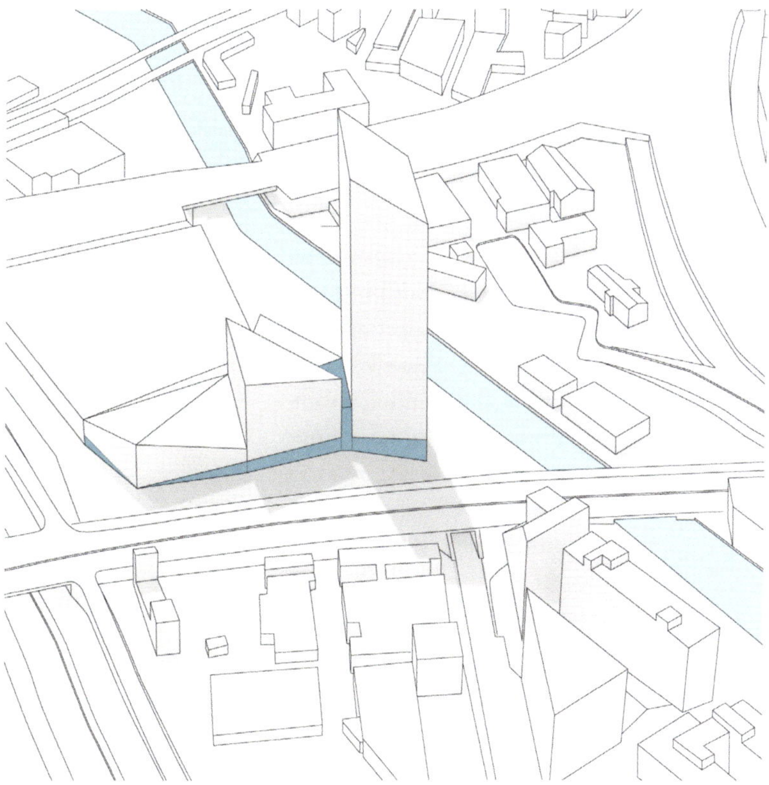

stellen. Die Jury überzeugen am Entwurf von Barkow Leibinger vor allem die Lösungsvorschläge für die im Baukollegium angesprochenen zentralen Gestaltungsparameter. Das betrifft vor allem die städtebauliche Integration des Komplexes mit seinen hauptsächlich introvertierten Nutzungen. Der 175 Meter hohe Turm wirkt durch die trapezförmige und oben abgeschrägte Form trotz der großen Grundfläche von allen Seiten her schlank und entwickelt prägnant die Schnittstelle zwischen den unterschiedlichen städtebaulichen Situationen und Charakteren. Sowohl an der Böschung zum Schifffahrtskanal als auch zur Sonnenallee hin bildet der Entwurf der Landschaftsarchitekten Hager Partner AG öffentliche Freiräume mit hoher gestalterischer Qualität aus. Sie werden von den schräg zurücktretenden Einzelkörpern des Ensembles hinterfangen, aber der Sichtbezug zu den innenliegenden Nutzungen ist durch das transparente Erdgeschoss gewährleistet. „Der ganze Prozess, der Wettbewerb, die aufwändige Architektur – das ist ein lang-

kollegium. This refers particularly to integrating the complex into the surrounding urban development despite its primarily introverted use. Despite its large base area, the 175-meter-tall tower appears slender when looking at it from any angle thanks to its trapezoid form that slopes at the top. It develops in a precise man-

ner the interface between the two different urban developments and characters. On the embankment of the canal, as well as on the land facing the Sonnenallee, the design by the landscape architects Hager Partner AG creates high-quality, malleable public spaces. They are framed by the slanting, withdrawn individual structures of the ensemble, but a transparent ground-floor level ensures a visual connection to the structure's internal usages. "The whole process, the competition, the elaborate architecture—this is a lengthy and costly process," summarizes Ekkehard Streletzki. "But in the end I am grateful to Ms. Lüscher that the project was accepted to the Baukollegium and that she insisted so much. After all, I really do want to create something that lasts. I am satisfied with the result."

—— Today

Currently the area around the southeast section of Sonnenallee is flanked by

wieriger und sehr kostspieliger Prozess", resümiert Ekkehard Streletzki, „aber letztlich bin ich Frau Lüscher dankbar, dass das Projekt ins Baukollegium gekommen ist und dass sie so insistiert hat. Denn ich will ja wirklich etwas Bleibendes schaffen. Mit dem Ergebnis bin ich sehr zufrieden."

—— Estrel Tower, Barkow Leibinger, 2014, Siegerentwurf des eingeladenen Wettbewerbs von 2014. Im Vordergrund der Visualisierung der Freibereich am Schifffahrtskanal vor der Ausstellungs- und Veranstaltungshalle mit Vorfahrt für Busse und Taxen

—— Estrel Tower, Barkow Leibinger, 2014, winning design from the invitational competition from 2014. In the foreground of the visualization stands the open area by the canal in front of the exhibit hall with a drop-off point for buses and taxis

ESTREL

——— Der Bauplatz des künftigen Estrel Towers mit Blick zum Hotel Estrel, 2016

——— The building site for the future Estrel Tower, with a view to the Hotel Estrel, 2016

—— Heute

Gegenwärtig ist der Bereich der südöstlichen Sonnenallee von tiefen Baugruben flankiert, doch gehören diese vorerst nur zum Tiefbau der A 100. Noch liegt der Bauplatz gegenüber dem Hotel Estrel brach. 2017 soll nach Auskunft von Ekkehard Streletzki der Bau des Towers beginnen. Als Projekt war er von der Neuköllner Bezirkspolitik seit langem befürwortet, und seine wirtschaftliche und touristische Bedeutung für die ganze Stadt hat auch der Berliner Senat anerkannt. Aber erst die kontinuierliche Beratung durch das Baukollegium konnte dazu führen, die von Fachleuten sehr kritisch beurteilte erste Ausformulierung zu einem Ensemble umzugestalten, das nicht nur den Vorüberfahrenden als architektonisch herausragendes Stadttor ins Auge fällt, sondern gleich am Eingang in die innere Stadt eine urban belebte Situation schafft. Es wird spannend sein zu verfolgen, wie sich nach der Fertigstellung dieser Stadtbaustein und das sich dynamisch verändernde Neukölln aufeinander zubewegen.

deep construction trenches, but these are for the time being just for the underground construction for the A 100. The building site across from the Hotel Estrel still lies dormant. According to Ekkehard Streletzki, the construction work for the tower should begin in 2017. The District Neukölln endorsed this project some time ago, and the Berlin Senate has also recognized its economic and tourism potential for the whole city. But it was only through continued advising by the Baukollegium that this ensemble, whose initial formulations received harsh criticism from experts, could take a new shape, one that does not just function as an architecturally stand-out city gate, drawing the eye of people traveling past, but also one that simultaneously creates a lively urban setting right at the entrance to the city center. It will be exciting to see how this new urban cornerstone, once it has been finished, and the dynamically changing district of Neukölln move closer to each other.

Rückhalt für einen innovativen Stadtbaustein

Support for an Innovative Urban Cornerstone

— Am Lokdepot

— Am Lokdepot
Eylauer Straße 7
10965 Berlin

—— Topos

Wer noch ein paar Jahrzehnte im 20. Jahrhundert verbracht hat, mag sich daran erinnern, was gemeint war, wenn man von einem roten Stadtviertel sprach. In der Regel nicht die Farbe der Häuser, sondern das politische Klima.

—— Topos

If you lived in Germany for some decades during the twentieth century, you may remember the term, the "red district" of the city. Generally, this did not mean that the buildings themselves were red; it had to do with the political climate. The flags for the October Revolution were red. Red was the color of the proletariat. Red is the color for the left half of the political spectrum. This is why locals still call the fork in Berlin-Schöneberg that lies between two south-bound high-speed lines and the ring line the "red island"—even though in our post-industrial times this traditionally working-class neighborhood has witnessed the peaceful mixing of many social groups and classes, which is actually typical for Schöneberg and its neighbor Kreuzberg. The people who choose to live in Berlin's "red island" usually do so because they are the kind of people whose way of life does not exactly jibe with the traditional boundaries between being employed and unemployed, between life, work, and free time. Across from the "red island," on the border with Kreuzberg, a new kind of urban architecture is coming to life that gives shape to

Rot waren die Fahnen der Oktoberrevolution, Rot war die Farbe des Proletariats, Rot ist die Farbe der linken Hälfte des politischen Spektrums. In diesem Sinn nennt der Volksmund den Schöneberger Zwickel zwischen den beiden nach Süden ausfallenden S-Bahn-Linien und der Ringbahn immer noch die „Rote Insel" – auch wenn in unserer postindustriellen Zeit viele soziale Gruppen in dem traditionellen Arbeiterviertel nebeneinander leben, wie das für Schöneberg und das benachbarte Kreuzberg insgesamt ja typisch ist. In diesem Teil Berlins leben bevorzugt jene, deren Lebensform mit den traditionellen Grenzen zwischen Erwerbstätigkeit und Arbeitslosigkeit, zwischen Wohnen, Freizeit und Arbeiten nicht mehr übereinstimmt. Gegenüber der „Roten Insel", auf der Grenze zu Kreuzberg, entsteht nun eine Stadtarchitektur,

Am Lokdepot
Vorhabenbezogener Bebauungsplan
Land-use planning related to the area
Bauherr Builder **D.V.I. Deutsche Vermögens- und Immobilienverwaltung GmbH**
Architekt Architect Robertneun Architekten
Bezirk District Tempelhof-Schöneberg
Zeitraum Time Frame 2006–2016
Größe Size M

die diesem Strukturwandel der Lebenswelt eine adäquate Form gibt. Die Farbe der Häuser ist Rot. Ein auffälliges, herausforderndes Rot – so, als würde die Architektur „Vorwärts!" rufen, wie andere in anderen Kontexten das vor ihr taten.

Ihre Geschichte beginnt allerdings nicht ganz so heroisch. Das Areal um Duden-

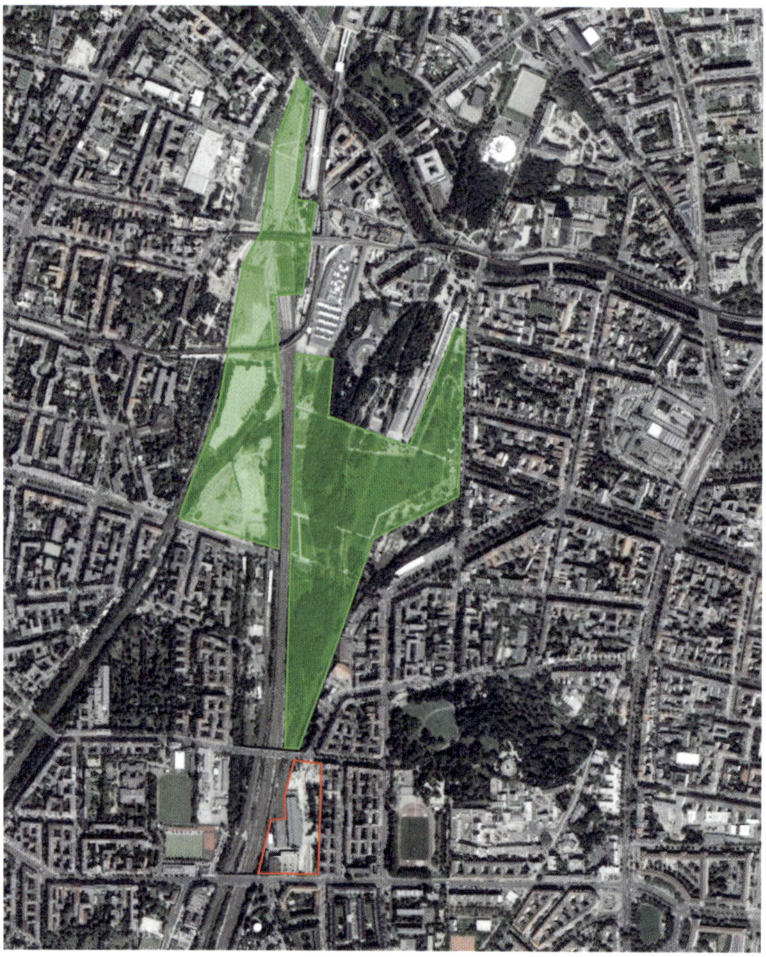

how the living environment is structurally changing. The buildings are painted red—a conspicuous, defiant red. It's as if the architecture were proclaiming "Forward!" as others have in different earlier contexts.

But its history did not quite have a heroic beginning. The plot of land around Dudenstrasse, Monumentenstrasse, and the old train tracks is part of an area designated for urban redevelopment near Schöneberg-Südkreuz. This means that there is potential in this area, but the need for restructuring is strong. The name "Am Lokdepot" relates to the historical roundhouse near the tracks, which today houses a depot for the German Technical Museum (Deutsches Technikmuseum). The plot of land for this site consists of train track areas that fell into disrepair after the war. Over the years, they became overgrown with diverse vegetation. Pre-

——— Am Lokdepot, Montage Lageplan auf Luftbild: Park am Gleisdreieck und Position Am Lokdepot (rot)
——— Am Lokdepot, Montage Lageplan auf Lufbild: Ein neues Gebäude ergänzt die offene Kammstruktur und macht aus der Rückseite eine attraktive Vorderseite.

——— Am Lokdepot, montage of the site plan, aerial view: Park am Gleisdreieck and position of Am Lokdepot (in red)
——— Am Lokdepot, montage of the site plan, aerial view: a new building will be added to the open comb-like structure, turning the backside into an attractive front.

vious land-use planning saw this area as only useful for industry. Much more recently, planners saw potential in this area for connecting green spaces within the city—starting at the Landwehr Canal near Potsdamer Platz and running all the way to the Südkreuz station. This is the Park am Gleisdreieck, which was opened

straße, Monumentenstraße und die alten Gleisanlagen ist Teil des ausgewiesenen Stadtumbau-West-Gebietes Schöneberg-Südkreuz. Das bedeutet: In diesem Gebiet liegt Potenzial, aber es besteht ein erhöhter Bedarf zur Restrukturierung. Der Name „Am Lokdepot" bezieht sich auf die historischen Lokschuppen an den Gleisen, in denen sich heute ein Depot des Deutschen Technikmuseums befindet. Bei dem Grundstück handelt es sich um nach dem Krieg brachgefallene Bahnflächen, auf denen sich im Laufe der Jahre eine vielfältige Vegetation angesiedelt hat. Ein älterer Bebauungsplanentwurf sah hier lediglich eine Nutzung durch Gewerbe vor. Aus weit jüngerer Zeit stammt die Planung einer neuen Grünraumverbindung, die sich vom Landwehrkanal in der Nähe des Potsdamer Platzes bis zum Bahnhof Südkreuz erstreckt: der

//

Having an expertly qualified supervisory authority like the Baukollegium makes sense. However, it should have far-reaching governance capabilities in order to have a more compelling and binding presence with respect to project developers. These capabilities will also enable it, in general, to implement public goals within city planning and push through high-quality architecture.

—— Nils Buschmann, architect

Park am Gleisdreieck, in zwei Abschnitten 2011 und 2013 eröffnet. Der Park weicht die physischen Barrieren zwischen den Ortsteilen Kreuzberg, Schöneberg und Tiergarten auf, die durch die alten Bahntrassen gebildet wurden, und schafft an seinen Flanken ganz neue Adressen für innerstädtisches Wohnen. Ein Ausläufer dieser Grünraumverbindung, der Flaschenhalspark (2014 eröffnet), reicht unmittelbar bis an das Grundstück des Vorhabens Am Lokdepot heran.

—— Vorhaben

Das 21.000 Quadratmeter große Gelände wurde 2006 von Lior Mamrud und Josif Smuskovics mit der D.V.I. Deutsche Vermögens- und Immobilienverwaltung GmbH von der Vivico erworben, die dem Bundeseisenbahnvermögen zugehört. Das Gelände ist eine typische Liegenschaft der ehemaligen Bundesbahn, gleisnah und vermeintlich unattraktiv. In vielen Städten, auch in Berlin, werden solche Flächen üblicherweise als Gewerbegebiete in Wert gesetzt. „Der ursprüngliche Bebauungsplanentwurf hatte hier generische eingeschossige Kisten, Discounter und so etwas vorgesehen, in einer fast vollständig als Parkplatz versiegelten Fläche. Mitten in der Stadt!

in two phases in 2011 and 2013. The park blurs the physical lines between the city districts of Kreuzberg, Schöneberg, and Tiergarten, lines drawn by old train tracks. And its borders have become desirable new locations for downtown living. An offshoot of this project of connecting green spaces, the Flaschenhalspark (Bottleneck Park, opened in 2014) goes right up to the plot of land for this project.

—— Plan

Lior Mamrud and Josif Smuskovics with the D.V.I. Deutsche Vermögens- und Immobilienverwaltung GmbH acquired this 21,000-square-meter site from Vivico Real Estate GmbH (now CA Immo Deutschland GmbH) in 2006. It had formerly been an asset of the German Federal Railway. The site is typical for property belonging to the former German Federal Railway—close to railroad tracks and thought to be unattractive. Areas like this are generally put to use as industrial areas in many cities, including Berlin. “The original land-use planning for this area had featured generic, boxy one-story buildings, discount stores, and other things along these lines—and practically the whole site was to be paved over as one giant parking lot. In the middle of the city! That’s just not right,” says Nils

//

Eine fachlich qualifizierte Kontrollinstanz wie das Baukollegium ist sinnvoll, sollte aber mit weiter reichenden Steuerungskompetenzen ausgestattet werden, um gegenüber privaten Vorhabenträgern stringenter und bindender aufzutreten und generell öffentliche Ziele in der Stadtplanung sowie eine hohe Qualität in der Architektur durchsetzen zu können.

—— Nils Buschmann, Architekt

Buschmann of Robertneun Architects. The new property owner gave the architects the task of developing an architectural plan that maximizes the plot's building space. Instead, they came up with six variations that interpreted the plot in another way—as a space with potential to function as a cornerstone of urban mixing: with high-rises, with office spaces and housing, with a tennis stadium, and so on. Given this food for thought to consider, the builder realized that this would increase the plot's utilization and quality. But first the architects had to make some convincing arguments to the officials of District Schöneberg-Tempelhof. Because this level of change to land-use planning entails an extensive amount of work. But the architects had good arguments on their side. Most convincing was the way that the design uses an attractive new residential mixed-use space to close up an existing city block. Also of importance was how, in terms of city planning, the development connects to the Flaschenhalspark and thus forms a significant and high-quality city border.

—— Design

The plan submitted closes the open city-block edge of a Gründerzeit development. It does so along the streets Monumenten-

Das war natürlich Mist", meint Nils Buschmann von Robertneun Architekten. Das Architekturbüro ist vom neuen Eigentümer der Liegenschaft beauftragt worden, eine maximale bauliche Ausnutzung innerhalb dieses Rahmens zu entwickeln. Stattdessen entwarfen sie sechs Varianten, die das Grundstück gänzlich anders, nämlich als Bausteine urbaner Durchmischung interpretieren, etwa mit Hochhäusern, mit Büro- und Wohnnutzung, mit einem Tennisstadion usw. Durch diese Denkanstöße kam der Bauherr auf den Geschmack, denn es lag auf der Hand, dass sich so auch die Flächenausnutzung und -qualität würde erhöhen lassen.

Doch dafür mussten die Architekten zuerst Überzeugungsarbeit beim zuständigen Bezirk Schöneberg-Tempelhof leisten. Denn die Änderung eines Bebauungsplans bedeutet für den Bezirk einen erheblichen Arbeitsaufwand. Die Architekten hatten allerdings gute Argumente auf ihrer Seite, vor allem, dass der Entwurf die klaffende Lücke des gründerzeitlichen Blockrands mit einer attraktiven Wohn-Gewerbemischung schließt und städtebaulich zum neuen Flaschenhalspark eine deutliche und hochwertige Stadtkante ausbildet.

—— Entwurf

Die vorliegende Planung schließt den offenen Blockrand der Gründerzeitbebauung nicht nur entlang der Monumenten- und Dudenstraße, sondern parallel zur Eylauerstraße am tiefer gelegenen Bahngelände und komplettiert die

strasse and Dudenstrasse, and also by running parallel to Eylauer Strasse at the more deeply situated edge of the railway grounds. In this manner it completes the open comb structure of the block populated with older buildings. The new front side of the block lies across from former railway halls and also offers a view past these to the attractive Park am Gleisdreieck.

A private street runs in front of the complex, but it is open to the public. Remains of the former railway, in particular the paving and the roundhouse, remain intact and set the tone for the area's public spaces and development. These consist of street-facing buildings on base levels of varying height, which even out the fall in the terrain height, which at its most extreme point comes to seven meters. These bases can be set underneath the building at variable depths and as far back as the edge of the land parcel. They

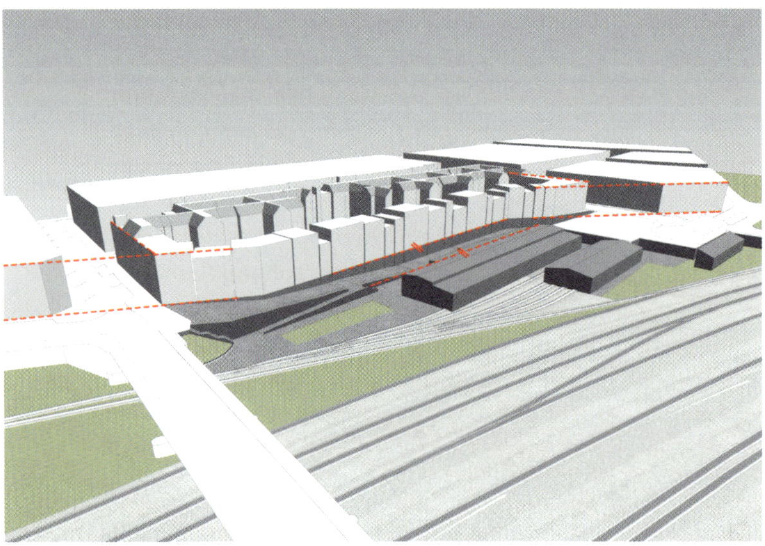

create room for commercial, cultural, and social usages and make the development feel open at street level. Behind the housing complex there is a courtyard space, which will have greenery and simultaneously become connected—at least visually via the sight lines—to the rear courtyard area of the Gründerzeit buildings

——— Am Lokdepot, Rendering Vogelperspektive: Einbindung des Neubaus in den Geländeversprung und in die Fluchten der Nachbarbebauung

——— Am Lokdepot, rendering from a bird's-eye view: incorporating the new construction into the varied terrain heights of the property and the path of the neighboring buildings

offene Kammstruktur des Altbaublocks. Die neue Vorderseite des Blocks steht nun gegenüber den ehemaligen Eisenbahnhallen, blickt aber über diese hinweg auf die weiter genutzten Gleisfelder und den attraktiven Park am Gleisdreieck.
Vor dem Komplex verläuft eine Privatstraße, die aber öffentlich nutzbar ist. Reste der ehemaligen Bahnanlage, insbesondere die Pflasterung und der Lokschuppen, bleiben erhalten und setzen den gestalterischen Ton für die Freiräume und die Bebauung. Diese besteht aus Vorderhäusern auf unterschiedlich hohen Sockelgeschossen, die den Geländesprung ausgleichen, der an seiner höchsten Stelle sieben Meter beträgt. Die Sockel können unter dem Haus in variablen Tiefen bis an die hintere Baugrenze der Parzelle überbaut werden. Sie schaffen Raum für gewerbliche, kulturelle oder

gemeinschaftliche Nutzungen und verleihen der Bebauung auf Straßenniveau einen öffentlichen Charakter. Der Hofraum hinter dem Häuserkomplex wird begrünt und zugleich auch zum sichtbaren Hinterhofbereich der Gründerzeitbauten an der Eylauer Straße. Im Geiste dieser Fortschreibung des Altbaublocks

along the Eylauer Strasse. Following the older structure of the block, the new buildings eaves are at the height of the existing ones.

The site is planned so it can be parceled out and sold as separate plots, with some of the owners developing their own plots. The parcels are seven meters wide but can be combined to create various plot sizes. These varying size combinations will create a diverse building typology. So that the front-house section along the park has a heterogeneous appearance, three types of buildings, S, M, and L—with respective façade lengths of seven, fourteen, or twenty-one meters—will structurally break up the long row. This will create an attractive silhouette for the ensemble, offering a good balance between similarity and variety.

One of this project's unusual challenges is how to set the architectural

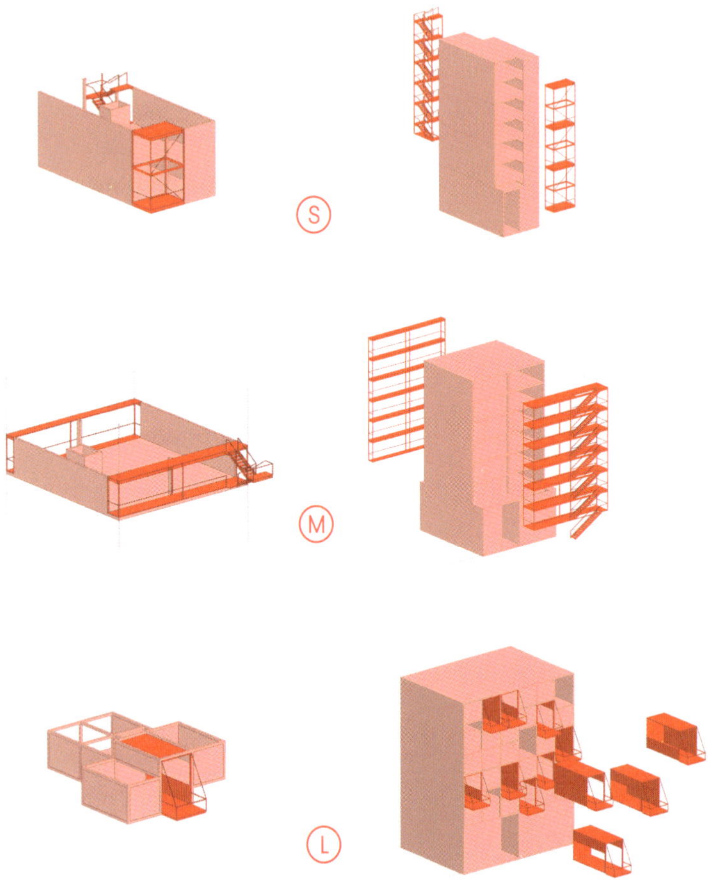

quality standards for implementation, standards that will be binding for the acquisition of land parcels. The other big challenge is that the nature of the project implies that there will be a high number of participants. Getting the builders, developers, architects, and official planning offices responsible to work together

orientieren sich auch die Traufhöhen der neuen Häuser am Bestand. Das Gelände soll parzelliert und in separaten Grundstücken verkauft werden, wobei einige Grundstücke durch die jeweiligen Eigentümer selber entwickelt werden sollen. Die Parzellen haben eine Breite von sieben Metern, die aber mit variablen Grundstücksgrößen kombiniert werden können. Aus der Größe dieser Kombination ergibt sich eine diversifizierte Haustypologie. Für eine heterogene Erscheinung des Vorderhausbereichs am Park sorgen drei Haustypen „S“, „M“ und „L“, die durch eine Fassadenlänge von sieben, 14 oder 21 Metern den langen Riegel gliedern. Dadurch ergibt sich eine attraktive Silhouette des Ensembles, die ein gutes Maß zwischen Gleichmäßigkeit und Varianz bietet.

Eine der ungewöhnlichen Herausforderungen dieses Projektes

——— Am Lokdepot, Visualisierung der unterschiedlichen Typologien des Ensembles. Größen S, M, L und verschiedene Fassadenelemente je nach Grundriss

——— Am Lokdepot, visualization of the ensemble's various typologies. Available sizes S, M, L and many different façade elements according to floor plan

//
The culture of building must be painstakingly negotiated within the political sphere and not just in opposition to investors.

—— Regula Lüscher, senate building director

besteht darin, architektonische Qualitätsstandards für die Umsetzung festzulegen, die verbindlich an den Verkauf der Parzellen gebunden sind. Die andere große Herausforderung ist die hohe Anzahl an Beteiligten, was sich aus der Natur des Projektes ergibt. Bauherren, Entwickler, Architekten und die zuständigen Planungsämter zu einer produktiven Zusammenarbeit zu bringen, ist nicht leicht. Zumal das Projekt von Beginn an unter öffentlichem Druck steht, den die Bezirkspolitik nicht ignorieren kann.

„Bauen wird derzeit von Anwohnern eher als Bedrohung verstanden. Es gibt im Innenstadtbereich kein größeres Bauvorhaben, bei dem es nicht Protest von den Nachbarn gibt“, sagt Siegmund Kroll vom Stadtentwicklungsamt des Bezirks Tempelhof-Schöneberg. „Jede Veränderung ist ein Angriff auf das vertraute Umfeld, aber Bauen gehört zur Stadt.“

Und so gerät das Projekt, das sich der Zustimmung des zuständigen Bezirks schon sicher wähnte, vor den Wahlen zum Berliner Abgeordnetenhaus 2011 plötzlich zwischen die Mühlsteine der politischen Interessensphären, in denen auch Proteste der Anwohner aus der Eylauer Straße eine Rolle spielen, die die Einschränkung ihres Weitblicks über die Bahnschneise nicht tolerieren wollen.

productively is not always easy. Further, the project has been under public pressure, which, politically, the involved districts cannot ignore.

“Residents these days really see construction more as a punishment. In the city-center area, there haven’t been any large construction projects that haven’t met with neighborhood resentment,” says Siegmund Kroll from the Urban Development Office of the District Tempelhof-Schöneberg. “Every change is an attack to a familiar environment, but construction is just part of a city.”

And so the project, whose developers had assumed district approval would be a sure thing, suddenly got caught between political gears against the backdrop of city parliament elections in 2011. The competing political spheres of interest were also influenced by residents’ protests, which called for not restricting their view of the open space around the railroad tracks.

—— Baukollegium

Given the situation—that the “Am Lokdepot” project is receiving a lot of support from the planning authorities but also is threatening to break under the pressure of the politics of the day—it was invited to the Baukollegium in February 2011 to

//

Baukultur muss auch im politischen Raum und nicht nur gegenüber den Investoren mühsam ausgehandelt werden.

—— Regula Lüscher, Senatsbaudirektorin

receive advice. Siegmund Kroll explains, "When dealing with such a controversial topic, going before such a high-level expert committee is a good way to garner support based on a broad consensus, even if it is not legally binding. It's added value for a district to have one of their construction plans discussed in the Baukollegium." There were two problems that the Baukollegium must help to solve: the question of how to maintain architectural stylistic requirements across many different builders on the one hand, and, on the other, the question of how to help two districts reach consensus on planning requirements. The Baukollegium experiences an instructive meshing of its roles when it comes to this task. The Baukollegium oscillates between being an instrument for upholding questions relevant to a culture of building and functioning as a platform for negotiating concrete political interests.

The Baukollegium saw a moment of city-center condensation in the plans presented by Robertneun. Following the principal of "internal development before external development," the plans represented an innovative contribution to urban living. In the discussion, the designs are praised for reinterpreting the "Kreuzburg mixing" tradition, one establishing industrial courtyards behind front build-

—— Baukollegium

Da das Projekt Am Lokdepot einerseits viel Unterstützung durch das zuständige Planungsamt erfahren hat, andererseits nun unter dem Druck der Tagespolitik zu zerbrechen droht, wird es im Februar 2011 zur Beratung ins Baukollegium eingeladen. Siegmund Kroll erläutert: „Durch das Votum eines so fachkompetenten Gremiums kann man einen strittigen Sachverhalt auf einen breiteren Konsens stützen, auch wenn es keinen rechtsverbindlichen Charakter hat. Das ist das Surplus für einen Bezirk, ein Bauvorhaben im Baukollegium zu diskutieren.“ Zwei Problemlagen galt es also mithilfe des Baukollegiums zu lösen: die Einhaltung architektonischer Gestaltungsvorgaben durch verschiedene Bauherren einerseits und andererseits eine Konsensfindung zwischen zwei Bezirken mit Einfluss auf die Planungsbedingungen. Das Baukollegium erfuhr hier eine Entgrenzung der eigenen Aufgaben, indem es zwischen einem Instrument zur Wahrung baukultureller Fragen und einer Plattform der Aushandlung konkreter politischer Interessen oszillierte.

In der Planung von Robertneun erkennt das Baukollegium ein Moment von innerstädtischer Verdichtung nach dem Prinzip „Innenentwicklung vor Außenent-

——— Fassadenansichten, 2016: Das Rot ist ein starkes Zeichen und entwickelt sich aus dem Ziegelsockel, der sorgfältig gestaltete Vorplatz wird lebendig genutzt.

——— Depictions of the façade, 2016: The red makes a strong statement and grows out of the brick base; the carefully designed forecourt is put to lively use.

ings with residential usage. Furthermore, the design succeeds at incorporating historical traces of the site and its industrial character. Nils Buschmann explains this connection, "The idea of having the building materials be red initially came from recycled tiles, which reference the roundhouse and thus draw a connection to industrial culture. Given the background of the current debate around residential buildings, we are interested in reinterpreting industrial building structures as a way of rethinking types of housing. But this is not just about surface-level fetishism but instead about robust and usage-independent structuring of space that invites the residents to adapt space to their needs. This way there won't be a bedroom and a living room but many different modular possibilities according to residents' needs."
The Baukollegium agreed with how the design as a whole reacts to the urban space around it. It's not enough, however, to just adopt a respectful attitude towards existing development. The planning should strategically create ways for the residents of Eylauer Strasse to profit from the new situation. As a way of refining the quality of the individual land parcels, the next planning step should analyze the conditions of their surroundings. This leads to a discussion of how the

wicklung" und einen innovativen Beitrag zum städtischen Wohnen. In der Diskussion wird die Idee gelobt, die Tradition der „Kreuzberger Mischung" von Gewerbehöfen hinter Vorderhäusern mit Wohnnutzung neu zu interpretieren. Außerdem gelingt es dem Entwurf, die Spuren des historischen Geländes und des industriellen Charakters aufzunehmen. Nils Buschmann erklärt diesen Zusammenhang: „Die Idee zum roten Materialspektrum der Bauten kommt zunächst von den recycelten Ziegeln, und die haben über die Lokschuppen einen Bezug zur Industriekultur. Vor dem Hintergrund der aktuellen Wohnbaudebatte interessierte uns, Gewerbebaustrukturen neu zu interpretieren und so Wohnformen neu zu denken. Dabei ging es gerade nicht um einen Oberflächenfetischismus, sondern um robuste und nutzungsunabhängige Raumstrukturen, die eine Aneignung der Bewohner provozieren, sodass es nicht das Schlafzimmer und das Esszimmer gibt, sondern je nach Lebensbedürfnis verschiedene Möglichkeiten angeboten werden."
Das Baukollegium ist sehr einverstanden damit, wie die große Figur der Planung auf die stadträumliche Umgebung reagiert. Allerdings sollten den Bewohnern der Eylauer Straße offensive Angebote gemacht werden, von der

neuen Situation zu profitieren. Ebenfalls wird diskutiert, wie die Sockel im Hinblick auf ihre Nutzung individuell – je nach Geländeniveau und Abstand zu den Bestandsbauten – optimiert werden können.

Anhand dieses komplexen Vorhabens stellt sich die Frage: Wie tief muss ein Bebauungsplan durchgearbeitet und vorbereitet werden, um die gewünschte Qualität der Idee zu sichern?

Als Antwort auf diese aus der Diskussion entstandene Frage empfiehlt das Baukollegium dem Bezirk die Ausarbeitung eines vorhabenbezogenen Bebauungsplans, der sich aus der konkreten städtebaulichen und architektonischen Konzeption von Robertneun ableitet und an dessen Umsetzung der Plan auch gebunden ist.

Ein Regelwerk für die architektonische Umsetzung des Programms soll aus dem „Vorgefundenen" in der konkreten Umgebung abgeleitet werden. Dabei muss die Art der Formulierung der Regeln besonders sorgfältig sein, um die Qualität der Planung über den Verkauf der einzelnen Parzellen an unterschiedliche private Bauherren hinweg langfristig verbindlich festzuschreiben.

In der zweiten Sitzung des Baukollegiums im Mai 2011 präsentieren die Architekten eine sorgfältige Situationsanalyse,

base levels could be optimized in their individual use according to the level of the plot's terrain and the distance to other buildings.

This complex project brings up the following question: To what level of detail does land-use planning have to be worked out and prepared in order to guarantee the desired quality of an idea?

In response to this question, the Baukollegium recommends in conclusion that the District work up land-use planning for the project that derives from Robertneun's specific architectural conception and be committed to implementing it.

The program's architectural implementation should be guided by rules derived from what one "encounters" in the concrete surroundings. This guideline will have to be carefully formulated so that planning supports maintaining a binding, long-term, high-quality standard over the course of disposing of the individual parcels to various private builders.

In the second meeting in May 2011, the Baukollegium takes another look at the exact contextualization of the construction project. The architects present a careful situational analysis that accounts for all the clearance spaces between buildings and the street. A resulting partial level increase in the rear courtyards will, in combination with the structure of the existing

buildings on Eylauer Strasse, create a generous green space that benefits the microclimate. Furthermore, the new structures offer acoustic protection from the noise of the train tracks. The Baukollegium praises how much the block's existing residents will profit from this, especially as the residents were originally against the new construction.
The Baukollegium pronounces "Am Lokdepot" a successful example of city-center structural post-compaction.

—— Construction

During the development phase, the property changes hands from Mamrud and Smuskovics to UTB GmBH. Because UTB has been involved as the project manager since 2010, they already know the concept and can further it.
In early 2013, the project-related land-use planning finally goes into effect. Five years have passed since the architects developed the initial idea of trying out placing an urban cornerstone on former railway land. Because the project was formulated and refined with increasing precision, it was possible to lay the legal groundwork in this particular form for the construction. This kind of plan is accompanied by what is called an implementing agreement between the local

in die alle Abstandsflächen einbezogen werden. Die daraus abgeleitete partielle Anhebung in den Hinterhöfen wird zu den Bestandsbauten an der Eylauer Straße einen großzügigen, mikroklimatisch günstigen Grünraum hervorbringen. Zudem stellen die Neubauten eine akustische Abschirmung gegen den Lärm der Bahnschneise dar. Das Baukollegium lobt den großen Gewinn, der dadurch für die angestammten Anwohner des Blocks erzielt wird, die den Neubau bislang ausschließlich als Malus empfunden haben.
Am Lokdepot wird vom Baukollegium auch in diesem Sinn als eine gelungene innerstädtische Nachverdichtung bewertet.

—— Realisierung

Während der Entwicklungsphase wechselt der Eigentümer der Liegenschaft: die Mamrud und Smuskovics Grundbesitz verkauft an die UTB GmbH. Da die UTB bereits 2010 als Projektsteuerer hinzugezogen wurde, kennt sie das Konzept und trägt es mit.
Anfang 2013 tritt schließlich der vorhabenbezogene Bebauungsplan in Kraft. Fünf Jahre sind vergangen, seit die Architekten die ersten Ideen entwickelt haben, auf der ehemaligen Bahnliegen-

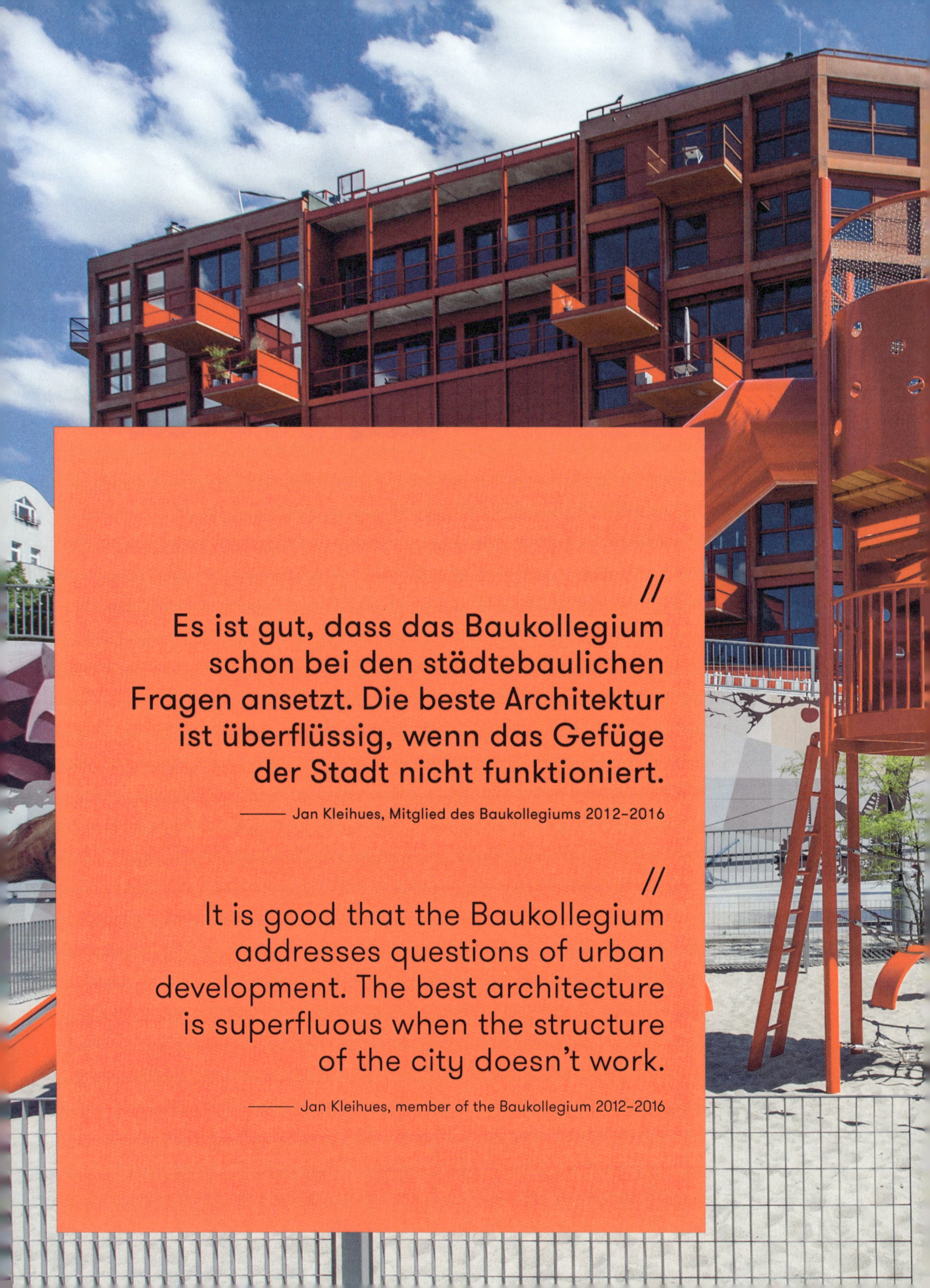

//

Es ist gut, dass das Baukollegium schon bei den städtebaulichen Fragen ansetzt. Die beste Architektur ist überflüssig, wenn das Gefüge der Stadt nicht funktioniert.

—— Jan Kleihues, Mitglied des Baukollegiums 2012–2016

//

It is good that the Baukollegium addresses questions of urban development. The best architecture is superfluous when the structure of the city doesn't work.

—— Jan Kleihues, member of the Baukollegium 2012–2016

schaft einen neuen Stadtbaustein auszuprobieren. Erst durch das immer präziser formulierte Projekt wurde es möglich, die baurechtlichen Grundlagen in dieser besonderen Form zu schaffen. Flankiert wird ein solcher Plan von einem sogenannten Durchführungsvertrag zwischen Kommune und Investor. Dort können die nötigen Erschließungsmaßnahmen geregelt werden, die allesamt vom Investor getragen werden. Am Lokdepot profitiert von diesem besonderen Instrument des Baurechts, denn bei einem Wechsel des Eigentümers oder anderen Streitigkeiten während des Realisierungsprozesses müssen die begonnenen Planungen aufrechterhalten werden. Da die wichtigsten Impulse bei der Entwicklung des Projektes in diesem Fall von den Architekten ausgehen, ist es von seiner konkreten architektonischen Ausformulierung nur schwer zu trennen.

Detailfragen im Hochbau bleiben trotzdem am meisten gefährdet, wenn sich die jeweiligen Eigentümer der Parzellen vom ausgehandelten Regelwerk entfernen. Am Lokdepot werden von den einzelnen Parzellen alle bis auf vier Grundstücke vom Bauträger UTB selbst realisiert. Gäbe es mehrere verschiedene Eigentümer, wären individuelle Abweichungen vom Regelwerk im Sinne einer Repräsentation der jeweiligen

authority and investor, which governs the necessary development measures, all of which are borne by the investor. "Am Lokdepot" benefits from this particular instrument of building law (the German Bebauungsplan, land-use planning), because even when a change of owners or other disagreements take place during the construction process, the planning, once started, must be upheld in its original form. Because the most significant momentum for developing the project comes from the architects in this case, it is difficult to break away from their specific architectural formulations.

But questions of detail in building construction remain threatened, though, should the respective owners of land plots distance themselves from the rules they're given. All but four of the individual plots of "Am Lokdepot" are developed by the property developer UTB itself. Had there been many different owners, individual deviations from the established rules in the sense of representing the tastes of the respective building owners would have been something that could have been dealt with aesthetically. But in the end, the UTB also sticks to the previously negotiated recommendations. Their deference to the Baukollegium's authority as a committee that may advise other projects of theirs in the future should not be underestimated.

—— Today

“An atmospheric urban construction” is what the architects Nils Buschmann and Tom Friedrich from the architectural office Robertneun call what’s now been created. It takes on that which one “encountered” in the location and strives to build upon it in a contemporary manner. If you approach “Am Lokdepot” from the red island, that is, on Monumentenstrasse from the Schöneberg side, you will indeed encounter an unusual and exciting new piece of the city. Of course this effect is enhanced by the view looking out over the tracks and the location’s placement on the slope to Kreuzberg. What is impressive about the red quarter is how it forms a coherent shape, which is articulated through architectural consistency, while also featuring seventeen individualized different buildings. Corresponding to this shape it forms, the architecture makes mixed usage possible. What the residents are getting here are sustainable buildings able to be adapted in multiple ways: a sturdy construction shell with the charm of post-industrial living, which is not atypical for Kreuzberg. An urban configuration has been created for an environment in which ways of living and ways of working constantly interact dynamically with each other.

Bauherrschaft ästhetisch gut zu verkraften. Aber auch die UTB hält sich am Ende an die vormals ausgehandelten Vorgaben – wobei die Achtung vor der Autorität des Baukollegiums, mit dem man auch in Zukunft Projekte beraten wird, sicher nicht zu unterschätzen ist.

—— Heute

Entstanden ist inzwischen ein „atmosphärischer Städtebau“, wie das die Architekten Nils Buschmann und Tom Friedrich vom Büro Robertneun nennen, der das Vorgefundene aufnimmt und versucht in zeitgenössischer Interpretation weiterzubauen. Wer sich Am Lokdepot von der Roten Insel, also auf der Monumentenstraße von Schöneberger Seite her nähert, dem bietet sich tatsächlich ein ungewöhnliches und aufregendes neues Stück Stadt dar. Das rote Quartier beeindruckt durch die zusammenhängende Figur, die zwar architektonisch einheitlich artikuliert ist, aber die 17 unterschiedlichen Häuser dennoch zu erkennen gibt. Die Gestalt hat aber ihre Entsprechung in der Art, wie die Architektur Nutzungen ermöglicht: Entstanden sind hier für die Bewohner nachhaltig aneignungsfähige Gebäude in einem „kräftigen Rohbau“ mit dem Charme des für Kreuzberg

30

——— Straßenperspektive der Monumentenstraße aus Schöneberg kommend, 2016. Jenseits der Gleise ist ein Stadtbaustein anstatt innerer Peripherie entstanden.

——— Street perspective of the Monumentenstrasse, coming from Schöneberg, 2016. On the other side of the tracks, a cornerstone of city development has emerged in the place of an inner periphery.

nicht ungewöhnlichen Fabrikwohnens. Es ist hier eine städtische Form gefunden worden für eine Lebenswelt, in der Wohn- und Arbeitsweisen in ein konstant dynamisches Verhältnis zueinander treten. Am Lokdepot demonstriert, wie der Wandel der Berliner Stadtentwicklungspolitik konkret aussehen kann. Die Trendwende artikuliert sich im Stadtentwicklungsplan „Wohnen" von 2012, in dem endlich auch in Berlin dem Wachstum der Bevölkerung mit Innenentwicklung und Bestandsergänzung und nicht mehr nur durch weitere Ausweisungen von Bauland am Stadtrand begegnet werden soll. Glücklicherweise gibt es in Berlin eine Tradition für die Umwidmung von ehemaligen Industriegeländen und auch ausreichend Klientel, die sich auf ungewöhnliche Wohnideen und den Wandel im Verhältnis von Arbeiten und Wohnen einlässt.

Dennoch braucht der Wandel Geduld und ein Durchsetzungsvermögen, dass nicht unbedingt gegen das, sondern gemeinsam mit dem Gegenüber eingesetzt werden muss. Auch für Am Lokdepot mussten erst einmal die planungsrechtlichen Voraussetzungen für die Realisierung der Idee geschaffen werden. Ganz am Anfang des Prozesses steht jedoch der Impuls, „Stadt" architektonisch entsprechend ihrer sozioökonomischen Transformation weiterzudenken.

"Am Lokdepot" represents an example that can function as a role model for what it can look like when politics in Berlin around urban development undergo a shift. This turnaround was articulated in the urban development plan entitled "Wohnen" (Living) from 2012. This plan suggested dealing with Berlin's growing population through internally developing the city and adding to existing buildings instead of banishing building plots to the edges of the city. Fortunately, there is a tradition in Berlin of converting former industrial zones, and there are also enough building clients open to creative living ideas and a change in the relationship between work and life.

Nonetheless this shift needs patience and an assertiveness that is applied in cooperation with, and not automatically against, that which opposes it. For "Am Lokdepot," as well, the legal planning stipulations had to be created before the idea could be realized. But the process starts with the impulse to architecturally rethink the "city" in a way that aligns with its socioeconomic transformation.

—— Feinheiten machen den Unterschied

—— Details Make All the Difference

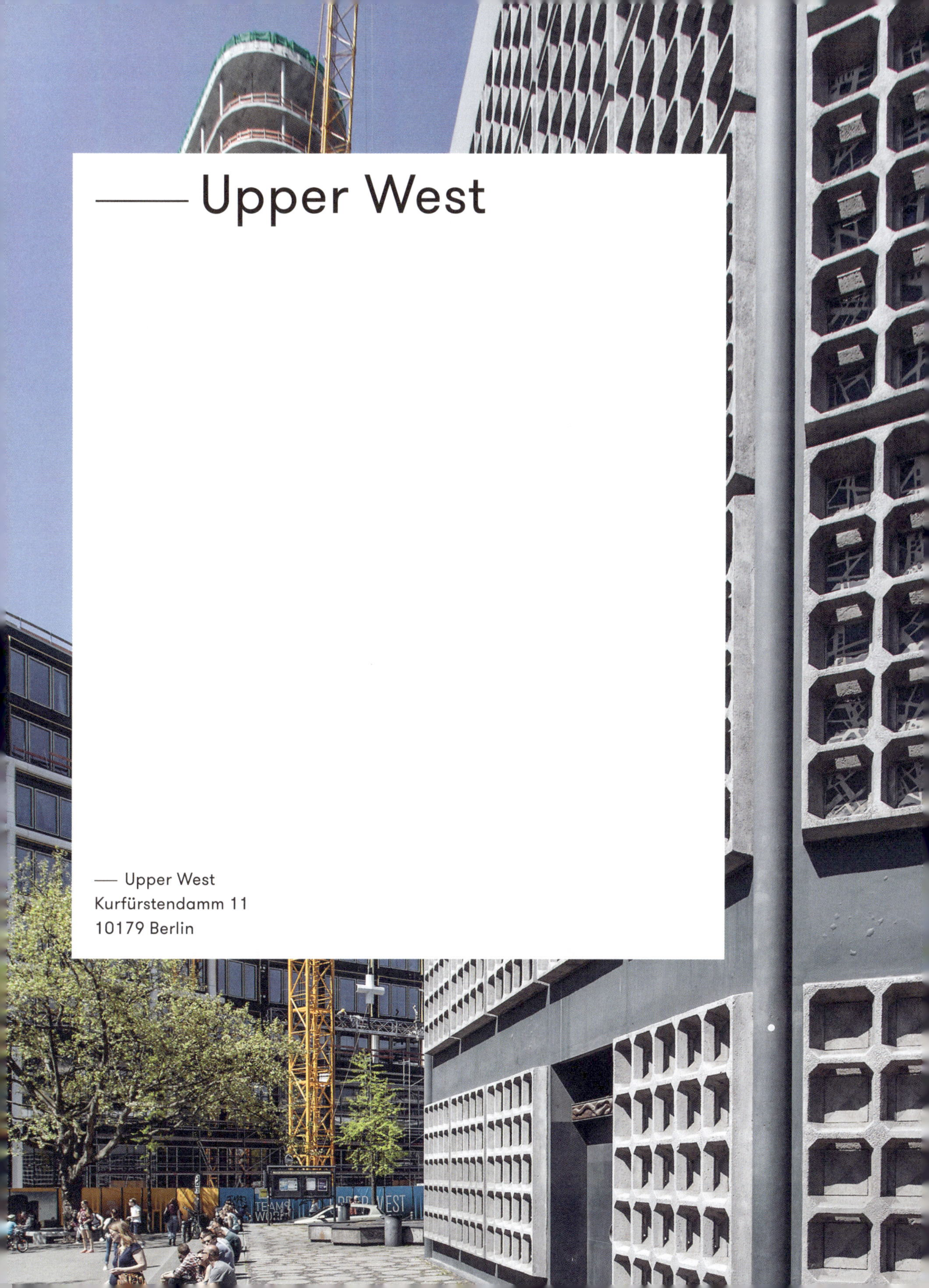

—— Upper West

—— Upper West
Kurfürstendamm 11
10179 Berlin

—— Topos

Das war West-Berlin! Noch bis zum Ende der 2000er Jahre war das architektonische Ensemble an Breitscheidplatz und Bahnhof Zoo ein ungebrochener Erinnerungsträger für das Leben in der Inselstadt, die aus den politischen Verwerfungen des Kalten Krieges hervor gegangen war. Ging man von der zum Kriegsmahnmal gewandelten Ruine der Kaiser-Wilhelm-Gedächtniskirche nicht in Richtung des Bahnhofs, sondern bog scharf in die Kantstraße ab, so unterquerte man das 1960 fertiggestellte

—— Topos

This was West Berlin! Up until the end of the two-thousands, the architectural ensemble on Breitscheidplatz and Zoologischer Garten train station constituted an undisturbed vessel of memory, a remaining witness of life in the island city that had grown up from the political unrest of the cold war. Were you to walk from the ruins-cum-monument of the Kaiser Wilhelm Memorial Church *(Kaiser-Wilhelm-Gedächtniskirche)* and not head for the train station but instead take a sharp turn into Kantstrasse, you would pass under the Schimmelpfeng-Haus, finished in 1960. The building's base formed an overpass above the street in a style that instantly indicated you were in West Berlin. Just as if you'd been walking by that exact spot before the Second World War, you'd pass by the Romanisches Haus and know right away you were in Berlin.

— **Upper West**
— Vorhabenbezogener Bebauungsplan
Land-use planning related to the area
— **Bauherr** Builder STRABAG Real Estate GmbH
— **Architekt** Städtebaulicher Entwurf und
Fassadenplanung Design for urban development
and façade planning: LANGHOF®
Entwurfs- und Objektplanung Design and building planning
KSP Jürgen Engel Architekten
— **Bezirk** District Charlottenburg-Wilmersdorf
— **Zeitraum** Time Frame 1993–2016
— **Größe** Size L

Schimmelpfeng-Haus. Es überbrückte die Straße in einem für diesen Teil der Stadt so typischen Stil, dass man sich sofort in West-Berlin verortet wusste. Ganz so, wie man sich vor dem Zweiten Weltkrieg, das Romanische Haus an dieser Stelle passierend, im Berlin von damals wusste.

Der Passant von heute hält wieder kurz inne, jetzt schon von Weitem her, denn zwei für Berliner Augen ungewohnte Riesen rahmen das Ende der Kantstraße – einer schon gebaut, der andere noch im Bau.

Das Upper West ist das zweite prägnante Hochhaus neben dem Zoofenster, welches der Vision von der City West einen weiteren Baustein hinzufügt. Nachdem in den 1990er und frühen 2000er Jahren viel Gestaltungswille und viele Investitionen in die Bereiche am Potsdamer Platz und nach Mitte geflossen waren, in das Zentrum der Vorkriegsstadt, begann im Windschatten

Today's passerby might stop and pause from a distance because two giants unfamiliar to Berlin eyes now frame the end of Kantstrasse; one of them has already been built, the other is under construction.

Along with Zoofenster, the skyscraper that houses the Waldorf Astoria Berlin, the Upper West is the second eye-catching high-rise that constitutes a new cornerstone for the urban-planning vision for City West. After a lot of money and creative drive in the nineteen-nineties and the early two-thousands had been poured into reshaping the center of the

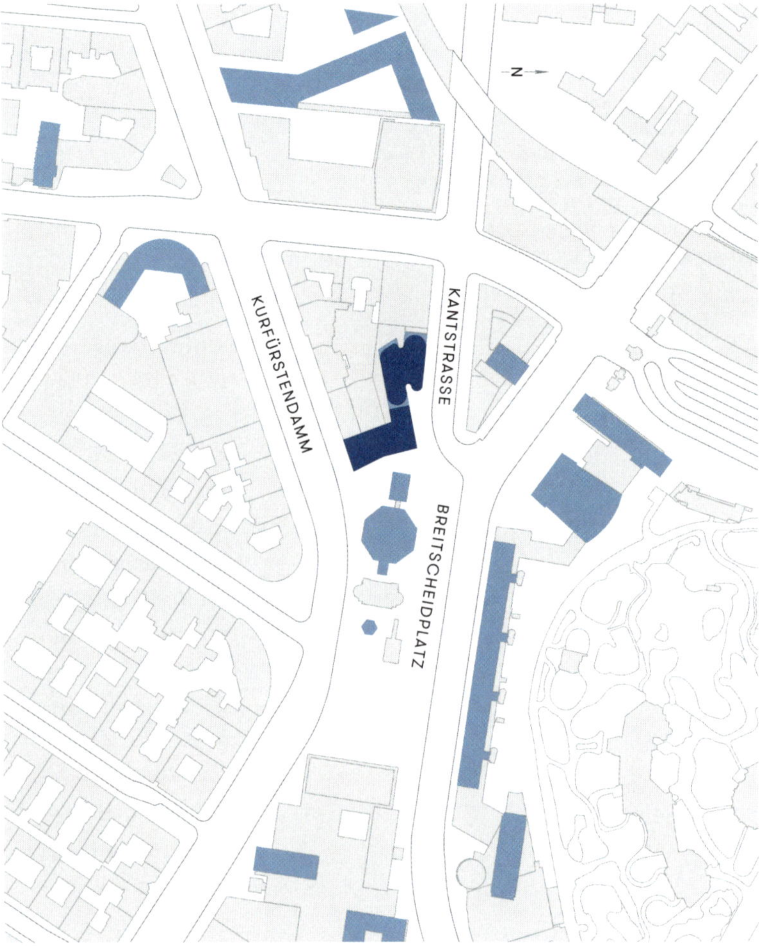

prewar city—the areas around Potsdamer Platz and in Mitte—the west, too, finally witnessed its own new beginning, although slightly delayed and without as much fanfare. Even back at the start of the twentieth century, this area with a famous movie theater, the Gloria-Palast, rose to new heights as the urban quarter called the New West. And then, starting in the nineteen-fifties, this area—shaped by its iconic Kaiser Wilhelm Memorial Church, Schimmelpfeng-Haus, the Kranzler Eck, the Allianz high-rise, and the building cluster around the Zoologischer Garten (*Zentrum am Zoo*)—became the successful media poster child for the free city of West Berlin. The newer Romanisches Haus, which had been completely destroyed in the war, was replaced by the Europa Center in the nineteen-sixties. Its spinning Mercedes-Benz star rose high above the city, representing that period's particular

der Aufmerksamkeit und leicht zeitversetzt auch ein Neubeginn im Westen. Schon im frühen 20. Jahrhundert war diese Gegend mit dem berühmten Filmtheater Gloria-Palast als „Neuer Westen" zu einem großstädtischen Quartier aufgestiegen. Ab den 1950er Jahren fügte sich dann aus der ikonischen Gedächtniskirche, dem Schimmelpfeng-Haus, dem Kranzler Eck und dem Allianz-Hochhaus sowie dem Zentrum am Zoo ein neues, auch medial weithin wirksames Aushängeschild der „freien" Stadt West-Berlin. In den 1960er Jahren entstand an der Stelle des jüngeren Roma-

Upper West, städtische Situation am Breitscheidplatz
Breitscheidplatz, ehemaliges Schimmelpfenghaus, 1989

Upper West, its location within the city at Breitscheidplatz
Breitscheidplatz, former Schimmelpfenghaus, 1989

brand of modernity. For decades everyone agreed that the Europa Center could not handle competition from other tall buildings, but then the fall of the Wall began to change the meaning of the West Berlin center. Even though this area was and still remains the most important shopping center of the double city, it started to seem like the prewar "New West" was becoming more of an "Old West." Amid the rapidly changing city, this shift in status for the West Berliners may have felt like a promise that tradition of some sort would be upheld for some time. However, in contrast to locations like

nischen Hauses, das im Krieg völlig zerstört worden war, das Europa-Center, das sich mit seinem drehenden Mercedesstern als Merkzeichen der damaligen Moderne über die Stadt erhob. Jahrzehntelang war man sich einig, dass das Europa-Center keine konkurrierend hohen Gebäude vertragen könne, bis sich mit dem Mauerfall auch die Bedeutung des West-Berliner Zentrums zu ändern begann. Denn obwohl hier immer noch das bedeutendste Geschäftszentrum der Doppelstadt war und bis heute ist, mutete der „Neue Westen“ der Vorkriegszeit inzwischen ein wenig wie ein „Alter Westen“ an. Inmitten der sich rasant verändernden Stadt mag dieser Prädikatswandel für die West-Berliner eine Zeit lang noch wie ein Traditionsversprechen gewirkt haben. Doch gewinnt das Gebiet seine Identität – im Unterschied etwa zur Museumsinsel – nicht allein aus

//

If a *Gestaltungsbeirat* (architectural committee) or a Baukollegium is successful or not depends on, among other things, the style of communication.

—— Christoph Langhof, architect

historischer Vergewisserung, sondern zum erheblichen Teil auch durch die Dynamik und Farbigkeit der Alltags- und Populärkultur. Am Beginn des sich wieder zur Prachtmeile mausernden Kurfürstendamms formiert sich nun auch hier ein der Gegenwart entsprechendes Großstadtbild. Suchte man in den 1990er Jahren mit dem Neuen Kranzler Eck von Helmut Jahn Anschluss an eine neomodernistische Glasfassadenarchitektur, so bilden das Zoofenster und das Upper West jetzt weithin sichtbare und stilistisch sehr unterschiedliche Zeichen des gegenwärtigen Wandels.

—— Vorhaben

Bereits in den späten 1990er Jahren reiften Hochhauspläne als Ersatz für das Schimmelpfeng-Haus. Dieses verlieh bisher dem Breitscheidplatz, der durch das Einströmen von nicht weniger als sechs Straßen niemals als geschlossener Platz bezeichnet werden konnte, an seiner westlichen Seite einen Raumabschluss, der allerdings die Kantstraße abwertete – eine städtebauliche Lösung, die immer kontrovers diskutiert wurde. Kurz vor der Jahrtausendwende hatte der Berliner Senat schließlich für den Abriss des Gebäudes optiert, um Platz für eine neue Konfigurierung der City

Museum Island, this area forms its identity not only from historical assurance but also, for a large part, from a dynamic, colorful everyday way of life and popular culture. As Kurfürstendamm starts shedding its skin to become a promenade of elegance yet again, an urban image begins to take shape here, too, one of the present. In the nineteen-nineties, Helmut Jahn's new Kranzler Eck forged a connection in the area to neomodern glass architecture. Now the Zoofenster and Upper West make up widely visible and yet stylistically quite different symbols of present-day change.

—— Plan

High-rise plans for replacing the Schimmelpfeng-Haus have been underway since the late nineteen-nineties. Breitscheidplatz could never be called a closed square because it represents the intersection of no less than six streets. But at the time, the Schimmelpfeng-Haus offered a kind of closure on the western side of the square; yet, because it decreased the value of Kantstrasse, it was a controversial city-planning solution that caused much debate.

Shortly before the turn of the twenty-first century, the Berlin Senate finally opted for tearing down the building to create

//

Ob ein Gestaltungsbeirat oder ein Baukollegium gelingt oder nicht, ist unter anderem eine Frage des Kommunikationsstils.

——— Christoph Langhof, Architekt

room for reconfiguring City West. Historical monument preservation critiqued the plans to tear it down, and public protests become loud and received significant representation from the organization "Denk mal an Berlin e.V." (Think of Berlin—the name includes a play on the word *Denkmal* or monument) over the next few years. The organization's main argument was that the Schimmelpfeng-Haus and the Bikinihaus put together made up an indispensable aspect of the postwar West Berlin image. However, referencing the greater interests of the city as a whole, the authorities decided against the historic site, and in 2006 permission was granted to tear it down. While the land-use planning was taking place, however, there were extensive discussions between the Senate administration and the District Charlottenburg about the high-rise plans. At the end of it all, however, even the District welcomed the imposing visual axis that is supposed to serve as a lasting upgrade for Kantstrasse. On this plot of land, numerous differently arranged streets and varied city-planning references come together, making it quite a challenge to come up with an urban planning formulation for this exposed location. The Schimmelpfeng-Haus had responded to this situation with unconventional geometry. At the beginning of two

West zu schaffen. Die Denkmalpflege stand den Abrissplänen sehr kritisch gegenüber, und auch in der Öffentlichkeit wurde Protest laut, den der Verein „Denk mal an Berlin e. V." in den folgenden Jahren besonders deutlich vertrat. Das Hauptargument des Vereins war, das Schimmelpfeng-Haus sei für den Erhalt des Bildes vom West-Berlin der Nachkriegszeit im Ensemble mit dem Bikinihaus nicht verzichtbar. Dennoch wurde mit Verweis auf ein höheres gesamtstädtisches Interesse gegen das Baudenkmal entschieden und 2006 die Genehmigung zum Abriss erteilt. Während der Aufstellung des Bebauungsplans hatte es allerdings zwischen der Senatsverwaltung und dem Bezirk Charlottenburg ausführliche Diskussionen über die Hochhauspläne gegeben. Schließlich begrüßte jedoch auch der Bezirk die imposante Sichtachse, die die Kantstraße nachhaltig aufwerten soll. Eine Vielzahl von Straßenfluchten und städtebaulichen Bezügen treffen an diesem Grundstück zusammen, sodass die städtebauliche Formulierung an dieser exponierten Stelle eine große Herausforderung bleibt. Schon das Schimmelpfeng-Haus nahm diese Situation durch eine unkonventionelle Geometrie auf. Am Beginn der zwei Jahrzehnte währenden Planungsgeschichte, in der

//

Die Empfehlungen sind immer auch Arbeitshypothesen für die planenden Architekten.

—— Daniel Niggli, Mitglied des Baukollegiums 2008–2012

//

The recommendation can be taken as a working hypothesis for the architect doing the planning.

—— Daniel Niggli, member of the Baukollegium 2008–2012

auch die Bauherrenschaft des Projektes dreimal wechselte, stand eine Initiative des Architekten Christoph Langhof, der hier ein Hochhaus mit Glasfassade im Stil der frühen 1990er Jahre vorgeschlagen hatte. Als ab 2001 die deutschen Energiesparverordnungen in Kraft treten, ist eine solche Planung obsolet geworden. Die Überarbeitungen führen schließlich zu dem Entwurf, der im August 2012 erstmals im Baukollegium beraten wurde.

decades of planning history, during which the project also changed hands between three different developers, a project began for a high-rise with a glass façade in the style of the early nineteen-nineties at the initiative of a design by the architect Christoph Langhof. Once the German energy conservation regulations *(Energiesparverordnung)* came into law in 2001, however, this kind of plan became obsolete. Reworking this original design led to the design that came before the Baukollegium in August 2012.

—— Design

Maximum utilization of space with costs kept as low as possible—these are the everyday parameters under which architects have to operate as a matter of course. But it belongs to the ethos of the job to aim for as high a design quality as

——— Upper West, Rendering des Hochhauses und Riegelgebäudes vom Breitscheidplatz aus betrachtet

——— Upper West, rendering of the high-rise and the interlinked building, view from Breitscheidplatz

Entwurf

Maximale Flächenausnutzung eines Grundstücks bei möglichst geringen Baukosten – das sind die alltäglichen Parameter, mit denen Architektinnen und Architekten selbstverständlich entwerfen müssen. Bei diesen Bedingungen eine größtmögliche Gestaltqualität zu erzielen, gehört zum Berufsethos. Der besondere Standort des Upper West und die Vorgeschichte seiner Entwicklung hängen die Messlatte der „ästhetischen Performance" des Projektes aber besonders hoch: Eleganz und Unverwechselbarkeit, auch die Eignung als Wahrzeichen werden von diesem Bau selbstverständlich erwartet. Der Architekt Christoph Langhof erläutert die Schwierigkeit der Aufgabe: „Eine der vielen Spielregel im Hochhausbau besagt, dass ein Hochhaus dann wirtschaftlich ist, wenn die durchschnittliche

possible under these conditions. Given the location of the Upper West and its earlier development history, the bar for this project's "aesthetic performance" is set quite high. Naturally, this construction is expected to be elegant and unique but also appropriate for a landmark. The architect Christoph Langhof explains the difficulty of the task: "The general rule when constructing high-rises is that it's only economic if there is a total floor area of 1200 square meters on average. This is the hurdle that you have to jump over when you're designing this type of building for a private developer. That's why

Etage 1200 Quadratmeter Bruttogeschossfläche hat. Diese Hürde muss genommen werden, vor allem, wenn man ein solches Gebäude für einen privaten Bauherren entwirft. Deshalb wäre hier ein Turm im Quadrat mit Seiten von 35x35 Metern am besten gewesen. Hätte man solch einen Turm realisiert, dann wäre das allerdings ein ziemlich schreckliches Bauwerk geworden, weil die Proportionen einfach scheußlich sind."
Hinzu kommt die Schwierigkeit, dass die Geometrie des Grundstücks für eine Hochhausplanung sehr ungünstig ist. Der Entwurf antwortet darauf, indem

what would be best here would be a square tower whose sides were thirty-five by thirty-five meters. But had we built a tower like that, it would be a pretty horrible construction because those proportions are just hideous."
An added difficulty is the fact that the plot's geometry is just not conducive to high-rise planning. The design responds to this by dividing the space of the Upper West into an eight-story interlinked building from which a slim high-rise rises, totaling thirty-three floors and 118 meters. The tower will house offices and a hotel chain. The cubic capacity of the interlinked building on Breitscheidplatz is divided into a three-level base with upper stories clearly set back. The façade shows a white lattice with distinctive sparkling elements made of anodized aluminum.
The guiding principle behind the high-rise design is "poetic momentum," which

Upper West, Langhof, Rendering Fassadenrealisation

Upper West, Langhof, rendering of the façade

er die Baumasse des Upper West aufgliedert in ein achtgeschossiges Riegelgebäude, aus dem ein schlankes Hochhaus mit 33 Geschossen bei einer Gesamthöhe von 118 Metern wächst, das Büros und eine Hotelkette beherbergen soll. Die Baumasse des Riegelgebäudes am Breitscheidplatz ist in einen dreigeschossigen Sockel und ein klar ablesbares Staffelgeschoss gegliedert. Die Fassade zeigt ein weißes Netz, in dem markant goldene Eloxalelemente aufblitzen.

Formale Leitidee des Entwurfs für das Hochhaus ist ein „poetischer Schwung", umgesetzt durch die Halbierung der Baumasse in zwei schlanke Hochhausröhren und eine leichte Ausdrehung aus der Straßenachse. Wie die barocke Madonna durch die Falten des Gewandes, soll die Masse des Hochhauses durch Rundungen mehr Dynamik und eine schöne Proportion erhalten.

is realized by halving the cubic capacity into two slender high-rise cylinders and cutting out a slight recess from the street axis. Just as the folds of her robe bring movement to a Baroque Madonna, the rounded edges of the high-rise make the mass more dynamic, giving it attractive proportions. This is how a small extension similar to a city square is laid out on Kantstrasse. It visually references Breitscheidplatz and marks the high-rise entrance. The interlinked structure of Upper West may be forming its spatial dimensions along Breitscheidplatz in a similar manner as the Schimmelpfeng-

——— Upper West, vom Breitscheidplatz gesehen, 2016. Die neue Torsituation mit dem Zoofenster

——— Upper West, viewed from Breitscheidplatz, 2016. Along with the Zoofenster, the building frames Kantstrasse like a gate.

Haus did before it, but its small forecourt to the high-rise reacts quite differently to Kantstrasse than its predecessor did. Instead of blocking off the square around the memorial church, the design adds depth to the streetscape at this spot, where it optically "stops" the gaze, preventing it from instantly getting distracted by Kantstrasse's kilometer-long path towards the west. The project's base level is articulated in all developmental directions. The tower starts out on ground level as a hard-edged cube but then gives way to ever more rounded shapes as it reaches for the sky. These architectural tricks make the building appear significantly slimmer, even at the top. The curves also have thermodynamic advantages. They take away the resistance of strong winds by deflecting and preventing the creation of downdrafts. The overall shape the Upper West takes stands in stark contrast to its neighbor the Zoofenster high-rise, while firmly placing the building stylistically in the twenty-first century.

The expressive form formed by the reinforced concrete skeleton is covered in an off-white, vertically aligned façade sheathe. Prefabricated elements will be worked into the façade; in the lower portions of the building they will be made of stone, while above they will be metal.

Auf diese Weise entsteht zur Kantstraße, mit Sichtbezug zum Breitscheidplatz, eine kleine platzartige Erweiterung, die zunächst einmal den Eingang zum Hochhaus markiert. Übernimmt das Riegelgebäude des Upper West wie vor ihm schon das Schimmelpfeng-Haus die Ausbildung der Raumkante zum Breitscheidplatz hin, so reagiert der kleine Hochhausvorplatz ganz anders auf die Kantstraße als der Vorgängerbau. Anstatt den Platz um die Gedächtniskirche abzuriegeln, vertieft der Entwurf den Straßenraum an dieser Stelle und sorgt für ein optisches „Stop", das den Blick davon abhält, sofort in die kilometerlange Flucht der Kantstraße nach Westen abzugleiten. Die Sockelzone des Projektes übernimmt also eine städtebauliche Artikulation in alle Richtungen. Der Turm beginnt am Boden mit einer eckigen Kubatur und geht nach oben hin immer mehr in Rundungen über. Durch diese „Kunstgriffe" des Architekten wirkt das Gebäude auch oben bedeutend schlanker. Die Rundungen bieten zudem thermodynamische Vorteile: sie nehmen starkem Wind den Widerstand, indem sie dessen „Abriss" und das Aufkommen von Fallwinden verhindern. Die Großformen des Upper West treten in einen spannungsvollen Kontrast zum benachbarten Zoofenster-Hochhaus

und verorten das Gebäude stilistisch deutlich im 21. Jahrhundert.
Umhüllt wird die expressive Kubatur des Stahlbetonskeletts von einer annähernd weißen, vertikal gegliederten Fassadenhaut. Vorgefertigte Fassadenelemente sollen unten in Stein, oben in Metall ausgebildet werden. Die prägenden Rundungen werden wiederum als Polygone nachgezeichnet, sodass eine facettenartig gefaltete Fassade entsteht.

—— Baukollegium

Die Bedeutung des Projektes für die Formulierung einer neuen Identität der City West prädestiniert es für eine sorgfältige Begleitung durch das Baukollegium. Obwohl normalerweise bei einem Hochhaus ein Wettbewerbsverfahren eingefordert wird, sollte hier die Überarbeitung des 20 Jahre alten Entwurfes durch denselben Architekten erfolgen, die allerdings durch das Baukollegium in fortwährendem Austausch begleitet wird. Es liegt auf der Hand, dass sich der Abriss des Baudenkmals Schimmelpfeng-Haus in unbedingter Qualität auszahlen muss.
Grundsätzlich ist das Gremium zufrieden mit dem vorgelegten Entwurf, der in der Schlankheit und Eleganz des Hochhauses und mit der städtebaulichen

Its defining curves are then traced as polygon shapes so that its beveled façade folds in on itself.

—— Baukollegium

Due to the role it will take in forging a new identity for City West, this project has been predestined to come under the Baukollegium's watchful eye. Normally planning a high-rise calls for an architectural competition. In this case, however, the architect who came up with the initial design twenty years ago is asked to rework it. This revision process will come before the Baukollegium. It goes without saying that demolishing the Schimmelpfeng-Haus, a building that has become a historic site, must be carried out with the utmost quality. The committee is generally positive about the design submitted. With a slim, elegant high-rise and interlinked structure adapted to the urban environment around it, it promises to become a cornerstone of the upgraded "Old West." The Baukollegium stresses that the devil is in the details, however, and that in order for the structure to be successful, close attention to detail is key. While the building undoubtedly cuts an impressive figure when viewed from afar, it also needs to look good up close given that it is located in one of the city's most important public spaces. This is why the Baukollegium addresses the topic of the façade's detail in repeated discussions—in their thirty-first, thirty-second, and thirty-third sessions. The committee reminds the project developers to employ subtlety in articulating the curvatures. The initial design was seen as having curves that are too coarsely formed, requiring softening. When rethinking the façade's design, the designers should think through options such as curved glass or other possibilities for fine-tuning the façade. It's not just about aesthetics but also about technical necessity. For example, air traffic control requirements must be satisfied and done so in a way that is aesthetically pleasing, of course. Furthermore, the Baukollegium recommended using two of the three levels of the interlinked structure on Breitscheidplatz as building stories while transforming the ground level into public space, a colonnade running down Kantstrasse, as also featured in Zoofenster.

—— Construction

The idea favored by the Baukollegium, that of curved glass, cannot be implemented due to its prohibitive cost. The architects, the builders, and the façade company work for a long time to find a

Einpassung des Riegelgebäudes ein Baustein des aufgewerteten „Alten Westens" zu werden verspricht. Von essenzieller Bedeutung für einen Erfolg erscheint dem Baukollegium die Sorgfalt im Detail. Der zweifellos markanten Fernwirkung des Gebäudes soll auch die Nahsicht von einem der bedeutendsten öffentlichen Räume der Stadt standhalten können. Die Detaillierung der Fassade ist deshalb der Hauptgrund für die wiederholte Besprechung im Baukollegium in der 31., 32. und 33. Sitzung. Das Gremium mahnt Raffinesse in der Artikulation der Rundungen an, die im ersten vorgelegten Entwurf als zu grobschlächtig empfunden werden und weicher werden sollen. Gebogenes Glas oder andere Möglichkeiten der Detaillierung sollen in Überarbeitungen des Fassadendesigns durchgespielt werden. Hierbei geht es nicht allein um Schönheit, sondern auch um technische Notwendigkeiten, wie etwa die Anforderungen der Flugleitung, die selbstverständlich ästhetisch befriedigend gelöst werden sollen. Zudem empfiehlt das Baukollegium, die Sockelzone des Riegelgebäudes am Breitscheidplatz von drei auf zwei Geschosse zu reduzieren und, wie schon beim Zoofenster, die Erdgeschosszone zum öffentlichen Raum entlang der Kantstraße als Kolonnade auszubilden.

226

—— Realisierung

Das vom Baukollegium favorisierte gebogene Glas ist aus Kostengründen nicht realisierbar. Lange arbeiten die Architekten, der Bauherr und die Fassadenfirma an einer befriedigenden Lösung zur Modellierung der Fassade. Endlich entsteht durch facettenartig vor- und zurückspringende Fassadenelemente (L-förmige Paneele aus weißem Aluminium) eine optisch adäquate Artikulation der Rundungen des Baukörpers. „Warum die Elemente von vorne nach

satisfactory solution for modeling the façade. Finally, façade elements, L-shaped panels made of white aluminum, which incorporate back-and-forth beveled switchbacks are chosen because they offer an optically adequate articulation of the building's curves. "The reason the elements shift from front to back has to do with something that came up in the Baukollegium," Christoph Langhof explains. "The curves need to be perceived as curves, after all. Because rounded glass is unfortunately three times more expensive, the builder struck that option right away. This meant that the curvatures had to be articulated through bevels."

Gentle curves and vertical orientation for the windows prevent radar interference of air traffic control, and small light refractions sparkle to life, bringing extra brightness to the façade. The structure's curves ensure the building gives off a

——— Upper West, Foto der Fassade im Bau, 2016. Die feinen Vor- und Rücksprünge erzeugen eine gleichmäßige Facettierung. Hierdurch wirkt die Fassade gerundet und Unregelmäßigkeiten werden visuell ausgeglichen.

——— Upper West, photograph of the façade under construction, 2016. The fine back-and-forth switchbacks create even beveling. This gives the façade an appearance of roundness, and any irregularities are visually compensated for.

hinten springen, das hat einen Grund, der auch im Baukollegium besprochen worden ist“, erklärt Christoph Langhof. „Denn die Rundungen sollten auch als Rundungen wahrgenommen werden. Da ein rundes Glas nur leider dreimal teurer ist als gerades Glas, hat der Bauherr das runde Glas strikt abgelehnt. Das hatte zur Folge, dass die Rundungen zu Facetten werden mussten.“ Durch leichte Faltung und vertikale Neigung der Fenster wird das Radar des Flugverkehrs nicht beeinträchtigt und es entstehen kleine Lichtbrechungen, die zusätzliches Leben auf die Fassade bringen. So spinnt sich über die Rundungen des Baukörpers statt eines kleinteiligen Rasters ein „netzartiges“ Kleid, das gewissermaßen beweglich erscheint. Damit bildet das Hochhaus auch einen Kontrast zur statischen Ruhe des Riegelgebäudes, während die korrespondierenden Erdgeschosszonen

mobile impression of a “web-like” dress instead of a checkered grid. In this way, the high-rise creates contrast to the static calm of the interlinked attached structure below it, while the corresponding ground-level zones bring together both structural parts. After a lot of experimentation, the team happens upon a clever trick. Langhof explains, “If you can’t make the curves like the straight lines, then I can make the straight lines like the curvature. If the curves have hard edges, then I try to insert setbacks into the straight lines. That’s why we varied the depth of the different L-elements occasionally,

beide Gebäudeteile verbinden. Nach langem Probieren sei dem Team der Kunstgriff eingefallen, merkt Langhof an: „Wenn man die Rundungen nicht so machen kann wie die Gerade, dann konzipiert man die Gerade wie die Rundung. Wenn die Rundungen und Vorsprünge kantig sind, dann versuche ich auch in der Geraden solche Vorsprünge zu erzeugen. Deswegen haben wir die verschiedenen L-Elemente wie in einer Backsteinwand mal vor- mal zurückversetzt. Dadurch entstehen Kanten und Vorsprünge und es entsteht ein ähnliches Bild in der Geraden wie in der Rundung.“

setting them back or making them protrude like in a brick wall. This created edges and switch-backs, ultimately creating an image whereby the straight lines look more like the curves.”

The Baukollegium concluded by discussing a 1:1 replica of the façade model that illustrates this principal. But in this model, heading joints made specifically for manufacturing suddenly become apparent between the L-shaped panels, and these will strongly impair the planned ornamentation. The Baukollegium demands that, despite the higher costs, these elements be attached without heading joints as far as necessary until their distance from street level makes them no longer visible. The builder contracted the façade firm to fine-tune the details once again. In the end, they were successful in using the panels without any heading joints across the whole façade.

——— Upper West, Foto der Fassade im Bau, 2016. Detail der L-förmigen Elemente und Versatz

——— Upper West, photograph of the façade under construction, 2016. Detail of the L-shaped elements and their alignment

Im Baukollegium wird schließlich ein 1:1-Fassadenmodell diskutiert, das dieses Prinzip veranschaulicht. Hier zeigen sich plötzlich herstellungsbedingte Stoßfugen zwischen den L-förmigen Paneelen, welche die beabsichtigte Ornamentik stark beeinträchtigen. Das Baukollegium fordert, die Elemente trotz höherer Kosten ohne Fugen zu montieren bis in eine Höhe, in der sie aufgrund der Entfernung nicht mehr sichtbar wären. Der Bauherr beauftragt die Fassadenfirma, noch einmal an der Verfeinerung des Details zu arbeiten. Schließlich gelingt es, die Paneele ohne Stoßfugen über die gesamte Fassade auszuführen.

—— Today

This will become West Berlin! It's often hard to say goodbye to things familiar to us: pieces of everyday life here—the rough train station atmosphere with a nearby sex shop, the "Super Hahn" greasy spoon, and all the corners that evoke sensations of the former West Berlin archipelago—all this is in the grip of transformation. Undoubtedly, a new image of West Berlin is undergoing development here, and it will be greeted by many with excitement but by others with nostalgic mourning. Overall, this project

—— Heute

Das wird Westberlin! Der Abschied vom Bekannten fällt oft schwer: Das Gewohnte – die raue Bahnhofsatmosphäre mit

——— Upper West, Foto der Fassade im Bau, 2016. Der polygonale Rohbau wird geschickt angekleidet.

——— Upper West, photo of the façade under construction, 2016. The polygon-shaped building structure is dressed up.

demonstrates the power of a collaboration between discerning architects and professionally competent builders open to creative solutions. Through a dialogic consultation process with the Baukollegium, this collaboration helped make it possible for new images in western Berlin and views of the west to arise. These new sights epitomize the vitality and the importance of the "Old New West," a location that has been providing the polycentric city of Berlin fresh momentum ever since its founding in the nineteenth century. If the camera zooms close enough to the Upper West, it will capture the fine differentiation of its façade.

Beate-Uhse-Shop, dem „Super Hahn" und Ecken, die die Atmosphäre des West-Berliner Stadtarchipels evozierten, ist im Wandel begriffen. Zweifellos entsteht hier ein neues, von vielen begrüßtes, von einigen nostalgisch betrauertes Bild von Westberlin. Die Zusammenarbeit von anspruchsvollen Architekten und fachkompetenten Bauherren, die aufgeschlossen sind für findige Lösungen, hat in der dialogischen Beratung mit dem Baukollegium dazu beigetragen, dass neue Blicke vom Berliner Westen und in den Westen möglich werden, die der Vitalität und Bedeutung des „Alten neuen Westens" entsprechen, der dem polyzentrischen Berlin seit seiner Gründung im 19. Jahrhundert immer wieder wichtige Impulse gibt. Wenn die Kamera nah genug heranfährt an das Upper West, dann fängt sie auch die feinen Unterschiede der Fassade ein.

West Side Story an der East Side Gallery

West Side Story at the East Side Gallery

—— Anschutz-Areal

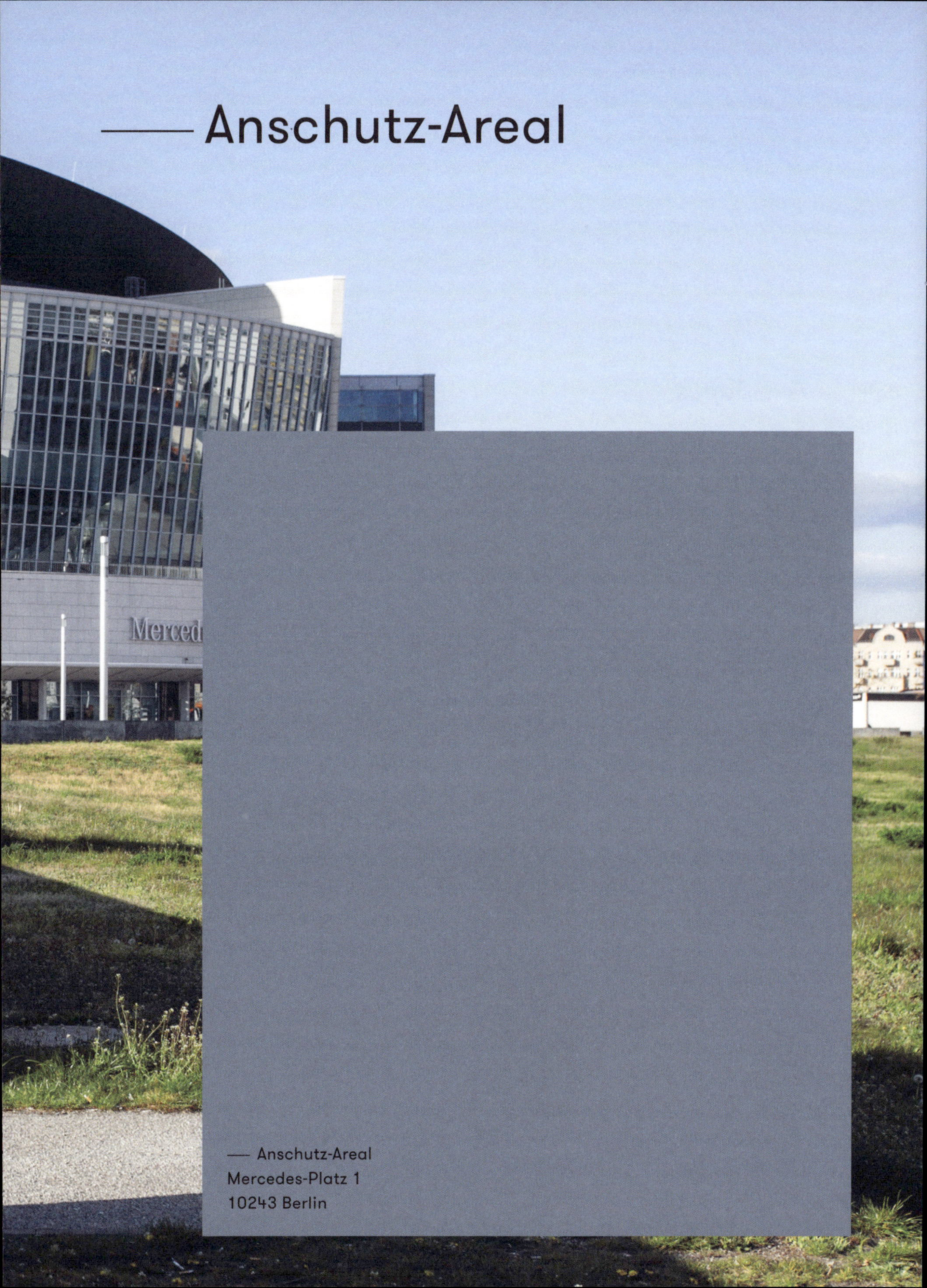

— Anschutz-Areal
Mercedes-Platz 1
10243 Berlin

—— Topos

Der Fall der Berliner Mauer im November 1989 war die Initialzündung für eine der größten Herausforderungen auf dem Gebiet der Stadtentwicklung in Europa seit dem Zweiten Weltkrieg: das Zusammenwachsen von Ost- und West-Berlin. Zwei Teile der ehemaligen und künftigen deutschen Hauptstadt, die sich unter dem Einfluss konkurrierender politischer Systeme und der von ihnen hervorgebrachten Leitbilder und Lebensweisen zu zwei Städten auseinanderdividiert hatten. Quasi über Nacht wurden nun auch im geografischen Zentrum der Doppelstadt immense Flächen frei, die auf beiden Seiten des Mauerstreifens innerhalb von drei Jahrzehnten zur Peripherie der Stadthälften herabgesunken waren. Nach ersten Ordnungs-, Planungs- und Restitutionsvorgängen herrschte Anfang der 1990er Jahre unter in- und ausländischen Entwicklern eine

—— Topos

When the Berlin Wall fell in November 1989, it set off one of the biggest urban-development challenges in Europe since the Second World War: merging East and West Berlin. The two cities made up two halves of the former and future German

capital, and under the influence of competing political systems, as well as the principles and ways of life these systems had birthed, they had gone their separate ways. On both sides, areas bordering on the Berlin Wall had sunk into obscurity over the three decades that they had served as peripheral areas of each city half. Practically overnight, these immense swathes of land, some of them even in the double city's geographic center, were suddenly freed up. After initial procedures were put in place for public order, planning, and restitution, the early nineteen-nineties witnessed a kind of "gold rush" for domestic and international investors. They could secure large plots of land for long-term projects under conditions that were economically and politically advantageous for them. The hottest spaces weren't just the unbuilt ones. A lot of the infrastructural facilities and industrial buildings in the double city were already becoming obso-

Art „Goldgräberstimmung“: Unter ökonomisch und politisch für sie besonders günstigen Bedingungen konnten sie große Areale für langfristige Projekte sichern. Nicht nur Freiflächen standen nun im Zentrum der Begehrlichkeiten. Auch viele infrastrukturelle Einrichtungen und Industriebauten der Doppelstadt

Anschutz-Areal
Entwurfs- und Objektplanung; **Landschaftsplanung** Design and building planning; Landscape planning
Bauherr Builder AEG Anschutz
Architekt Architect Entwurfs- und Objektplanung Design and building planning: Callison RTKL, London
Landschaftsplanung Landscape planning: TOPOTEK 1, Berlin
Bezirk District Friedrichshain-Kreuzberg
Zeitraum Time Frame 2001–
Größe Size XL

//

This kind of eventization in a location bordering on the East Side Gallery is unacceptable and will unleash citizens' protests.

——— Regula Lüscher, senate building director

wurden jetzt oder in naher Zukunft obsolet, zumal sie häufig dem industriellen Wachstum der Stadt im 19. und frühen 20. Jahrhundert entstammten und sich für die Gegenwart als unpraktisch erwiesen. Vor allem die Umstrukturierung in Bahnverkehr und -logistik setzte große Räume frei, darunter auch den ehemaligen Post- und Ostgüterbahnhof sowie das benachbarte Betriebswerk der Schlesischen Bahn.

Dieses Gelände liegt unmittelbar am Rand der Innenstadt, im Dreieck der Ortsteile Friedrichshain, Kreuzberg und Mitte. Eine besondere Lagegunst erhält es durch das benachbarte Spreeufer, von dem es nur einen Steinwurf entfernt, aber durch die Hauptverkehrsader der Mühlenstraße auch getrennt ist. An den öffentlichen Verkehr ist das Areal durch den Ostbahnhof und die U- und S-Bahnstation Warschauer Straße hervorragend angeschlossen. Nach dem Mauerfall lautete die städtebauliche Herausforderung für dieses Gebiet, eine Verknüpfung mit den angrenzenden Wohngebieten, dem stadtlandschaftlichen Spreeraum und dem funktional und stadträumlich noch stärker zu bestimmenden Postareal sowie dem Osthafen zu finden. Das wirtschaftliche Entwicklungspotenzial einer solchen Folge von Flächen für die Dienstleis-

lete, or would do so in the near future, especially since many of them hailed from an industrial boom period dating back to the nineteenth and early twentieth century, which made them unpractical in the present day. Above all, the restructuring of train traffic and logistics freed up a lot of space, including the former postal train station (Postbahnhof) and east freight train station (Ostgüterbahnhof), as well as the neighboring train yard of the Silesian train line.

This site lies directly at the edge of the downtown, forming a triangle between the areas of Friedrichshain, Kreuzberg, and Mitte. At only a stone's throw away, the nearby Spree riverbank makes it a convenient location, even though the main traffic artery Mühlenstrasse separates them. Due to its connections to east train station (Ostbahnhof) and the subway (U-Bahn and S-Bahn) station Warschauer Strasse, the area is also a prime connecting point for public transportation. The post-Wall challenge city planners faced when dealing with this location was how to connect it to its many neighbors: the nearby residential areas, the urban greenery around the Spree, and the areas of the postal site and the East Harbor (Osthafen), which were in use but still needed to be more clearly defined in terms of their urban function-

//

Eine solche Eventisierung direkt an der East Side Gallery ist inakzeptabel und wird Bürgerbewegungen auslösen.

—— Regula Lüscher, Senatsbaudirektorin

ality. It was obvious that this series of sites when leveraged for a service economy would have huge economical developmental potential for the merged city.

—— Plan

In 2001, the American investor Anschutz Entertainment Group (AEG) bought the site from the German railway company (Deutsche Bahn) with the goal of turning it into a mixed-use city quarter over the long run. Given the AEG's industry, this meant that this area would primarily be used for entertainment. To start the concrete planning for the project, the AEG, in coordination with the Berlin Senate and the District Friedrichshain-Kreuzberg, initiated a procedure for receiving expert city-planner opinions on the east freight train station (Ostgüterbahnhof). The office of Hemprich Tophof Architets created the winning design. The results of the process were ultimately coalesced into a coordinated master plan that formed the basis for later land-use planning. In 2003 and 2004, these plans were finalized under the official title "VB-Plan 2-4 VE" for the event arena "O2 World," and the corresponding land-use plans were entitled V-3, V74, and V83.

The master plan shows clearly identifiable zones for streets and squares. The

tungsgesellschaft der zusammenwachsenden Stadt lag dabei auf der Hand.

—— Vorhaben

2001 kaufte der amerikanische Investor Anschutz Entertainment Group (AEG) das Gelände von der Deutschen Bahn mit der Absicht, es langfristig zu einem gemischt genutzten Stadtquartier zu entwickeln. Der Schwerpunkt der Nutzung sollte dabei gemäß dem Kerngeschäft der AEG im Entertainment liegen. Um das Vorhaben in eine konkrete Planung zu bringen, führte AEG gemeinsam mit dem Berliner Senat und dem Bezirk Friedrichshain-Kreuzberg das städtebauliche Gutachterverfahren Ostgüterbahnhof durch. Hier setzte sich der Entwurf des Büros Hemprich Tophof Architekten durch. Die Ergebnisse des Verfahrens wurden anschließend zu einem koordinierten Masterplan entwickelt, der die Grundlage für die späteren Bebauungspläne darstellt. Diese Pläne wurden 2003/2004 ausgearbeitet und tragen die amtliche Bezeichnung VB-Plan 2-4 VE (für die Veranstaltungshalle „O2-World"), und B-Pläne V-3, V74 und V83.

Der Masterplan zeigt im Grundriss klar ablesbare Straßen- und Platzräume. Hier sind Hochhäuser geplant, die mit

50, 80, 90 und 135 Metern im Spreeraum weithin dominierende Zeichen setzen sollen. Eine deutliche Öffnung des Areals zum weiten Raum an der Spree entsteht durch die Anordnung der Quartiersstraßen und den breiten Vorplatz, der sich von der zentralen Veranstaltungshalle bis zur Mühlenstraße hinab erstreckt. Der Masterplan definiert freilich nicht nur die Grundgestalt des Areals, sondern auch seine Nutzungsschwerpunkte: im nordöstlichen Bereich, zwischen der zentralen Veranstaltungshalle und der Warschauer Brücke, ist ein Standort für Bürobauten vorgesehen, den eine Erdgeschosszone mit kleineren Läden und Gastronomie beleben soll. Das Entertainmentquartier wird in dieser Planungsstufe im westlichen Bereich angesiedelt, bewusst mit einer Orientierung zur Bahntrasse und damit – vom Spreeraum aus gesehen – im hinteren Bereich des Areals. Blockrandbebauungen bilden entlang der Mühlenstraße eine urbane

plan here is to have high-rises, whose height of 50, 80, 90, and 135 meters will become another dominant marker in the Spree area. The AEG plot of land opens onto further stretches along the Spree due to the quarter's street arrangement and the wide forecourt that reaches from the central arena to the Mühlenstrasse.

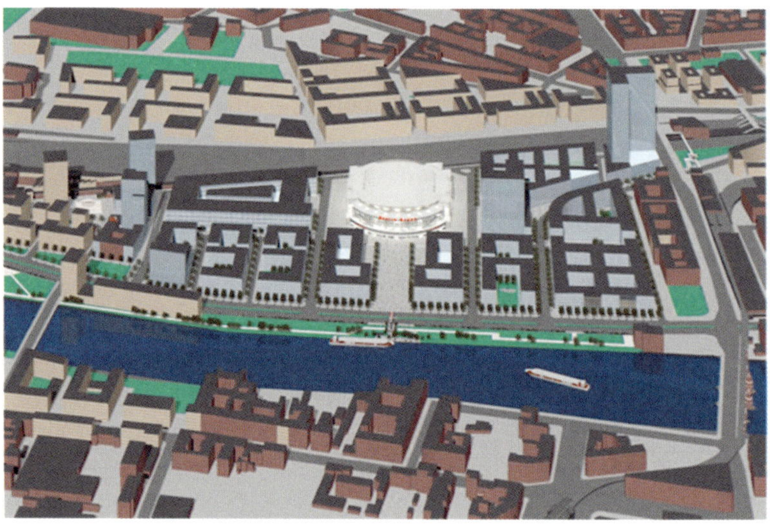

Admittedly, the master plan does not just define the basic form the whole area will take but it also sets out its primary land uses. A site for office buildings is planned for the northeast corner between the central arena and Warschauer Brücke, and it will also have ground-floor shops and restaurants that bring life to the area. By the time this phase of the plan is reached, the entertainment quarter will be settled in the western section, purposefully oriented towards the train tracks. This way, it makes up the backside of the plot of land when viewed from riverbanks along the Spree. The perimeter blocks built along the Mühlenstrasse form an urban border to the river. In addition to the core function of entertainment, the plan also allows significant space for housing.

The arena at the east train station—which fits 17,000 people and was first called O2 World, then, as of 2015, the Mercedes-Benz Arena—was the first milestone in implementing the master plan. In 2003, the

Kante zum Fluss. Hier ist außer den kerngebietstypischen Nutzungen auch ein beträchtlicher Anteil an Wohnraum vorgesehen.

Die Veranstaltungshalle „Arena am Ostbahnhof" mit stattlichen 17.000 Plätzen, zuerst „O2 World" und seit 2015 „Mercedes-Benz Arena" benannt, wird

—— Anschutz-Areal, überarbeiteter Lageplan des Siegerentwurfes des städtebaulichen Wettbewerbs

—— Anschutz area, reworked floor plan of the winning design of the urban-development competition

Merced
nz Arena
hölscher
wasserbau

Anschutz-Areal, Blick in die zukünftige Achse des Entertainment Centers auf die Mercedes-Benz Arena, 2016

Anschutz area, view of the future entertainment center main axis to the Mercedes-Benz Arena, 2016

tracks for the former rail operations were removed, and not just on the site for the arena but across the whole plot of land. Five years later the arena opened in the face of vehement protests by Berliners. Its size and usage point to the plot of land transforming the area into a top address for the offices, hotels, shopping areas, movie theaters, bowling alleys, restaurants, and apartments that the master plan proposes. The Mercedes-Benz Arena and East Side Gallery function like a magnet, attracting four million visitors each year.

Protest

The protesters view the arena as the core of undesired development in the quarter. The initiative "Sink the Media Spree" (Mediaspree versenken) objects to valuable lots along the Spree being sold to large investors. They fear that these investors are setting up company headquarters here for global corporations in large structural developments that will never connect with the neighborhood, replacing a restful local area of significance to the whole city. Tangentially, the initiative "Spree Riverbank for Everyone!" (Spreeufer für alle!) is fighting for river access for all, and demands that new buildings be set back at least fifty meters

der erste Baustein in der Umsetzung des Masterplans. 2003 werden dafür die Anlagen des ehemaligen Bahnbetriebs abgerissen – nicht nur auf dem Baugrund der Halle, sondern gleich auf dem gesamten Areal. Fünf Jahre später wird die Veranstaltungshalle in Gegenwart vehement protestierender Berlinerinnen und Berliner eingeweiht. Durch ihre Größe und Nutzung zeichnet sie die weitere Entwicklung des Areals vor, indem sie für die im Masterplan vorgesehenen Büros, Hotels, Shoppingeinrichtungen, Kinos, Bowlings, Restaurants und Wohnungen zunächst einmal eine Adresse schafft. Mercedes-Benz Arena und East Side Gallery sind ein Magnet und ziehen inzwischen jährlich vier Millionen Besucher an.

Protest

Die Protestierenden sehen in der Halle das Kernstück einer unerwünschten Quartiersentwicklung. Die Initiative „Mediaspree versenken“ beklagt, dass wertvolle Grundstücke entlang der Spree an Großinvestoren vergeben wurden, die hier Firmenzentralen global agierender Konzerne errichten würden, in Bebauungsstrukturen, die ohne Bezug zu den umliegenden Quartieren blieben und damit auch einen Naherholungsraum von gesamtstädtischer Bedeutung belegten. Demgegenüber fordert die Initiative ein frei zugängliches „Spreeufer für alle!“ mit einem Mindestabstand von 50 Metern zwischen dem Fluss und der Neubebauung sowie den Verzicht auf Hochhäuser. Statt der geplanten Autoverkehrsbrücke über die Spree soll nach dem Willen der Initiative ein Fahrradsteg die Verbindung zum Kreuzberger Ufer herstellen. Für diese Forderungen strengte „Mediaspree versenken“ am 13. Juli 2008 einen Bürgerentscheid an, zu dem die Initiative 30.000 Stimmen sammeln konnte.

Doch der Protest kommt zu spät, denn bestehendes Baurecht gilt bereits. Wenn auch die Forderungen der Initiative politisch ernst genommen werden, hätte ihre Umsetzung Schadensersatzforderungen für die bereits genehmigten Planungen in Höhe von 164 Millionen Euro zur Konsequenz. Der Haushalt des zuständigen Bezirks hätte das nicht verkraftet, und so erscheint eine moderierte Annäherung in dem Konflikt der politisch sinnvolle Weg. Das Ergebnis des Prozesses kommentiert Ralf Schönball im *Tagesspiegel* vom 13. Oktober 2009: „Welche Zugeständnisse die Bauherren machen, das wird von Grundstück zu Grundstück neu verhandelt. Mit Augenmaß. Aber ohne die ‚Einmischung‘ hät-

from the river, and that no high-rises be built. This initiative also wants to see a bicycle path that goes all the way to the Kreuzberg riverbank instead of the planned car bridge over the Spree. “Sink the Media Spree” tried to get their demands listed on a referendum on July 13, 2008, and even collected 30,000 signatures for it.

But the protest came too late. The existing building permits had already been issued. Even if the initiative’s demands had been taken seriously politically, given the fact that the building plans were already approved, their implementation would have led to claims for damages to the tune of EUR 164 million. The district responsible for this did not have the kind of budget that could cover this, which is why a moderated discussion of the conflict seemed the most politically sensible path. The result of this process was described by Ralf Schönball in the *Tagesspiegel* from October 13, 2009: “Whatever concessions the developers make will be negotiated on a case-by-case basis with each new plot of land. Within reason. But without the protesters’ having gotten involved, there probably would not have been so much close attention paid to planning in this part of town. And this is the good thing that’s come out of this development. Neither the investors nor the initiative got their way in the end—that's just what a good compromise looks like."

—— Baukollegium I (Master Plan)

The plans for the AEG plot of land came before the Baukollegium for the first time in January 2012. Advice was given on the urban-development organization of the area and its residential ratio. According to the current planning law, a residential ratio of ten percent was proposed, which is atypically low for the district. It was planned to be concentrated in as few locations within the quarter as possible. During the Baukollegium session, the Senate administration and the District Friedrichshain-Kreuzberg voiced their concerns that the questions about residential ratio and location be settled in a precise and binding manner before any plots could be sold to various project developers. Within the debate, it became clear that it is important that land-use planning sensitively account for this question in order to make the quarter a lively urban cornerstone of Berlin as much as possible. The Baukollegium stressed that the stark contrast between the AEG plot of land and the sociocultural mixture in the surrounding

ten vielleicht nicht so viele so genau auf die Planungen in diesem Gebiet geachtet. Und das ist das Gute an dieser Entwicklung: Weder die Investoren noch die Initiative werden sich am Ende ganz durchsetzen – ein guter Kompromiss eben."

—— Baukollegium 1 (Masterplan)

Zum ersten Mal kommt die Planung des Anschutz-Areals im Januar 2012 vor das Baukollegium. Es wird über die städtebauliche Ordnung des Gebietes und den Wohnanteil darin beraten. Nach dem bestehenden Planungsrecht war hier ein Wohnanteil von bezirksuntypisch geringen zehn Prozent vorgesehen, die möglichst an wenigen Standorten des Quartiers konzentriert werden sollten. In der Sitzung des Baukollegiums bekräftigen die Senatsverwaltung und der Bezirk Friedrichshain-Kreuzberg ihr Anliegen, diese Wohnanteil- und Standortfragen genau und verbindlich zu regeln, noch bevor die Grundstücke an unterschiedliche Vorhabenträger weiter veräußert würden. Eine hohe Sensibilität in Bezug auf die Programmierung, so stellt sich in der Diskussion heraus, sei hier besonders wichtig, um das Quartier so gut wie möglich zu einem

Mercedes-Benz
BASF

//

Es geht immer darum, das Interesse für Qualität bei allen Beteiligten zu wecken, denn nur so entsteht starke Architektur in der Stadt. Und das ist nicht nur langfristig gut für die Stadt, sondern es kommt auch den wirtschaftlichen Belangen der Bauherren entgegen.

—— Hilde Léon, Mitglied des Baukollegiums 2008–2012

//

The goal is always to get all stakeholders to start caring about quality. This is the only way to develop strong architecture in the city. And this is not only good for the city in the long run, but it also accommodates the builders' economic concerns.

—— Hilde Léon, Member of the Baukollegium 2008–2012

lebendigen Berliner Stadtbaustein zu machen. Der starke Kontrast zur soziokulturellen Mischung der umgebenden Wohngebiete solle durch Integration von Quartiersfunktionen, wie beispielsweise eine Kindertagesstätte, sowie durch einen besonders qualitätvollen Freiraum abgemildert werden. Hierfür regt das Baukollegium die Durchführung eines Wettbewerbs an.

neighborhoods should be lessened. They suggested integrating the quarter's functionality, for example, by adding a daycare facility and creating particularly high-quality public spaces. To implement these ideas, the Baukollegium encouraged that a competition be carried out.

—— Entwurf Entertainment District

In der Überarbeitung des Masterplans ändert sich vor allem die Lokalisierung des Entertainment District. Er ist nun nicht mehr entlang der Bahntrasse angesiedelt, sondern rückt als flankierende Nutzung zur O2 World (heute Mercedes-Benz Arena) prominenter an die Spree. Nach dem Willen der Vorhabenträger soll die Arena durch diese benachbarten Entertainmentfunktionen aus ihrer langjährigen räumlichen Isoliertheit geholt und bes-

——— Anschutz-Areal, Rendering des Entwurfs mit markanten Mediatowers, Restaurants und einem multifunktionalen Platz für Events

——— Anschutz Area, rendering of the design with marked media towers, restaurants, and a multifunctional square for events

—— Design for the Entertainment District

As the master plan was revised, the positioning of the entertainment district changed. In the new plan, it no longer runs along the train tracks but has been moved more prominently towards the Spree, flanking the O2 World (now the Mercedes-Benz Arena). The project developers believe that the arena will be better integrated into the city quarter this way because the new placement of these entertainment functions will help it out of the spatial isolation it has experienced for several years.

The design for this entertainment district was put together by the London architectural office RTKL (with Aukett + Heese as the Berlin contact office). It was presented to the Baukollegium in November 2014.

The main impulse behind the new plan is that entertainment will form the heart of this district. Programming and form, the

ser in das neue Stadtquartier eingebunden werden.

Der Entwurf für diesen Entertainment District stammt vom Londoner Architekturbüro RTKL (mit Aukett + Heese als Berliner Kontaktbüro) und wird im November 2014 im Baukollegium vorgestellt.

//

We have to deal with quite a difficult legacy here—land-use planning put together during the "gold digger era," the period directly after reunification when everything was made as easy as possible for investors.

——— Regula Lüscher, senate building director

Kerngedanke der Umplanung ist, dass das Entertainment das Herz des Stadtquartiers bilden soll: Programmierung und Gestaltung, wie die Architekten das Projekt 2014 beschreiben, „help create a dynamic, adaptable civic heart". Bei der Planung handelt es sich mit etwa 36.000 Quadratmetern auch im internationalen Vergleich um ein umfangreiches Gebiet. Städtebaulich ist die Nutzungsverteilung in vier Blocks mit einer Gebäudehöhe von 26,50 Metern organisiert. In den beiden zur Arena orientierten Blocks finden sich ein Multiplexkino, eine kleinere Veranstaltungshalle und ein Bowlingcenter. Zahlreiche Restaurants flankieren die zentrale Achse zur Spree. In den beiden Blocks entlang der Mühlenstraße soll zusätzlich zu den Hotel- und Bürofunktionen ein Besucherzentrum für die East Side Gallery untergebracht werden.

Der Entwurf bezieht den öffentlichen Raum deutlich in die Planung ein. Die Unterhaltungsmeile zwischen der großen Veranstaltungshalle und der Spree geriert sich als zentraler „Stadtplatz", um den sich die Entertainmentfunktionen und Restaurants gruppieren. Die Gehwege an der East Side Gallery sollen durch die Gestaltung in diesen Stadtplatz mit einbezogen werden, ebenso die öffentlichen Räume, die zu

architects explain when describing the 2014 project, "help create a dynamic, adaptable civic heart." The whole planned area is 36,000 square meters, which, even in an international comparison, is extensive. In terms of city planning, there are four usage blocks with a building height of 26.5 meters. In the two blocks oriented towards the arena, there are a multiplex movie theater, a smaller events hall, and a bowling alley. Numerous restaurants flank the central axis to the Spree. A visitor's center for the East Side Gallery will be housed among the hotels and offices in the two blocks that run along Mühlenstrasse.

The design carefully accounts for public spaces. The entertainment mile between the large arena and the Spree behaves as a central city square surrounded by entertainment and restaurants. The walkways along the East Side Gallery also play a role in the shape of this city square, as do the public spaces that lead to the central public transportation hubs of Warschauer Strasse and the east train station.

This Arena Plaza is divided into four programmatic zones: event, trend, red carpet, and park. Accordingly, the city square is supposed to function as a stage for events itself as well as a place for advertising various offerings in the event

//

Wir mussten da mit einer großen Altlast umgehen – einem Bebauungsplan, der aus der „Goldgräberzeit" unmittelbar nach der Wiedervereinigung stammt, in der man für die Investoren alles so einfach wie möglich gemacht hat.

——— Regula Lüscher, Senatsbaudirektorin

spaces. To this end, the developer has proposed billboards, lighting elements, and loud speaker systems (media towers), which will also significantly impact the square's architectural appearance. As proposed in land-use planning, terraces and other spaces for public use will border the square.

—— Baukollegium 2 (Entertainment)

The architects and the project developers wanted to discuss the buildings' architecture and the shape public spaces would take, whereas in the Baukollegium session the debate is focused on the fundamental question of to what extent an "urban entertainment center" can be seen as a city square for a mixed quarter. Organizing public space around entertainment is already beyond the usual scope of the public sphere in Germany, and so the Baukollegium reminded their guests of the compromise that was achieved as part of the referendum backed by "Sink the Media Spree." Back then, due to legal construction permissions having already been granted, the wheel of development could not be spun back to its original position, but an agreement was reached that the points of the citizens' initiative would be considered at every further

den zentralen Knotenpunkten des ÖPNV an der Warschauer Straße und am Ostbahnhof führen.

Programmatisch ist diese „Arena Plaza" in die Zonen „Event, Trend, Red Carpet und Park" gegliedert. Der Stadtplatz soll demnach teilweise als Bühne für Veranstaltungen sowohl selbst nutzbar sein, als auch als Display für die Ankündigungen der unterschiedlichen Angebote in den Veranstaltungsräumen fungieren. Hierzu sieht der Entwickler eine Ausstattung mit Reklametafeln, Lichtelementen und auch Lautsprecheranlagen (Media Towers) vor, die das architektonische Erscheinungsbild des Platzes wesentlich prägen. Wie im Bebauungsplan vorgesehen, wird er ansonsten von Terrassen und öffentlichen Nutzungen gesäumt.

—— Baukollegium 2 (Entertainment)

Während die Architekten und Vorhabenträger über die Architektur der Gebäude und die Gestaltung des öffentlichen Raums diskutieren wollen, entfaltet sich im Baukollegium eine ganz grundsätzliche Diskussion darüber, inwiefern ein „Urban Entertainment"-Center als Stadtplatz eines gemischten Quartiers angesehen werden kann. Geht die Programmierung des öffentlichen Raums

Vor einer Veranstaltung in der Mercedes-Benz Arena auf dem Anschutz-Areal, 2016

Before an event at Mercedes-Benz Arena on the Anschutz area, 2016

mit Entertainment schon über die üblichen Nutzungen öffentlicher Plätze in Deutschland hinaus, so erinnert das Baukollegium an den Kompromiss, der im Rahmen des Bürgerentscheides „Mediaspree versenken" erzielt wurde. Damals konnte aus baurechtlichen Gründen das Rad der Entwicklung in diesem Bereich nicht auf die Ursprungsposition zurückgedreht werden, aber man hatte vereinbart, bei jedem weiteren Planungsschritt die Kritikpunkte der Bürgerinitiative zu beachten: besonders die öffentliche Anbindung an die Spree, die Kiezverträglichkeit und weitere Aspekte, die das Areal davor bewahren sollen, eine surreale Enklave in der spezifischen Berliner Stadtkultur zu werden.

Die vorgelegte Planung kann das Baukollegium weder mit diesen Vereinbarungen noch mit dem Bebauungsplan in Übereinstimmung bringen. Im ursprünglichen Masterplan war ja die Entertainmentnutzung nicht in diesem zentralen Bereich, sondern westlich der Veranstaltungshalle geplant. Hier hat AEG inzwischen andere Prioritäten gesetzt, die das Baukollegium als nicht genehmigungsfähig und politisch nicht durchsetzbar bewertet. Insbesondere der öffentliche Raum dürfe nicht auf so massive Weise durch Entertainment besetzt werden. Das sei besonders an den

planning stage: especially when it comes to public access to the Spree, the burden placed on the neighborhood, and further aspects intended to prevent the plot of land from becoming a surreal enclave of Berlin city culture.

The Baukollegium cannot reconcile the plans submitted with their agreement nor with the existing land-use planning for this area. In the original master plan, entertainment usage was located not in this central area but instead was planned west of the arena. In the meantime, AEG had changed its priorities in a way that the Baukollegium thinks will gain neither building permission nor political favor. In particular, they argue that public space should not be so thoroughly dedicated to entertainment. That, they claim, sends the completely wrong message, given the highly sensitive connection to the East Side Gallery and the memorials. The senate building director encourages a competition for designing the area's open spaces. "Ms. Lüscher said, 'You're turning the East Side Gallery into an anchor tenant for the entertainment center. That's not an option,'" reports Michael Kötter from the Berlin branch of the Anschutz Entertainment Group.

At the request of the project developers, discussion about the character of AEG

BASF

sensiblen Schnittstellen zur East Side Gallery und den Gedenkorten ein völlig falsches Signal. Für die Gestaltung des Freiraums fordert die Senatsbaudirektorin die Durchführung eines Wettbewerbs. „Frau Lüscher hat gesagt: Sie machen die East Side Gallery zum ‚Ankermieter' des Entertainment Centers. Das geht nicht!", berichtet Michael Kötter von der Berliner Dependance der Anschutz Entertainment Group.

Auf Wunsch der Vorhabenträger wird die Diskussion um den Charakter des Areals und den vorgelegten Entwurf auf die politische Ebene des Regierenden Bürgermeisters verlegt. In einem gemeinsamen Gespräch, an dem auch der Senator für Stadtentwicklung und Umwelt sowie die Senatsbaudirektorin beteiligt sind, einigt man sich schließlich darauf, ein qualifizierendes Workshopverfahren durchzuführen. Als Hauptargument für die Überarbeitung wurde seitens der Politik wieder auf die Nachbarschaft zur East Side Gallery verwiesen.

plot and the suggested design is taken to a political level, to the governing mayor. In a joint discussion, in which the senator for urban development and the environment and the senate building director also take part, all agreed to hold a qualified workshop process on this issue. The main argument for reworking the plan cited by the politicians was, again, con-

——— Anschutz-Areal, Rendering nach Workshop. Überarbeitung der Oberflächen und Atmosphäre
——— Anschutz-Areal, Lageplan nach vollständiger Bebauung des Areals

——— Anschutz area, rendering after a workshop. Reworked surfaces and atmosphere
——— Anschutz area, site plan of the area's complete development

cern about the neighborhood around the East Side Gallery.

"The city had really different things in mind, particularly when it came to the meaning that the East Side Gallery would take on," recalls Michael Kötter. "We felt like it came out of left field. Sure, Bernauer Strasse, Checkpoint Charlie, those places were memorials, but the East Side Gallery had never been treated as holy before. But eventually it made sense to us, and we were able to convey this to our colleagues in the USA. The way the East Side Gallery is perceived truly has changed recently, and most recently with the light installation on the twenty-fifth anniversary of the fall of the wall. Nowadays it is much more of a memorial than a party place."

The company headquarters in the USA were open to the arguments for a calmer atmosphere in the public spaces in the neighborhood where remains of the Wall were located. With help from the Berlin architectural landscaping

„Die Stadt hatte eine ziemlich andere Sicht auf die Dinge, besonders auf die Bedeutung der East Side Gallery", erinnert sich Michael Kötter. „Wir waren stark irritiert: Bernauer Straße, Checkpoint Charlie, das waren Gedenkorte, ja, aber die East Side Gallery war doch nie heilig! Wir haben das aber eingesehen und konnten das auch den

//

The decisive input that brought the development of the whole Anschutz area to the next level came from the landscape architects. This was an excellent example for me of how a high-quality and differentiated design that shapes urban public space could be developed.

—— Birgit Hammer, member of the Baukollegium 2012–2016

Kollegen in den USA vermitteln. Die Wahrnehmung der East Side Gallery hat sich wirklich verändert, spätestens seit der Aktion mit den Leuchten zur 25-Jahr-Gedenkfeier des Mauerfalls. Das ist heute mehr Denkmal als Partyplace."

Unter Einbeziehung des Berliner Landschaftsplanungsbüros Topotek 1 wird der Entwurf schließlich überarbeitet. Dem Ergebnis stimmen schließlich auch die Berliner Verwaltungen zu. Die Vorhabenträger schätzen mittlerweile ein, dass auf diesem Weg ein sehr guter, lokalspezifisch passender Stadtbaustein herausgearbeitet wurde.

Michael Kötter resümiert: „Wir hatten zwar das Baurecht, aber wir haben uns auf das Votum des Baukollegiums eingelassen. Die Kollegen aus den USA haben das mitgetragen. Ich gebe zu, wir waren skeptisch, denn man hat manchmal schon den Eindruck, dass es im Baukollegium um Geschmacksfragen geht. Baukollegium und ‚Mediaspree versenken' sind für uns zwei komplett unterschiedliche Dinge, die man nicht vermengen sollte. Im Nachhinein schätze ich aber den moderierenden Charakter des Baukollegiums. Wir haben schließlich verstanden, worum es dem Baukollegium ging, nämlich nicht, das Entertainment ganz zu unterbinden. Aber: das Werbekonzept runterzufahren, in der Architek-

office Topotek 1, the design was reworked, and Berlin administrative offices finally agreed to it. The project developers have come to appreciate that this represents a way of creating a good urban cornerstone that fits its specific location.

Michael Kötter summarizes, "We had the right to build, but we also submitted ourselves to the Baukollegium's vote. Our colleagues in the USA backed this decision. I admit, we were skeptical because sometimes you do get the impression that the Baukollegium is only concerned with questions of style and taste. But the Baukollegium and 'Sink the Media Spree' are never to be confused with each other. Looking back, I really value the moderating nature of the Baukollegium. We finally came to understand that the Baukollegium was not trying to completely prohibit entertainment. Instead they wanted us to dial down the advertising concept, put forward architecture that respected the ‚material language' of Berlin, and finally to design spaces that suited Berlin. So now there's a completely typical city square with benches and trees by the East Side Gallery, as you have in places like that. The axis is interrupted by a building, and in the upper area by the arena, there's a square that can do both—be a public space with a fountain and offer entertainment at other times."

//

Der entscheidende Input, die Entwicklung des gesamten Anschutz-Areals auf eine neue Ebene zu heben, kam durch die Landschaftsarchitekten – für mich ein hervorragendes Beispiel dafür, wie über eine qualitätvolle und differenzierte Gestaltung des Freiraumes Stadtraum entwickelt werden kann.

——— Birgit Hammer, Mitglied des Baukollegiums 2012–2016

—— Construction

This new corner of the city is growing from the ground up. Construction has already begun. The new shopping mall, East Side Mall, designed by UNStudio, has come under discussion in the Baukollegium, and preparations for its construction are well underway. Berlin, in the middle of Europe, has previously had a hard time with massive shopping and entertainment undertakings. Only the future will tell whether the site of the former east freight train station can fit itself into Berlin's urban fabric as an assertive, mixed, and high-quality cornerstone of the city, and how the encounter between the world of international entertainment and the site-specific memories of Berlin's past will unfold.

tur die Berliner ‚Materialsprache' zu respektieren und eben Räume zu entwerfen, die zu Berlin passen. So entsteht jetzt zur East Side Gallery ein ganz normaler Stadtplatz mit Bänken und Bäumen, wie das so ist. Die Achse wird durch ein Gebäude unterbrochen und im oberen Bereich, an der Arena, entsteht ein Platz, der beides kann: einfach ein öffentlicher Raum mit Springbrunnen oder zu anderen Zeiten eben Entertainment."

—— Realisierung

Der neue Stadtteil wächst aus dem Boden, die Bauarbeiten haben begonnen. Auch die neue Shoppingmall „East Side", entworfen von UNStudio, ist mittlerweile im Baukollegium behandelt worden und die Vorbereitungen zu ihrem Bau sind in vollem Gang. Berlin, mitten in Europa, tat sich bisher schwer mit massiven Shopping- und Entertainmentnutzungen. Die Zukunft wird zeigen, ob das Gelände des ehemaligen Ostgüterbahnhofs sich als selbstverständlicher, gemischter und qualitätvoller Stadtbaustein in das urbane Gewebe Berlins einfügen wird und auf welche Weise das Allerweltsentertainment und die an diesen spezifischen Ort gebundene Erinnerung an die geteilte Vergangenheit Berlins aufeinandertreffen.

Anhang
Appendix

Biografien
Biographies

Prof. Claus Anderhalten

1962 in Morken/Bedburg geboren. Das 1984 begonnene Architekturstudium an der TU Berlin setzte er 1985 an der RWTH Aachen fort und beendete es 1990 mit Auszeichnung. Er gründete 1993 das Büro Anderhalten Architekten in Berlin und wurde 1995 Mitglied des BDA Berlin, zu dessen Vorstand er von 2003 bis 2008 gehörte. Seit 1998 nahm Claus Anderhalten verschiedene Lehraufträge wahr, so an der TU Berlin, der TFH Berlin und der FH Lippe. 2000–2003 war er Mitglied im „Arbeitskreis Junger Architektinnen und Architekten" des BDA. Professuren an den Universitäten Siegen und Kassel begleiten seine Arbeit als Architekt. Claus Anderhalten war von 2008 bis 2012 Mitglied des Berliner Baukollegiums und von 2011 für ein Jahr auch im Baukunstbeirat der Stadt Nürnberg. Seit 2012 pflegt er Mitgliedschaften im Planungs- und Gestaltungsbeirat der Stadt Rostock, im Gestaltungsbeirat der Stadt Karlsruhe und seit 2014 im Gestaltungsgremium der Stadt Bremen.

Dr. Sonja Beeck

1965 in Memmingen geboren. Sie studierte Architektur an der RWTH Aachen und promovierte zum Thema „Theming als eine Methode zur semantischen Programmierung von Raum" an der Universität Karlsruhe. Für die IBA Stadtumbau 2010 entwickelte sie acht Jahre lang Szenarien und Projekte für 19 schrumpfende Städte in Sachsen-Anhalt. Nach einer Gastprofessur an der Universität Innsbruck für Städte-

Prof. Claus Anderhalten

was born in Morken in Bedburg, Germany, in 1962. In 1984 he began studying architecture at the TU Berlin. In 1985, he continued his studies at the RWTH Aachen, where he graduated in 1990 with honors. In 1993 he founded the office Anderhalten Architekten in Berlin. In 1995 he became a member of the BDA Berlin, where he sat on the board from 2003 to 2008. Since 1998 Claus Anderhalten has held various teaching positions—at the TU Berlin, the TFH Berlin and the FH Lippe. From 2000 to 2003 he was a member of the group Young Architects of BDA. He holds professorships at the Universities of Siegen and Kassel, which accompanies his work as an architect. Claus Anderhalten has been a member of the Baukollegium Berlin from 2008 to 2012; in 2011 he sat on the architectural advisory board of the City of Nuremberg. Since 2012 he has maintained memberships in the planning and design committees of the City of Rostock, the design committee for the City of Karlsruhe, and since 2014 the design committee of the City of Bremen.

Dr. Sonja Beeck

was born in Memmingen, Germany, in 1965. She studied architecture at the RWTH Aachen and worked for several years in Cologne and London. After performing research in the US, she returned to Germany and received her PhD from the University of Karlsruhe in 2003 with a dissertation entitled "Theming as a Method of Semantic Programming Space." She has been a member of the academic staff at the Bauhaus Dessau Foundation and developed scenarios and projects for nineteen shrinking cities in Saxony-Anhalt in the context of the IBA Urban Redevelopment 2010. After a visiting professorship at the University of Innsbruck for Urban and Regional Planning (2006–09), she taught at the University of Kassel (2010–13). As a consultant for local authorities dealing with questions of urban development, such as the IBA Berlin 2020, she has developed strategic concepts for Nuremberg and Bremen. Along with Detlef Weitz, she is CEO of chezweitz, an agency for scenography based in Berlin.

———— Sir David Chipperfield

was born in London, UK, in 1953. He established David Chipperfield Architects in 1985. He was a professor of architecture at the Staatliche Akademie der Bildenden Künste, Stuttgart, from 1995 to 2001. Along with Norman R. Foster he was a visiting professor of architectural design at Yale University in 2011. He has taught and lectured worldwide at schools of architecture in Austria, Italy, Switzerland, the UK, and the US. In 2012 David Chipperfield curated the thirteenth International Architecture Exhibition of the Venice Biennale. In 2014 he was appointed artistic director of the Italian furnishings firm Driade. He is an honorary fellow at the American Institute of Architects and the Bund Deutscher Architekten and a past winner of the Heinrich Tessenow Gold Medal, the Wolf Foundation Prize in the Arts, and the Grand DAI (Verband Deutscher Architekten- und Ingenieurvereine) Award for Building Culture. David Chipperfield was appointed commander of the order of the British Empire in 2004, appointed a royal designer for industry in 2006, and elected to the royal academy in 2008. In 2009 he was awarded the Order of Merit of the Federal Republic of Germany, and in 2010 he was knighted for services to architecture in the UK and Germany. In 2011 he received the RIBA Royal Gold Medal for Architecture and in 2013 the Praemium Imperiale from the Japan Art Association, both given in recognition of a lifetime's work.

bau und Regionalplanung (2006–2009), lehrte sie an der Universität Kassel als Vertretungsprofessorin für Stadt- und Regionalplanung (2010–2013). Für die Berliner Senatsverwaltung für Stadtentwicklung entwickelte sie 2011 gemeinsam mit Martin Heller ein Konzept für eine IBA Berlin 2020. Seit 2013 ist sie geschäftsführende Gesellschafterin des Büros für urbane Szenografie chezweitz GmbH in Berlin.

———— Sir David Chipperfield

1953 in London, Großbritannien geboren. Die Gründung des Büros David Chipperfield Architects erfolgte im Jahr 1985. Von 1995 bis 2001 war David Chipperfield Professor für Architektur an der Staatlichen Akademie der Bildenden Künste in Stuttgart und 2011 Norman R. Foster Visiting Professor of Architectural Design an der Yale University. Er lehrte überdies weltweit Architektur an Universitäten in Österreich, der Schweiz, Italien, Großbritannien und den USA. 2012 war er Kurator der 13. Internationalen Architekturbiennale in Venedig. 2004 wurde David Chipperfield zum Commander of the Order of the British Empire (CBE) ernannt. 2006 wurde er zum Royal Designer for Industry (RDI) berufen und 2008 folgte die Ernennung zum Royal Academician (RA). 2009 wurde er mit dem Bundesverdienstkreuz ausgezeichnet und 2010 von Queen Elizabeth II in den britischen Adelsstand erhoben. 2011 erhielt David Chipperfield die RIBA Royal Gold Medal und 2013 den Praemium Imperiale – beides Preise als Anerkennung für sein Lebenswerk. David Chipperfield ist Ehrenmitglied des American Institute of Architects (AIA) sowie des Bundes Deutscher Architekten (BDA).

———— Prof. Roger Diener

1950 in Basel, Schweiz geboren. Nach dem Studium der Architektur an der ETH Zürich 1976 Eintritt in das Architekturbüro Marcus Diener Architekten Basel, als dessen Partner er ab 1980 fungiert (Diener & Diener Architekten Basel). Er war von 1985 bis 1988 Professor an der EPF Lausanne und zwischen 1989 und 1994 Gastdozent an der Harvard University in Cambridge, USA sowie an den Hochschulen in Wien, Amsterdam und Kopenhagen. Von 1999 bis 2015 war er Professor für Architektur und Entwurf an der ETH Zürich, ETH Studio Basel, Institut Stadt der Gegenwart. Er war unter anderem Mitglied des Beirats für Städtebau und Stadtgestaltung Berlin, des Baukollegiums Zürich, des Landesdenkmalrats von Berlin und ist seit 2013 Mitglied der Eidgenössischen Kommission für Denkmalpflege in der Schweiz. Als Architekt erhielt er unter anderem 2000 die Grande Médaille d'Or d'Architecture der l'Académie d'Architecture, 2009 den Prix Meret Oppenheim und 2011 die Heinrich-Tessenow-Medaille.

———— Prof. Dörte Gatermann

1956 in Hamburg geboren. Nach dem Architekturstudium an der TU Braunschweig und der RWTH Aachen war sie von 1981 bis 1985 Projektleiterin im Büro von Prof. Gottfried Böhm. 1984 gründete sie mit Elmar Schossig das Architekturbüro Gatermann + Schossig in Köln, das seitdem mehr als 150 Wettbewerbserfolge erzielte und zahlreiche Architekturpreise erhielt, unter anderem die Auszeichnung Deutscher Architekturpreis, Deubau-Preis, best architects. Von 2002 bis 2007 war sie Universitätsprofessorin an der TU Darmstadt für den Lehrstuhl Entwerfen und Gebäudelehre. Dörte Gatermann war von 1989 bis 1998 Vorstandsmitglied des BDA Köln und gründete die Initiativen „Kölner Stadtmodell" und „koelnarchitektur". Sie war unter anderem Mitglied des Kuratoriums StadtBauKultur NRW, des Kuratoriums Kunst am Bau des BMVBS und von 2011 bis 2015 Mitglied des Gestaltungsbeirates in Karlsruhe. Seit 1990 hat sie als Jurymitglied und Vorsitzende in mehr als 200 Architekturwettbewerben mitgewirkt.

———— Birgit Hammer

1961 in Magdeburg geboren. Ihr Architekturstudium an der TU Dresden schloss sie 1986 in

———— Prof. Roger Diener

was born in Basel, Switzerland, in 1950. After studying architecture at the ETH Zurich, he joined the office run by his father, Marcus Diener, in 1976. He took over leadership of the office in 1980. Following appointments as a visiting professor at the Swiss Federal Institute of Technology Lausanne (EPFL), Harvard University, and universities in Vienna, Amsterdam, and Copenhagen, he held the position of professor of design at the EPFL from 1987 to 1989. From 1999 to 2015, Roger Diener was a professor at the ETH Zurich, where he taught and published at the Studio Basel. From 2005 to 2013, Roger Diener was a member of the Berlin Monument Authority. He has been an active member of the Federal Commission for Monument Preservation (Baukollegium) in Zurich since 2013 and a member of the Baukollegium Berlin since 2014. He has received numerous awards, including the French Grande Médaille d'Or (2000), the Prix Meret Oppenheim (2009), and the Heinrich Tessenow Gold Medal (2011).

———— Prof. Dörte Gatermann

was born in Hamburg, Germany, in 1956. After studying architecture at the TU Braunschweig and the RWTH Aachen, she became a project manager in the office of Prof. Gottfried Böhm from 1981 to 1985. In 1984 she founded the architectural office Gatermann + Schossig in Cologne with Elmar Schossig, which has since won more than 150 competitions and received numerous architectural awards, including the German Architecture Prize and the Deubau Prize for Best Architects. From 2002 to 2007 she was a professor at the department for design and urban planning at the TU Darmstadt. From 1989 to 1998 she was a member of the board of directors of the BDA Cologne. During this time, she founded the initiatives "Kölner Stadt Model" and "cologne architecture." She was also a member of the board of trustees of StadtBauKultur NRW, a member of the board for architectural art of the BMVBS, and a member of the architectural committee in Karlsruhe from 2011 to 2015. Since 1990 she has participated as a jury member and chairman in more than 200 architectural competitions.

Birgit Hammer

was born in Magdeburg, Germany, in 1961. After studying architecture at the TU Dresden, she graduated in 1986 with a degree in landscape architecture and urban planning. After working in Halle, Berlin, and Hamburg, she founded her own offices Birgit Hammer Landschafts. Architektur in 1993. In 2011 the agency was honored with the German Landscape Architecture Prize for the project Schloss Freudenstein in Freiberg, Saxony. Since 2002 she has held various teaching positions at the FH Erfurt and HafenCity University Hamburg. As a jury member and consultant, she has worked for a variety of competitions, among others for the international landscape planning competition Spreebogen and the pioneering competition Neues Bauen am Horn in Weimar.

Prof. Jan Kleihues

was born in Berlin in 1962. After studying architecture at the University of the Arts in Berlin, he first worked at the offices of Prof. Peter Eisenman in New York, Prof. Daniel Libeskind in Berlin, and Rafael Moneo in Madrid. In 1992 he founded his own office in Berlin, which develops its own projects and serves as a contact architect for Prof. Rafael Moneo in Madrid. Together with Prof. Josef P. Kleihues and Norbert Hensel, he founded Kleihues + Kleihues in 1996. He was also a member of the committee of the BDA Berlin, a member of the Commission for Urban Design of the City of Munich. Since 2011 he has been on the advisory board for urban design for the City of Münster. After working as a visiting professor at the Technische Fachhochschule Berlin, a visiting professor at the University of Bologna, Facoltà di Architettura "Aldo Rossi" in Cesena, Italy, and a visiting professor at the Beuth University Berlin, he has held the chair of architecture and urban design at the Fachhochschule Potsdam, Potsdam School of Architecture since 2011.

der Fachrichtung Landschaftsarchitektur und Städtebau ab. Nach Anstellungen in Halle, Berlin und Hamburg erfolgte 1993 die Gründung des eigenen Büros Birgit Hammer Landschafts.Architektur. 2011 wurde das Büro für seine Arbeit mit dem Deutschen Landschaftsarchitekturpreis für das Projekt Schloss Freudenstein in Freiberg/Sachsen geehrt. Seit 2002 folgten verschiedene Lehrtätigkeiten an der FH Erfurt und der HafenCity Universität Hamburg. Als Jurymitglied und Gutachterin ist sie für eine Vielzahl von Wettbewerben tätig, so unter anderem für den Internationalen Landschaftsplanerischen Realisierungswettbewerb Spreebogen und den richtungsweisenden Wettbewerb Neues Bauen am Horn in Weimar.

Prof. Jan Kleihues

1962 in Berlin geboren. Nach dem Architekturstudium an der Hochschule der Künste in Berlin zunächst Mitarbeit in den Büros von Prof. Peter Eisenman in New York und Prof. Daniel Libeskind in Berlin sowie Rafael Moneo in Madrid. 1992 gründet er sein eigenes Büro in Berlin, erarbeitet eigene Projekte und wird Kontaktarchitekt für Prof. Rafael Moneo, Madrid. Zusammen mit Prof. Josef P. Kleihues und Norbert Hensel gründet er 1996 das Büro Kleihues + Kleihues. Er war unter anderem Mitglied des Bundespräsidiums des BDA, der Kommission für Stadtgestaltung der Landeshauptstadt München und ist seit 2011 Mitglied des Beirats. Nach Gastprofessuren an der Technischen Fachhochschule Berlin, an der Universität von Bologna, der Facoltà di Architettura Aldo Rossi in Cesena und der Beuth Hochschule für Technik in Berlin hat er seit 2011 die Professur für Architektur und Städtebau an der Fachhochschule Potsdam inne.

Prof. Adolf Krischanitz

1946 in Schwarzach/Pongau geboren. Er gründete 1970, am Ende seines Studiums an der Technischen Universität Wien, zusammen mit Angela Hareiter und Otto Kapfinger die Architektengruppe Missing Link. 1979 zählte er zu den Begründern der Zeitschrift UmBau der Österreichischen Gesellschaft für Architektur und übernahm 1982 den Vorsitz dieser Gesellschaft. Als Mitglied und schließlich Präsident der Wiener Secession von 1991 bis 1995 verantwortete er die Gestaltung und Organisation vieler Ausstellungen zeitgenössischer Kunst. Als Gastprofessor war er 1989 an der Technischen Universität München sowie an den Sommerakademien in Karlsruhe (1990), Neapel (1994/95) und Wien (1996) tätig. Von 1992 bis 2011 war er Professor für Stadterneuerung und Entwerfen an der Universität der Künste Berlin. Seit 1979 arbeitet er als freischaffender Architekt mit Ateliers in Wien und Zürich.

Manfred Kühne

1958 in Ellwangen-Jagst geboren. Studierte Architektur in Kaiserslautern und Berlin und machte sein Diplom dort 1987. Nach dem Hochbaustaatsexamen bei der Senatsverwaltung für Bau- und Wohnungswesen Berlin 1991 war er von 1991 bis 1995 freiberuflicher Stadtplaner in Berlin. Von 1995 bis 1997 war er Mitarbeiter der Architekturwerkstatt in der Senatsverwaltung für Bau- und Wohnungswesen. Er war von 1997 bis 2001 Leiter der Stadtplanung der Hansestadt Stralsund. Von 2001 bis 2008 leitete Manfred Kühne die Oberste Denkmalschutzbehörde in der Senatsverwaltung für Stadtentwicklung Berlin. Seit 2008 leitet er die Abteilung Städtebau und Projekte in der Senatsverwaltung für Stadtentwicklung Berlin. Er ist Mitglied im SRL und in der DASL.

Prof. Hilde Léon

Geboren in Düsseldorf. Sie studierte Architektur an der Technischen Universität Berlin und erhielt ein Stipendium des DAAD an der Universität Venedig. 1987 gründete sie mit Konrad Wohlhage († 2007) das Büro léonwohlhage Architekten. Parallel zu ihrer professionellen Entwicklung als Architektin war Hilde Léon in Lehre und Forschung tätig. Sie war wissenschaftliche Mitarbeiterin an der Hochschule der Künste Berlin bei Prof. Alfred

Prof. Adolf Krischanitz

was born in Schwarzach, Pongau, Austria, in 1946. Together with Angela Hareiter and Otto Kapfinger, he founded the architects group Missing Link at the end of his studies at the TU Vienna in 1970. In 1979 he was one of the founders of the magazine UmBau of the Austrian Society of Architecture, and since 1982 he has been the president of this society.
As a member and then the president of the Vienna secession from 1991 to 1995, he was responsible for the design and organization of many contemporary art exhibitions. In 1989 he was a visiting professor at the TU Munich and at the summer academies in Karlsruhe (1990), Naples (1994–95), and Vienna (1996). From 1992 to 2011, he was a professor of urban regeneration and design at the University of Arts Berlin. Since 1979 he has worked as a freelance architect with studios in Vienna and Zurich.

Manfred Kühne

was born in Ellwangen-Jagst, Germany, in 1958. He studied architecture in Kaiserslautern and Berlin and received his diploma there in 1987. After passing the state exam of construction at the Berlin Senate department for building and housing in 1991, he was a freelance urban planner in Berlin from 1991 to 1995. From 1995 to 1997 he was an employee of the architectural workshop at the Senate department for building and housing. From 1997 to 2001 he was the head of the urban planning for the City of Stralsund. From 2001 to 2008 Manfred Kuehne headed up the supreme conservation authority in the Berlin Senate department for urban development. Since 2008 he has led the department of urban development and projects at the Senate department for urban development in Berlin. He is a member of the SRL and the DASL.

Prof. Hilde Léon

was born in Düsseldorf. She studied architecture at the TU Berlin and received a DAAD scholarship at the University of Venice. In

1987 she founded the office léonwohlhage architects with Konrad Wohlhage († 2007). In addition to her professional development as an architect, Hilde Léon has been active in teaching and research. She was a research assistant at the Berlin University of the Arts with Prof. Alfred Grazioli. After a visiting professorship at the Hamburg University of Fine Arts, she was appointed a professorship at the University of Hannover in 2000. From 2008 to 2010 she was a member of the council for and participated in the founding of the HafenCity University (HCU) in Hamburg. She has also held memberships in the design advisory boards for the Cities of Salzburg and Berlin. From 2008 to 2012 Hilde Léon advised Senate Building Director Lüscher in current issues of urban planning as a member of the Baukollegium Berlin.

Prof. Carsten Lorenzen

was born in Tondern, Nordschleswig, Germany in 1953. He grew up at the juncture of two cultures, at the local German-Danish border region. He studied architecture at the University of Washington, USA, and at the Royal Danish Academy of Fine Arts in Copenhagen. Since 1987 he has run the office Lorenzen in Copenhagen and Berlin. After a visiting professorship at the TU Munich, he became a professor of residential buildings at the TU Dresden in 1993. He has served as a member of the design advisory board of the City of Regensburg and the City of Lübeck.

Hon.-Prof. Regula Lüscher

was born in Basel, Switzerland, in 1961. After studying architecture at the ETH Zurich, she worked as an architect in the office of Max Baumann & Georges Frey in Zurich and in the studio of Prof. Adolf Krischanitz in Vienna.
From 1989 to 1998 she ran her own architectural office in Zurich with Patrick Gmür. During this time, Lüscher held various teaching positions, among others at the ETH Zurich and Zurich University. Finally, she was appointed head of the department at the City of Zurich's

Grazioli. Nach einer Gastprofessur an der Hochschule für bildende Künste Hamburg wurde sie 2000 als Professorin an die Leibniz Universität Hannover berufen. Von 2008 bis 2010 war sie Mitglied im Hochschulrat und begleitete die Neugründung der HafenCity Universität (HCU) in Hamburg. Hinzu kommen Mitgliedschaften in den Gestaltungsbeiräten der Städte Salzburg und Berlin. Von 2008 bis 2012 beriet Hilde Léon die Bausenatorin Regula Lüscher im Berliner Baukollegium in aktuellen Fragen der Stadtplanung.

Prof. Carsten Lorenzen

1953 in Tondern/Nordschleswig geboren und im dortigen deutsch-dänischen Grenzland zweikulturell aufgewachsen. Architekturstudium an der University of Washington, USA und an der Königlich Dänischen Kunstakademie in Kopenhagen. Seit 1987 betreibt er das Büro Lorenzen in Kopenhagen und Berlin. Nach einer Gastprofessur an der TU München ist er seit 1993 Professor für Wohnbauten an der TU Dresden. Er ist war Mitglied des Gestaltungsbeirats der Stadt Regensburg und der Stadt Lübeck.

Hon.-Prof. Regula Lüscher

1961 in Basel/Schweiz geboren. Ihrem Architekturstudium an der Eidgenössischen Technischen Hochschule Zürich schlossen sich Tätigkeiten als Architektin im Büro Max Baumann & Georges Frey in Zürich sowie im Atelier von Prof. Dipl. Ing. Adolf Krischanitz in Wien an. Von 1989 bis 1998 führte sie zusammen mit Patrick Gmür ein gemeinsames Architekturbüro in Zürich. In dieser Zeit nahm Regula Lüscher verschiedene Lehrtätigkeiten an der ETH Zürich und der Zürcher Hochschule Winterthur wahr. Schließlich wurde sie 1998 zur Bereichsleiterin für Architektur und Städtebau und als Mitglied der Geschäftsleitung im Amt für Städtebau der Stadt Zürich berufen und erhielt 2000 die Beförderung zur Gesamtleitung der Stadtplanung im selbigen Amt. 2001 erhielt sie die Ernennung zur Stellvertretenden Direktorin. Als Senatsbaudirektorin und Staatssekretärin in der Senatsverwaltung für Stadtentwicklung Berlin ist Regula Lüscher seit 2007 tätig. Seit 2012 ist sie Honorarprofessorin an der Universität der Künste Berlin im Fachgebiet Stadterneuerung.

———— Daniel Niggli

1970 geboren. Architekt ETH SIA BSA. Gemeinsam mit Mathias Müller gründete er das Büro EM2N, das heute mit Sitz in Zürich und Berlin rund 70 Mitarbeitende in Bau- und Wettbewerbsprojekten im In- und Ausland beschäftigt. Neben diversen anderen Auszeichnungen erhielten die Architekten den Swiss Art Award in Architektur. Zu den bedeutenden, kürzlich realisierten Bauprojekten gehören das Schweizerische Filmarchiv in Penthaz (2015), das Toni-Areal in Zürich (2014) und das Keystone-Bürogebäude in Prag (2012). In Planung befindet sich derzeit, neben weiteren Projekten, das Wohnhaus Briesestraße Neukölln in Berlin (seit 2015). Mathias Müller und Daniel Niggli waren Gastdozenten an der EPF Lausanne und an der ETH Zürich. Daniel Niggli war Mitglied der Baukollegien in Berlin (2008–2012) und Zürich (2010–2014).

———— Dr. Martin Peschken

1970 in St. Tönis geboren. Studierte Kunstgeschichte und Literaturwissenschaft in Berlin und Madrid und promovierte zum Verhältnis von Poetik und künstlerischer Praxis. Freie Tätigkeiten als Kulturwissenschaftler und Kurator, darunter bei der Internationalen Bauausstellung Stadtumbau Sachsen-Anhalt von 2005 bis 2010. Seit 2008 lehrt er an der TU Braunschweig, deren Institut für Geschichte + Theorie der Architektur und Stadt er seit 2013 als Vertretungsprofessor für Architekturtheorie leitet.

———— Prof. Christa Reicher

1960 in Neuenburg/Eifel geboren. Nach dem Architekturstudium an der RWTH Aachen und der ETH Zürich hat sie seit 1987 als Architek-

office of urban planning. She also became a member of the management in 1998 and was promoted to head of urban planning in 2000 (regional and land-use planning, urban development of the City of Zurich, member of management). In 2001 she was appointed deputy director of the Zurich office of urban planning. Regula Lüscher has been working since 2007 as the Berlin senate director for urban development and the permanent secretary at the Senate department for urban development. Since 2012 she has been an honorary professor for urban renewal at the Berlin University of the Arts.

———— Daniel Niggli

was born in 1970. He is an architect ETH SIA BSA. Together with Mathias Müller, he founded the office EM2N with about 70 employees in Zurich and Berlin. In addition to various other awards, he has received the Swiss Art Award in architecture. His significant and recent building projects include the Swiss Film Archive in Penthaz (2015), the Toni site in Zurich (2014), and the Keystone office building in Prague (2012), among others. Since 2015 he has been planning a residential building on Briesestrasse in Neukölln, Berlin. Mathias Müller and Daniel Niggli were guest lecturers at the EPF Lausanne and ETH Zurich. Daniel Niggli has been a member of the Baukollegium Berlin (2008–12) and Zurich (2010–14).

———— Dr. Martin Peschken

was born in St. Tönis, Germany, in 1970. He completed his PhD in art history and comparative literature in Berlin and Madrid. His dissertation focused on the relationship between poiesis and poetics in creative processes. He has worked as a curator and researcher for various cultural projects, including the International Building Exhibition "StadtUmbau" (2005–2010) dealing with shrinking cities in Saxony-Anhalt, Germany. Since 2008 he has taught at the TU Braunschweig, where he became head of the Institute of History + Theory of Architecture and the City in 2013.

Prof. Christa Reicher

was born in Neuenburg, Eifel, Germany, in 1960. She studied architecture at the RWTH Aachen and ETH Zurich. Since 1987 she has worked as an architect at various international consultancies. From 1990 to 1996 she was a research assistant at the department of urban and regional planning at RWTH Aachen. In 1993 she founded the consultancy RHA Reicher Haase Architects + Urban Planners with Joachim Haase in Aachen. After various teaching positions at the RWTH Aachen, FH Frankfurt, and the FH Trier, she was a professor of urban planning and design at the University of Bochum, department of architecture from 1998 to 2002. Since 2002 she has been the head of the department of urban planning, urban design and land-use planning at the faculty of spatial Planning, TU Dortmund.

Prof. Dr. Iris Reuther

was born in Mühlhausen, Thüringen, Germany, in 1959. After studying architecture at the Academy of Architecture and Construction in Weimar from 1979 to 1984, she completed her doctorate and worked for a period as a researcher at the Academy of Architecture in Berlin. Since 1991 Iris Reuther has been a freelance architect for urban planning, and from 1993 to 2013, she led the Office for Urban Projects in Leipzig.
In addition to her work as an architect, she was a professor of urban and regional planning at the University of Kassel from 2004 to 2013. From 2008 to 2012 she was a member of the Baukollegium Berlin. Since 2013 she has been the senate building director of the City of Bremen, where she is responsible for the department of construction and urban development. She is a member of the BDA and the German Academy for Urban and Regional Planning (DASL). She has been a committee member of the DASL since 2010.

tin in verschiedenen internationalen Planungsbüros gearbeitet. Von 1990 bis 1996 war sie wissenschaftliche Assistentin am Lehrstuhl für Städtebau und Landesplanung an der RWTH Aachen und gründete 1993 mit Joachim Haase in Aachen das Planungsbüro RHA Reicher Haase Architekten + Stadtplaner. Nach verschiedenen Lehrtätigkeiten an der RWTH Aachen, der FH Frankfurt und der FH Trier war sie seit 1998 bis 2002 Professorin für Städtebau und Entwerfen an der Hochschule Bochum, Fachbereich Architektur und ist seit 2002 Leiterin des Fachgebiets Städtebau, Stadtgestaltung und Bauleitplanung an der Fakultät Raumplanung, Technische Universität Dortmund.

Prof. Dr. Iris Reuther

1959 in Mühlhausen/Thüringen geboren. Dem Architekturstudium an der Hochschule für Architektur und Bauwesen in Weimar 1979 bis 1984 schlossen sich ihre Promotion und eine Zeit als wissenschaftliche Mitarbeiterin an der Bauakademie in Berlin an. Seit 1991 ist Iris Reuther freie Architektin für Stadtplanung und führte von 1993 bis 2013 das Büro für urbane Projekte in Leipzig. Neben ihrer Arbeit als Architektin war sie von 2004 bis 2013 Professorin für Stadt- und Regionalplanung an der Universität Kassel. Von 2008 bis 2012 war sie Mitglied des Berliner Baukollegiums. Seit 2013 fungiert sie als Senatsbaudirektorin der Freien Hansestadt Bremen, wo sie den Fachbereich Bau und Stadtentwicklung verantwortet. Sie ist Mitglied im Bund Deutscher Architekten (BDA) sowie in der Deutschen Akademie für Städtebau und Landesplanung (DASL) und gehört seit 2010 deren Präsidium an.

Projektdaten
Project Data

Nr. No	Projekte Projects	Bezirk District	Sitzungsnr. Meeting-No
1	Aussichtsrad am Zoo „Great Berlin Wheel"	Mitte	1
2	Alexanderstraße, Block IV	Mitte	1, 2, 3
3	Wohnen an der Luise	Mitte	2
4	Bahnhof Gesundbrunnen	Mitte	3
5	Masterplan Heidestraße	Mitte	3
6	Lehrter Stadtquartier Blöcke MK 4–7	Mitte	2, 4
7	Gestaltungsverordnung Historische Mitte	Mitte	5
8	Institutsgebäude HU, Hausvogteiplatz	Mitte	5, 6
9	OSZ Gesundheit, Schwyzer Straße	Mitte	7
10	OSZ Banken und Versicherungen, Alt-Moabit	Mitte	7, 8
11	OSZ Fertigungstechnik, Kühleweinstraße	Mitte	7, 8
12	Büro- und Textilzentrum, Oberwallstraße	Mitte	9
13	Medienzentrum Mitte GmbH	Mitte	10
14	Rathausforum (Visionen für das Rathausforum)	Mitte	11
15	Kreuzberg Tower IBA 1987 (John Hejduk)	Fri.-Kreu.	12
16	Leipziger Platz, ehemaliges Wertheim-Areal	Mitte	12, 14, 30, 34
17	Mendelsohn-Bartholdy-Park 1	Mitte	12, 14
18	Fachmarkt Schnellerstraße	Tre.-Köp.	13
19	Wohnhaus in der Kleinen Rosenthaler Straße	Mitte	13
20	Umfeld ehemalige Blumengroßmarkthalle	Mitte	14, 15
21	Holiday Inn Express, Voltairestraße	Mitte	11, 15
22	Wohnbebauung, Mittelstraße	Mitte	16, 28
23	Humboldthafen Ost	Mitte	17
24	Kronprinzengärten, Am Werderschen Markt	Mitte	10, 17
25	Postfuhramt, Oranienburger Straße	Mitte	17
26	Lehrter Stadtquartier, Hotelneubau	Mitte	18, 27
27	Kraftwerk Klingenberg, Neubau	Licht.	18
28	Evangelisches Werk, Invalidenstraße	Mitte	16, 19
29	Bebauungsplan Am Lokdepot	Tem.-Schö.	19, 21
30	Zimmerstraße 88/89, Umbau zum Hotel	Mitte	20
31	IBA 1987 in Berlin, Strategien für den Bestand	Mitte	21
32	IBA 1987, Strategien mit den Bestandsgebäuden	Fri.-Kreu.	22

Nr. No	Projekte Projects	Bezirk District	Sitzungsnr. Meeting-No
33	Mercedes-Benz Vertriebszentrale Deutschland	Fri.-Kreu.	21, 22, 23
34	Hellweg Baumarkt an der Yorckstraße	Fri.-Kreu. u. Tem.-Schö.	23, 25
35	Sockelbebauung „park inn“ am Alexanderplatz	Mitte	24
36	Berliner Volksbank, Budapester Straße	Mitte	17, 24, 53
37	Karl-Marx-Allee 2. Bauabschnitt	Mitte	24, 29
38	Energetische Sanierung Hochhaus Wilhelmstraße 2–6	Fri.-Kreu.	24
39	Neue Müllerhalle, Müllerstraße	Mitte	16, 25
40	Haus am Max-Rheinhardt-Platz	Mitte	25, 11
41	Hotelneubau am Hauptbahnhof (LSQ MK5)	Mitte	26
42	Sanierung des Bettenturms der Charité, Neubau OP-Trakt	Mitte	19, 26
43	Masterpan Anschutz-Areal	Fri.-Kreu.	26
44	Wilhelmstraße 56–59	Mitte	27
45	Flottwellstraße, Wohnbauten auf der östlichen Seite am Park	Fri.-Kreu.	28
46	Hotel- und Office-Campus an der Mühlenstraße	Fri.-Kreu.	26, 28
47	Otto-Braun-Straße/Mollstraße, Wohn- und Geschäftshaus	Mitte	19, 20, 28, 46
48	Alexanderplatz, Baufeld A 6	Mitte	29, 31
49	Torhäuser Monbijoupark	Mitte	29
50	green.media.carloft.living & hotel, Alexanderstraße	Mitte	30
51	East-Hotel, Apartementhaus, Voltairestraße	Mitte	29, 30, 56
52	Wohnen am Lützowplatz	Mitte	31
53	Wohnungsneubau Fischerinsel, Mühlendamm	Mitte	32
54	Upper West, Kurfürstendamm 11, Breitscheidplatz	Char.-Wilm.	30, 31, 32, 44
55	Poelchau-Oberschule im Haus des Deutschen Sports	Char.-Wilm.	33
56	Estrel-Tower	Neuk.	33
57	Alexanderstraße, Block III A „Volt“	Mitte	34
58	Bötzow-Brauerei	Pank.	34
59	Cuvryhöfe, Cuvrystraße	Fri.-Kreu.	35
60	Neubau Umspannwerk Sellerstraße	Mitte	27, 32, 34, 35, 39
61	Europa-City, Block 9	Mitte	35
62	Europa-City, Baufeld 08	Mitte	36
63	Nachverdichtung Großsiedlungen, Heinrich-Heine-Straße	Mitte	36
64	Information Sachstand Alexanderplatz und Karl-Marx-Allee 2. Bauabschnitt	Mitte	36
65	Wohnungsbau und Appartmenthotel am Adenauerplatz	Char.-Wilm.	37
66	Bürogebäude Otto-Suhr-Allee 6–16	Char.-Wilm.	37, 39
67	Information über die Wohnungsbauleitstelle		37
68	Friedrichstraße 33, IBA'87-Projekt, Architekt Abrahams	Fri.-Kreu.	38
69	Wohnungsbau Pistoriusplatz, Weißensee	Pank.	38
70	Umplanung Stadtplatz Europacity	Mitte	39
71	Baufeld MK 6, Hauptbahnhof	Mitte	39, 40, 41, 49
72	Fassadenbemusterung Hotel Invaliden-/Heidestraße	Mitte	40, 44
73	Wohnhochhäuser „Max und Moritz“	Fri.-Kreu.	40
74	Eckbebauung Invaliden-/Ackerstr.	Mitte	41, 48
75	Spreepark Schimmang, Köpenicker Str. 21–29	Fri.-Kreu.	41, 44

Nr. No	Projekte Projects	Bezirk District	Sitzungsnr. Meeting-No
76	Köpenicker Str. 14 (Grundstück Zapf)	Fri.-Kreu.	42
77	Bürohaus Heidestraße, Europacity	Mitte	42
78	Karstadt Kurfürstendamm	Char.-Wilm.	43
79	Arena-Boulevard, Anschutz-Areal	Fri.-Kreu.	43
80	Wohnungsbau Stralauer Platz	Fri.-Kreu.	44, 45
81	Wohnprojekt Blücherstraße 26, Umbau-/Ergänzung	Fri.-Kreu.	44, 46
82	Grundstück ehemaliges Postscheckamt Hallesches Ufer	Fri.-Kreu.	44
83	Hotel/Gewerbe Hauptstraße 162, Kleistpark	Tem.-Schö.	44, 46
84	Umbau Parkhaus Gleisdreieck	Fri.-Kreu.	45
85	Einkaufszentrum, Anschutz-Areal	Fri.-Kreu.	45, 47, 48
86	Central Tower, Jannowitzbrücke	Mitte	45
87	Baufeld C3/2, Alexanderplatz, Grunerstr.	Mitte	47
88	Einkaufszentrum Moabit, Turm-/Stromstr., Schultheiss-Brauerei	Mitte	48
89	Fassadenbesichtigung John-F.-Kennedy-Haus, Hauptbahnhof	Mitte	49
90	Wohnungsbau Heilbronner Str. 9–10	Char.-Wilm.	49
91	Berlin-Entertainment-District, Anschutz-Areal	Fri.-Kreu.	49, 48, 50
92	Eckwerk, Holzmarktstraße	Fri.-Kreu.	50
93	Bürohaus am Europaplatz (Hauptbahnhof)	Mitte	23, 51
94	Kynaststraße – Rummelsburger Bucht	Fri.-Kreu.	51
95	Wohnbebauung an der Odinstraße	Licht.	51
96	Wohnbebauung an der Bouchéstraße / Mengerzeile	Tre.-Köp.	52
97	Freianlagen der Wohnbebauung Fanny-Zobel-Str.	Tre.-Köp.	2, 33, 38, 52
98	Karl-Liebknecht-Str. 34, Umbau Büro- zu Wohngebäude	Mitte	52
99	Hotel und Bürogebäude am Stralauer Platz	Fri.-Kreu.	53
100	Wohnungsbau ehem. Wilmersdorfer Güterbahnhof	Tem.-Schö.	54, 55
101	Neubau Zalando – Anschutz-Areal	Fri.-Kreu.	54
102	Wohnungsbau an der Franz-Klühs-Str.	Fri.-Kreu.	55, 56
103	Büro- u. Geschäftshaus „Cube“, Washington-Platz	Mitte	55
104	ABC-Tower, Alexanderplatz	Mitte	45, 46, 56
105	Wohnungsbau am Nordbahnhof	Mitte	56

Sitzungen Baukollegium
Meetings Baukollegium

	Sitzungsnr. Meeting-No	Datum Date
2008	01.	01.10.08
	02.	12.11.08
	03.	15.12.08
2009	04.	26.01.09
	05.	20.04.09
	06.	25.05.09
	07.	06.07.09
	08.	19.10.09
	09.	30.11.09
2010	10.	11.01.10
	11.	22.02.10
	12.	19.04.10
	13.	31.05.10
	14.	05.07.10
	15.	30.08.10
	16.	25.10.10
	17.	06.12.10
2011	18.	17.01.11
	19.	28.02.11
	20.	11.04.11
	21.	23.05.11
	22.	04.07.11
	23.	15.08.11
	24.	10.10.11
	25.	21.11.11

	Sitzungsnr. Meeting-No	Datum Date
2012	26.	23.01.12
	27.	12.03.12
	28.	16.04.12
	29.	11.06.12
	33.	26.11.12
2013	34.	28.01.13
	35.	22.04.13
	36.	27.05.13
	37.	12.08.13
	38.	23.09.13
	39.	28.10.13
	40.	25.11.13
2014	41.	27.01.14
	42.	24.02.14
	43.	24.03.14
	44.	28.04.14
	45.	23.06.14
	46.	08.09.14
	47.	27.10.14
	48.	24.11.14
2015	49.	23.02.15
	50.	23.03.15
	51.	18.05.15
	52.	22.06.15
	53.	12.10.15
	54.	23.11.15
2016	55.	22.02.16
	56.	11.04.16

—— Bildnachweis
—— Image Credits

—— Alexander Butz: Umschlag, 84, 85, 90, 92, 93, 95, 100, 113, 116, 122, 124, 125, 129, 142, 144, 145, 147, 150, 154, 161, 162, 163, 172, 176, 183, 184, 185, 198, 202, 207, 208, 209, 216, 222, 230, 231, 232, 240, 244, 251
—— Jürgen Hohmuth: 86, 106, 126, 146, 164, 186, 210, 234
—— Olivia Lawrence Bright, David Chipperfield Architects: 74/75
—— Jürgen Willinghöfer: 58, 59, 60, 61, 62, 63, 78/79, 224, 226
—— Hélène Binet: 88
—— Renata Hejduk (Moritz Müller): 89
—— Robert Slinger: 96
—— Berlinhaus Verwaltung GmbH: 97
—— Landesarchiv Berlin, 290-09-01 Nr. 63-1897 / Fotograf: k.A.: 108
—— Anderhalten Architekten: 110, 112
—— Eike Becker_Architekten: 130, 134, 135
—— © Sauerbruch Hutton: 140, 141
—— HGHI Holding GmbH
PECHTOLD Gesellschaft von Architekten mbH
Max Dudler Architekten AG: 156, 157
—— HGHI Holding GmbH
Max Dudler Architekten AG: 158, 159
—— nhp partnership planen – bauen – projektieren: 168
—— Ekkehard Streletzki: 170
—— Barkow Leibinger / bloomimages: 178, 179, 180
—— Robertneun Architekten: 188, 189, 192, 194
—— Langhof®: 212, 218, 220, 226
—— Stefan Nowak / Verlag Der Tagesspiegel: 213
—— Anschutz Europe Group, Hentrich Tophof Architekten: 238, 253
—— Anschutz Europe Group, RTKL London: 246, 247, 251
—— Anschutz Europe Group, TOPOTEK1: 252

Dank
Acknowledgements

Claus Anderhalten, Susann Arjang,
Frank Barkow, Eike Becker,
Hélène Binet, Anja Bippus,
Thomas Blesing, Jutta Bornholdt-Cassetti,
Amelie Braun, Olivia Lawrence Bright,
Jaqueline Brombosch, Nils Buschmann,
Anina Böhme, David Chipperfield,
Anna Dabernig, Roger Diener,
Miriam Disse, Gudrun Firl,
Dörte Gatermann, Ephraim Gothe,
Christoph Gröner, Birgit Hammer,
Kirsten Hedinger, Renata Hejduk,
Nina Helten, Moritz Hillebrand,
Konrad Hofmann, Harald G. Huth,
Louisa Hutton, Robert Jung,
Marlies Kiesow, Yvonne Kirches,
Adolf Kirschanitz, Jan Kleihues,
Carolin Kleist, Michael Kötter,
Siegmund Kroll, Manfred Kühne,
Jürgen Kutz, Christoph Langhof,
Regine Leibinger, Hilde Léon,
Joe Lockwood, Carsten Lorenzen,
Lisa Moser, Frank-Heinrich Müller,
Daniel Niggli, Hans Panhoff,
Christa Reicher, Claudia Reich-Schilcher,
Iris Reuther, Maike Roessinger,
Matthias Sauerbruch, Lena Schmidt,
Agatha Schütz, Marc Schulte,
Robert Slinger, Carsten Spallek,
Philipp Sperrle, Evelyn Stern,
Ekkehard Streletzki, Dagmar Szekular,
Julia Tophof, Alessandra Trainiti,
Elisabeth Treitz, Lisa Wagner,
Tanja Wehking, Detlef Weitz,
Birgit Winkler, Christian v. Wissel

Ganz besonderen Dank Special thanks to:
Joachim Günther, Sigrid Kayser
und and Klaus Wiechers

Impressum
Imprint

Umschlagmotiv Cover: Alexander Butz

Baukollegium Berlin. Beraten, vermitteln, überzeugen in einem komplexen Baugeschehen
Baukollegium Berlin. Advising, Mediating, Persuading within Complex Building Processes

Autoren Authors: Sonja Beeck, Martin Peschken, Jürgen Willinghöfer

Herausgegeben von Edited by Regula Lüscher
Redaktion Editorial: Sonja Beeck, Martin Peschken, Jürgen Willinghöfer
Übersetzung Translation: Mara Taylor, Susann Arjang, Mary Dellenbaugh

Gestaltung und Satz Design and setting: chezweitz GmbH, Berlin: Dagmar Puzberg, Julia Volkmar (Bildstrecke und Cover), Sonja Beeck
Fotografien Photography: Alexander Butz, Jürgen Homuth (Panoramabilder)
Lithografie Lithography: Bild1Druck, Berlin
Druck und Bindung Printing and binding: DZS Grafik, d. o. o., Ljubljana

Bibliografische Information der Deutschen Nationalbibliothek
Die Deutsche Nationalbibliothek verzeichnet diese Publikation in der Deutschen Nationalbibliografie; detaillierte bibliografische Daten sind im Internet über http://dnb.d-nb.de abrufbar.
Bibliographic information published by the Deutsche Nationalbibliothek
The Deutsche Nationalbibliothek lists this publication in the Deutsche Nationalbibliografie; detailed bibliographic data are available on the Internet at http://dnb.d-nb.de

jovis Verlag GmbH
Kurfürstenstraße 15/16
10785 Berlin

www.jovis.de

jovis-Bücher sind weltweit im ausgewählten Buchhandel erhältlich. Informationen zu unserem internationalen Vertrieb erhalten Sie von Ihrem Buchhändler oder unter www.jovis.de.
jovis books are available worldwide in selected bookstores. Please contact your nearest bookseller or visit www.jovis.de for information concerning your local distribution.

ISBN 978-3-86859-441-6

— Standorte der zwischen 10/2008 und 04/2016 im Baukollegium besprochenen Projekte — Location of the projects discussed in the Baukollegium between 10/2008 and 04/2016